FBI
犯罪心理 分析课

霁阳 编著

中国商业出版社

图书在版编目（CIP）数据

FBI 犯罪心理分析课 / 霁阳编著. —北京：中国商业出版社，2017.6
ISBN 978-7-5044-9912-7

Ⅰ.①F… Ⅱ.①霁… Ⅲ.①犯罪心理学-通俗读物
Ⅳ.①D917.2-49

中国版本图书馆 CIP 数据核字（2017）第 146543 号

责任编辑：武文胜

中国商业出版社出版发行
010-63180647　www.c-cbook.com
（100053　北京广安门内报国寺1号）
新华书店经销
三河市华润印刷有限公司印刷
★　★　★　★　★
710×1000 毫米　1/16　18 印张　260 千字
2018 年 4 月第 1 版　2019 年 11 月第 2 次印刷
定价：49.80 元
★　★　★　★
（如有印刷质量问题可更换）

前言
Preface

FBI是美国联邦调查局的英文缩写，隶属于美国司法部，是世界上最知名的警察组织之一。FBI一直秉承着忠诚（Fidelity）、勇敢（Bravery）和正直（Integrity）的信条，也是他们享誉世界的重要基石。

作为打击犯罪的重要机构，FBI承担着反恐、反垄断、反诈骗、反暴行、反贩毒、反暴力、反间谍、反高智商犯罪等职能。总之，在美国犯罪发生的地方就有FBI的身影。正是他们执着的敬业精神，自成立之初，破获了许多大案要案，保卫了美国的安全和公民的权利。

犯罪一直伴随着人类的发展史，随着科技的发展和人类认知的提高，犯罪嫌疑人的犯罪手段也随之提高。FBI之所以能够抽丝剥茧，识破伪装，将犯罪嫌疑人绳之以法，对犯罪嫌疑人的心理解读起到了至关重要的作用。换句话说，FBI长期在与犯罪嫌疑人的博弈过程中，能够准确把脉其心理，通过犯罪嫌疑人的一些微妙变化，可以推测出犯罪嫌疑人说的哪一句是真话，哪一句是假话。

犯罪动机决定犯罪的性质，也决定了犯罪的方向。大多数情况下，犯人都不会轻易承认自己内心的想法。心理学上，人的每一次心理活动都与外界有必然的联系，孤立存在的现象几乎不会发生。也就是说，当一个人内心想某件事时，一定与行为、语言、表情、动作等方面有所关联。这些表现，通常是微妙的，普通人不易觉察出来，然而却逃脱不了FBI的眼睛。可以毫不夸张地说，FBI的每一名成员都是心理专家。

美国人本主义心理学家马斯洛认为，人活着必然有五种需要，从低到高分别为：生理的需要、安全的需要、归属与爱的需要、尊重的需要和自我实现的需要。每个人都有这些需求，并为满足需求不懈努力。在这个过程中，有的人对某种需求产生极度强烈且扭曲变异的欲望，这种欲望强烈到驱使其敢于挑战社会规范和法律规定。在FBI眼中，犯罪动机有三种，分别是财欲、性欲和攻击欲。因财欲而犯罪的人对钱财有着极强的渴望，并因此对各种财物进行抢夺和占有；因性欲而犯罪的人对性有着极强的渴望，并为了满足这种渴望而对其他人做出性侵犯；因攻击欲而犯罪的人将攻击他人视为一种乐趣，并享受这一过程。犯罪动机来自于犯人的内心，如果细致地去分析，每一个人都有犯罪动机，或强烈或微弱，但并不是所有犯罪动机都能够促成犯罪，真正的犯罪需要外界的刺激，一旦这种刺激将心中的动机激发出来，变得强烈，犯罪就开始产生了。

本书从"盯紧表情：一眼识破罪犯的内心""身体语言：从行为中发现破绽""扰乱心智：挫败对手的心理战术""撕破伪装：狙杀罪犯的种种谎言""心理抚慰：以柔克刚的取胜之道"等十个方面，阐述FBI运用心理分析，如何侦破案件、打击犯罪的事情。书中引用许多FBI侦破的经典案例，在增加可读性的同时为我们提供了借鉴和参考性的作用，可以帮助我们提高自身的安全。

当然，我们每一个人不可能都像FBI那样成为出色的心理专家，一眼识破周围对我们不利的人或事情。但是，通过阅读本书，可以提升一些常识性的认知，有效避免风险的发生，继而提高自身的安全系数和生活品质，这也是本书的宗旨所在。所以，阅读本书不仅仅是为了满足猎奇心理，而是从形形色色的案例中获得宝贵的经验，为我们的美好人生起到保驾护航的作用。

目录 Contents

001 第一章
盯紧表情：一眼识破罪犯的内心

读懂对方的眼神，了解对方的心思 / 002

眼皮的跳动能折射出真实的心理特征 / 005

眉毛的微反应，透露出对方的心理轨迹 / 008

鼻子是内心世界的"晴雨表" / 009

不同笑容的心理解码 / 013

解密嘴唇，直击罪犯的内心 / 015

从表情与环境气氛不一致看穿心理 / 018

021 第二章 身体语言：从行为中发现破绽

不可忽视的头部信号 / 022

下巴是影射内心的投影机 / 025

手部隐含的秘密 / 028

握手的动作里其实暗藏玄机 / 031

走路姿势说明了一切 / 034

FBI 对腿和脚动作的深度"解读" / 039

坐姿中隐藏的秘密 / 042

站姿暴露出的心理活动 / 045

051 第三章 先声夺人：在气势上压倒罪犯

凶手往往是被"吓死"的 / 052
主动出击，让对手防不胜防 / 054
用语气较强的词来提升你的气势 / 058
如何彻底征服"百折不挠"的嫌疑犯 / 060
在气势上压倒对手 / 064
置对方于绝地，逼迫他打开心理闸门 / 067
批亢捣虚，直击对方的心理软肋 / 069
利用权威效应征服对方 / 074

077 第四章 扰乱心智：挫败对手的心理战术

掌握负面信息，成功"遥控"对手的内心世界 / 078
在套话中摸清对方的底牌 / 083
恩威并施，FBI挫败对手的最佳方法 / 086
给对方设定思路，利用思维惯性把握对方 / 092
施压时，无形与有形同时进行 / 094
分散对方的注意力 / 097
给对手呈上一碗"迷魂汤" / 100
处处反驳不如顺水推舟 / 104

109　第五章　撕破伪装：狙杀罪犯的种种谎言

谎言的"开场白" / 110

缜密的逻辑思维，是识别谎言的重要武器 / 114

言语难以包装真实的内心 / 117

不经意间的动作，往往是谎言的泄密者 / 120

心理暗示掩盖下的真相 / 122

透视空间距离，有效避免被人蒙蔽 / 125

适当的语言刺激，能让你察觉谎言 / 127

刁钻的盘问让说谎者无言以对 / 130

说谎时，表现出异常的语言行为 / 134

利用不同的方式，反复问同样的问题 / 138

143　第六章　沉着应对：在博弈中击垮对方

隐藏自己的真实意图 / 144

过分镇静最容易引起怀疑 / 147

从"可疑"点中寻找突破口 / 149

通过做"局"达到目的 / 151

对付矢口否认的人 / 154

"主观"变成"客观"的交叉变幻 / 157

识别供词中的真伪 / 161

运用囚徒效应，让对方供出自己想要的信息 / 164

在重复博弈中，寻找制胜的技巧和时机 / 167

从点滴中窥探对方心理变化 / 171

173　第七章　灵活应变：在较量中挖出真相

从证人的爱好入手，"撬开"沉默的嘴 / 174
从谈话中发掘对方的优势 / 177
利用假设切断罪犯的退路 / 182
打断对方发言，但别让自己的发言被打断 / 183
以彼之道还施彼身 / 186
给对方设下层层圈套 / 188
不附和对方，让对方心里没底 / 189
关注细节找破绽，让对方"弃甲投降" / 190
仔细倾听与研究，沉着巧妙地应对 / 193
做对方抱怨的"垃圾桶" / 195

197　第八章　心理抚慰：以柔克刚的取胜之道

建立融洽的对话关系 / 198
善于巧妙利用情感攻势 / 200
如何消除对方的心理戒备 / 204
恰到好处的示弱 / 209
找出你与对方的共同意向 / 212
从对方的兴趣点打开防线 / 213
贬低自己，抬高对方 / 218

223　第九章　穿戴装扮：通过衣着服饰了解心理真相

根据服装类型，透视弯刀杀手的心理 / 224

性格不同，着装风格有所不同 / 226

根据服装色彩，透视人的个性与心理 / 230

鞋子是传达对手心声的介质 / 236

领带是暴露对手个性的媒介 / 239

帽子泄露了人的内心密码 / 242

手表是剖析性格特征的论据 / 244

通过手提包，也能洞察对手的心理特征 / 246

透过配饰看穿对方 / 249

揭开妆容下掩盖的真相 / 252

255　第十章　剖析动机：了解根本才能遏制犯罪

犯罪动机决定犯罪的方向 / 256

欲望不满引发的过激行为 / 258

惯犯通常经不起诱惑 / 261

刺激是犯罪的导火索 / 263

个人经历对犯罪有影响吗 / 265

芝麻小事也能引发血案 / 266

对错往往只在一念间 / 268

犯罪分子如何获得可乘之机 / 270

嘲笑他人生理缺陷引发的犯罪 / 273

第一章
盯紧表情：一眼识破罪犯的内心

FBI指出，人们通过一些表情动作，把内心的感受表达出来，但是并非所有的表情都是真实的。有些时候，罪犯会掩饰自己的真实情绪，会做出一些虚假的表情。但是，FBI认为在不同表情转换的过程中，或是在做某种特定的表情时，面部会泄露内心的真实秘密，特别是通过某些表情的微反应，可以捕捉到对方真实的心理活动。

FBI
犯罪心理分析课

读懂对方的眼神，了解对方的心思

FBI探员在进行审讯时，往往会直视嫌疑人的眼睛，因为他们知道，眼睛是心灵的窗口，透过眼睛，他们能够更加清楚地感受到嫌疑人的真实情绪和心理状态。当嫌疑人说谎时，通常不敢和FBI探员进行眼神交流，因为他们的情绪比较紧张，害怕FBI探员从自己的眼神中发现自己在说谎。

在交流活动中，如果对方对你的谈话内容不感兴趣，或者对你所说的内容并不关心，那么他们的眼神就会随意地移开。虽然对你提出的问题他们也会作答，但实际上，他们根本没有关心你说的是什么，并且没有真正地把你所说的内容放在心上，因为他们的思想可能正在开小差，甚至有时会忘记回应你的话，当你喊了对方多遍时，他们会恍惚地说："啊？噢！"足够聪明的人意识到这一点时，想必会尽快结束谈话或换个话题。而在日常生活中，下属被领导训话时，转移视线并不是酝酿谎言的表现，而是正常的社交心理，因为上级的身份总会给下属一种心理压迫感，所以下属通常在受训时，会下意识地转移视线以缓解这种不适感。

1989年，经过长时间的跟踪与观察，FBI抓住了一个间谍。这位间谍还算比较合作，FBI提出的问题，他基本上给予回答。当问及同伴时，这位间谍避而不答。FBI与间谍几次较量后，没有得到想要的结果。一天，FBI的相关人员又去提审间谍，不同的是，相关人员在间谍面前展示出32张卡片，每张卡片上写着一个曾和他一起工作的人的名字。FBI之所以这样做，是因为这些人中极有可能有他的同伙。

FBI方面要求这位间谍在看卡片时，一一讲述他所知道的对方的情况。

第一章
盯紧表情：一眼识破罪犯的内心

间谍根据 FBI 的要求进行讲述，并没有向 FBI 吐露相关重要信息。但 FBI 却从中找到了线索，抓获了他的同伙。这位间谍至今都不知道，他的同伙是如何被 FBI 挖掘出来的。

其实，FBI 对间谍的讲述一点都不感兴趣，他们只关注间谍的表情变化。当间谍看到卡片上两个人的名字时，眼睛突然睁大，紧接着瞳孔快速收缩，随之又眯了一下眼。这一微妙的变化，被 FBI 捕捉到，说明在间谍的潜意识里，不希望看到这两个人。也就是说，这两个人是他同伙的概率非常大。后来，事实证明 FBI 的判断是正确的。

常说眼睛是心灵的窗口，也是最容易泄露秘密的途径。FBI 的探员们在破案时，经常通过观察罪犯的眼睛，获取有用信息，从而侦破案件。FBI 根据工作经验，总结出通过眼睛阅读他人内心的方法。

1. 眯眼动作

当我们确认了眼前发生的状况后，会对外界发生的信息做出一些消极的认知，这个时候，瞳孔随之缩小，眼睛自然会眯起来。这是自我保护的行为。

一天，FBI 探员迪伦和朋友一起外出散步，两人边走边聊。迎面走来一位西装革履的中年男性。迪伦的朋友看到后，向中年男人轻轻挥了挥手，同时眯了一下眼。迪伦发现了朋友的这个细节，暗自猜想两个人一定认识，不过他们之间一定存在某种过节。那位中年男人与他们擦肩而过后，迪伦扭头看了一眼那人，确认中年男人不能听到他们的谈话，便问朋友，刚才那人是谁。朋友告诉他，刚才那人是以前自己的同事，因在工作中经常跟自己过不去，所以两个人的关系就不怎么好。朋友向那人挥一挥手，是出于礼貌，而眯眼的动作，则透露出迪伦的朋友对那个人产生讨厌的情绪。

2. 闪光灯眼

当看到某人或某物高兴时，眼睛会睁大，瞳孔会扩张，眉毛也会向上挑，对于这种情况，FBI 称之为"闪光灯眼"。这个时候，瞳孔扩张表达的是一种满足感，以及其他的积极情绪。在这种状态下，大脑似乎在说：

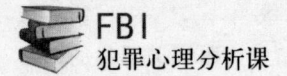

"我喜欢看这样的东西,让我看得更清楚些吧。"

日常生活中,稍加留意,就会发现,当他人说"哇!"时,眼睛就会睁得比平时要大,眉毛也是向上挑着的。当一个人讲故事时,讲到精彩处,眼睛也会出现这样的动态,这表现出讲述者当时的真实情绪。可以说,眼睛睁得越大,表明好感就越多。当看到他人眼睛缩小或者眯了起来,这个时候,你就要有所觉悟了。这说明,对方对你或事不怎么感兴趣。

当然,任何事情都不是绝对的。FBI 提醒大家,瞳孔扩张或收缩,有时与状态或情绪无关。例如,光线的强弱、健康状态、药物反应等,都要考虑进去,判断时要格外小心,否则的话,就可能造成误会。

3. 不敢直视的眼睛

一般情况下,人们在与对方交流的时候,要想与对方建立起彼此信任的关系,就需要互相坦诚地注视对方的眼睛。但如果一个人在谈话中刻意避开他人的注视,说起话来也心不在焉,那么对方自然就会对其产生怀疑。

汤姆·约翰逊是一名优秀的 FBI 探员,他在一次执行秘密任务的过程中,巧妙地潜入了恐怖组织的内部,并和组织里的头目交上了朋友。但是没过多久,组织里就有人怀疑他的身份,于是便有人开始调查他,并对他进行盯梢。

汤姆一开始并没有发觉自己受到了怀疑,这天他回到住处,看到前来"拜访"自己的组织头目,便热情地招呼他,还给他看了自己高价收购的劳力士金表。可是等这个头目一出门,汤姆就立即开始收拾东西,当天夜里就逃走了,因为他发觉了自己的危险处境。

在正常情况下,我们向朋友炫耀自己的"奇珍异宝"时,他们一般都会啧啧称赞,而这个头目却没有出声,而且还有意无意地避开他的注视,显得心不在焉,甚至还朝窗外看了一眼,这些细节都没有逃过汤姆的眼睛。汤姆怀疑当时外面还有其他人,只是藏起来了。于是,他果断地选择了逃跑,躲过一劫。

第一章
盯紧表情：一眼识破罪犯的内心

眼皮的跳动能折射出真实的心理特征

　　眼睛被誉为"心灵的窗口"，但很多人都忽略了，眼皮正是打开这扇"窗口"的"大门"。FBI探员通过与嫌疑人眼神之间的接触，能够窥探到嫌疑人的心理活动，这在现实社会生活中，也是被人经常用到的交际方式。事实上，人本身就是视觉性动物，人的视觉能够影响人的心理状态，而反过来讲，心理状态也能够由眼睛外延到外界。正如，人们在形容一个人的眼睛时经常说"你的眼睛炯炯有神"，其中，这个"神"就是神韵，即人们心理特征的表露。但是，如果眼皮不打开到最大的限度，眼睛是无法做到炯炯有神的状态的。

　　其实，眼皮的动作并不比其他部位少。比如，眨眼就是人们的眼部经常做的动作，仅仅这样一个常见的动作，就代表了很多含义。通常，眨眼可分为两种：一种是有意识眨眼；另一种则是无意识眨眼。有意识的眨眼非常明显，是受到大脑指示而做出的动作，而无意识的眨眼活动，则是在不知不觉中完成的。FBI指出，在正常情况下，人们的心情处于一种放松状态时，眼皮每分钟会眨动6~8次，而眼皮张开闭合的时间却只有1/10秒。这种间隔时间通常是比较正常的频率，而一旦这种频率被打破，那么就说明对方的心理出现了起伏，开始不正常了。所谓的非正常心理状态，则是指人们心情的变化，比如，紧张、慌张、愉快等，这个时候眼皮跳动的频率就会发生明显的变化。

　　FBI分析，造成这种情况的原因可能是因掩饰某些秘密而让自己的内心无法平静。比如，嫌疑人说谎时担心警官把自己的谎言识破，在这种担忧和压力之下，人们或许能控制自己口头上的言辞，但是却无法控制自己眼皮的跳动，说谎者总会做出不停眨眼的举动。很显然，眼皮不停地跳动并不是一种常态，而出现这种情况时最好的解释就是，对方想要掩饰什么信息。因此，FBI探员在进行一些调查或审讯时，往往会通过被调查者的眼皮跳动的频率来判断对方供词的可信度。而在处理一些棘手的案件时，

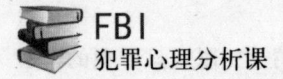

FBI 探员往往就是利用了嫌疑人眼皮跳动的频率，抓住了其中的关键信息。

一天，休斯敦的一家旅馆发生了一起恶性的纵火事件，在火灾中丧生的人超过了百人，所以引起了 FBI 警部的高度重视。很快，一名旅馆的保安人员成为 FBI 探员的怀疑对象，因为最先烧起的地方，正是这名保安人员负责的范围。

于是，FBI 探员对这名保安进行了详细的询问，以确定他当时是否在案发现场。

FBI 探员问："起火前的时间，你在哪里？"

保安说："当时，我因为肚子不舒服，去了洗手间。"

FBI 探员接着问道："有人证明你当时在洗手间吗？"

保安想了想说："抱歉，大概没有，因为我进去的时候，没有看到熟人。"

FBI 探员直接发问："你是否参与了纵火？"

保安瞬间睁大眼睛，说："怎么可能，我是不会做出这种事情的。"

FBI 探员再次提问："那么，起火时你在何处？"

保安说："我，我当时在洗手间洗手，听到外面的惊呼声，就立刻跑出来了。"

虽然保安在回答的过程中，表情上并没有什么变化，但是细心的 FBI 探员还是发现他在回答"案发时在哪里"的问题时，眨眼的频率快了一些，而在被问到其他问题时，则没有任何变化。这让负责审问的探员立刻明白，这名保安所说的话语中存有谎言。最终，在 FBI 强大的压力之下，保安不得不承认，自己在案发时，离开岗位许久，并不是如他所说，用了一点时间去了洗手间，而是同旅馆中的女友在房间里待了一个多小时。不幸的是，在他离开的这段时间里，两名纵火犯乘虚而入，引发这一悲惨的结果，而因为怕承担失职的责任，所以这名保安才说了谎。

在审讯的过程中，FBI 探员没有放过这名保安的任何动作，并且，在观察到保安面对一些敏感问题时，眼皮的特殊跳动信号，让探员明白应该乘胜追击。虽然保安的做法并没有造成直接的犯罪，但是却要承担擅离职

第一章
盯紧表情：一眼识破罪犯的内心

守的惩罚。FBI经过研究发现，眼皮跳动的频繁动作，除了是因为说谎而产生之外，人们在受到威胁时，眼皮也会频繁地眨动。比如，当FBI以恐吓的手段对待顽固的嫌疑人时，也能从他们的眼部看到此类动作。在这种情况下，通常眼皮眨动的间隔会拉长，而这种动作也是人们下意识的肢体反应。

在日常生活中，你也可以跟随眼皮的变化，分析别人的心理态度。比如，在人际交往中，当你在说话的时候，对方做出了频繁眨眼皮的动作，这说明他根本不想和你继续交谈下去，所以他的眼皮闭合的时间通常会持续三秒，甚至更久，仿佛是在说"赶紧从我的眼前消失"。如果对方的眼皮放低，后脑朝下，下颚轻微抬起，眼帘呈半打开的姿势凝视你，这表明对方持藐视的心理状态。此外，当一个人感觉到自己不被重视时，也是会做出眼皮半打开这一眼部动作的。总之，在看到对方做出此类姿势时，要根据事情的实际情况进行分析。

在人际交往中，如果对方眼皮跳动的频率变得拖沓，则说明你所说的内容不够精彩，无法吸引对方的注意力和引发对方的兴趣。如果你认为，别人这样是对你的不尊重，那么你可以给予相应的回应，或将谈话刻意地停顿一下，和对方的眼神做一个交汇，而对方就会明白，你希望他打起精神来听你说话。需要注意的是，女性眼皮的眨动是和男性不同的。比如，在现实生活中，常常会出现这样的情况：在一些场合，一个女性在男性身边擦肩而过的时候，微笑着对男性眨了眨眼睛，或抬了抬眼皮。这样的女性通常比较有自信，并且她们相信自身的魅力，而这种做法也是为了向异性展现自身的魅力。

与充满自信的女性相比，男性如果频繁向异性眨动眼皮，那么他在潜意识中已把自己当成了帅哥，对自己的容貌或身份背景非常自满，相信自己身上是带有魅力的，能打动女性。因此，即使男性没有"帅气"的外在形象，而他敢于在他人面前如此展现自己，再加上眼部的举动产生的影响力和感染力，也能让自己获得更多人缘，博得一些女性的青睐。此外，无论是男性还是女性，喜欢向别人眨眼、挑眉的人，性格通常都比较前卫、自信，追逐潮流和时尚，喜欢受到众星捧月般的对待，成为人群中的焦点人物。

眉毛的微反应，透露出对方的心理轨迹

许多人认为，眉毛的存在起到装饰的意义，这话有一定的道理。如果缺少眉毛，脸面看起来就显得另类。此外，眉毛还有一个重要的作用，就像一个"屋檐"，起到保护眼睛的作用，可以防止汗液、雨水等刺激眼睛，其作用性要低于睫毛。而在FBI看来，眉毛更大的作用在于表情达意，配合脸部的其他器官，完成整体的表情组合。

在表情传达方面，眉毛不占主导作用，充其量仅是一个配角。与其他面部器官相比较，眉毛一直处于次要位置。所以说，眉毛在整个面部的分量中，远不及其他器官，它也很少"单独"行动。正是由于大多数人忽略眉毛的作用，FBI则更加注重对眉毛的分析与研究。

FBI发现，当一个人的心理出现变化时，眉毛的形状也会随之变化，不过这属于微反应的范畴，一般人不容易捕捉到。FBI结合罪犯心态的变化，把眉毛的形态和运动分为以下5种。

1. 正常状态

当一个人神志清醒，没有受到外界的负面刺激，对外界事物没有投入太多的关注，眼睑处于正常状态下，眉毛呈弧形，弧心向下。

2. 下压状态

所谓的下压状态，就是眉头、眉体和眉梢向下方移动，整个眉毛与上眼睑之间的距离缩小，眼睑呈现出半闭合状态。当看到一个人出现这种状态时，说明对方受到外界的负面刺激，或正全神贯注地关注着某件事情。这种高度集中的关注，是希望能够获得更多的信息，这是一种本能的表现。另外，眉毛向下压，还可能表现出内心的不满及厌恶情绪。

3. 愤怒状态

无论是皱眉、下压还是眉梢向上挑，都是愤怒时的状态。当眉毛出现

第一章
盯紧表情：一眼识破罪犯的内心

这些状态时，有两层意思：一是过于关注，二是随时发起进攻。这些表现，同样是出于本能，普通人要想故意做出愤怒时眉毛表现的形态，是很难完成的。如果上扬的眉梢逐渐变得平和，说明内心的愤怒在逐渐减弱，攻击的欲望在逐渐降低；如果皱起的眉头瞬间消失，说明内心的冲动也同步降了下来。

4. 悲伤状态

特别悲伤的时候，眉毛通常表现为眉头抬高、眉梢降低。要把这个动作做到非常明显，在没有充分的悲伤情绪时很有难度。真实的悲伤情绪也许并不一定能够呈现为眉头高于眉梢的明显形态，但悲伤时，眉毛会有所表现是必定的。眉毛皱在一起，属于精神悲伤，还有理智存在；而眉头分开，则是失神的悲伤特征，此时肌肉失去了对眉毛的控制。

5. 高抬状态

在没有防备、没有控制的惊讶表情中，双眉往往和上眼睑一同上提，高于常态，眉毛抬得越高，表示惊讶程度越大。对自己说的内容比较自信，甚至认为听者也应当认可，也会出现眉毛高抬的现象。所以，在面对他人的明知故问时，我们经常会出现这种快速的双眉高挑的动作，大概的意思就是告诉对方："你懂的。"

鼻子是内心世界的"晴雨表"

鼻子是人类重要的身体器官之一，在表达感情方面具有很大的作用。世界上的很多心理学家都认为，鼻子虽然不能完全反映一个人的真实想法和性格特征，但是鼻子的变化却充分地表现出一个人的思维，反映出对手真实的内心世界，这一直是FBI抓获罪犯的一个重要方法。

戈登是一名联邦调查局的探员，有一次他要去一个陌生的地方执行任务，临行前他把自己乔装打扮成一名观光客，混在游客之中。让他没有想到的是，他的行为还是被犯罪分子发现了。这是一个黑帮组织，他们打算活捉戈登，问清他来这里的真实目的。

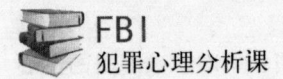

当天晚上，10多个黑帮分子进入戈登居住的酒店，他们原本打算让酒店里的服务生骗开戈登的房门，然后冲进去把戈登制伏。服务生从来没有见过这种阵势，看着黑洞洞的枪口，吓得两腿不停地颤抖着。如果不配合这些凶神恶煞的黑帮分子，自己可能就会被他们打死。于是，服务生努力使自己保持平静，他端着托盘，敲响了戈登的房门，而他的身后站着黑帮分子。

此时的戈登，正和衣躺在床上看电视，丝毫没有察觉到已经大祸临头。当他听到外面有敲门声后，出于职业警觉，他没有立即开门，而是轻手轻脚走到门前，透过猫眼向外看。当看到是服务生时，他松了一口气，就在他准备扳动门把手时，他又通过猫眼向外瞄了一眼。这一眼，让他顿时警觉起来。他发现，服务生的鼻子尖正在做无规则地抽动。这明显是因为害怕所表现出来的特征，也就是说服务生此时正处于担惊受怕的状态。为了验证自己的判断，戈登又利用猫眼观察了几秒。突然，一个黑影从服务生后面一闪而过。戈登一下子全明白了。他顾不得收拾行李，以最快的速度跳窗而出。

在这则案例中，戈登虽然看不到服务生颤抖的双腿，但是他从对方鼻子的反应发现了线索，使自己逃过一劫。由此不难看出，鼻子所透露的信息同样至关重要。在平静状态下，鼻子不会出现大幅度的动作，如果鼻子出现变化，同样能够折射出一个人的内心想法。所以，FBI提醒我们，要想观察一个人的心理动机，可以观察对方的鼻子。为此，FBI为我们总结出鼻子的变化所反映出来的心理特征和性格特征。

1. 摸鼻子的人

FBI认为，在谈话过程中喜欢摸鼻子的人都是一些富有野心的人，摸鼻子的动作是为了掩饰他们内心的真实想法，这类人做起事情往往有很强的冒险精神，并且魄力非凡，他们总是认为冒险是实现野心的最好方式。

同时，喜欢摸鼻子的人在性格上往往带点极端成分，如果是个好人也就罢了，但如果想要做坏事，常常是最坏的那种。

为此，FBI提醒我们：谈话过程中，对方不停地摸鼻子时，一定要仔细观察对方的情绪变化,一旦对方的情绪出现较为失控的迹象,那就赶紧敬而远之吧,防止对方因为情绪失控而做出极端的事情,使自己受到伤害。

2. 频繁吸鼻子

吸鼻子的动作可以表达很多信息。FBI探员纳瓦罗说:"那些在谈话的过程中不停地吸鼻子的人,多半是城府很深的人。这些人做事时通常比较认真,总是一丝不苟,遇到他们喜欢做的事情,他们总是希望或者强烈要求别人跟他们一起做。"的确,通过丰富的阅人经历,FBI探员注意到,那些城府深、处事圆滑、做事情习惯掌握主动权的人,常常通过吸鼻子的动作来调整自己的状态,使自己始终保持聚精会神的样子。

不过,谈话过程中,不停地吸鼻子也是缺乏安全感的重要表现。有些人很不习惯和陌生人说话,而当他们和陌生人交谈的时候,他们会将说话的声音压得很低,甚至通过鼻子来发音。在他们看来,与陌生人交往一定要警惕,不能轻易暴露自己的弱点。因此,FBI探员的经验是:想办法尽可能地排除其内心对我们的不信任,不然根本没有办法交谈下去,甚至有可能会做出伤害我们的事情。

3. 鼻子的形状与一个人的性格

根据鼻子的形状判断一个人的性格,这类似于中国的相面术,虽然有些近似于迷信,但通过几辈甚至几十辈人的经验归纳总结,其中还是存在一定道理的。一个人的鼻子可以反映他或温和或暴躁的脾性和或小或大的胆量。所以,FBI能够通过对一个人鼻子的外形来初步判定这个人的性格,再通过鼻子的变化来进一步探索他的内心世界。

拥有高鼻梁的人经常是一些性格外向、富有激情、对生活乐观、热爱生活的人,这类人的性格中也往往会略带一些优越感,甚至有些傲慢。相反,低鼻梁的人多数性格温和,人也随和,待人诚恳且心地善良,同时做事很有分寸,并且喜欢帮助别人。

拥有坚挺鼻梁的人大多性格坚强,敢于冒险和挑战,对自己十分自信,言出必行,而且不会轻易因为困难而停步不前。与之相对的塌鼻子的

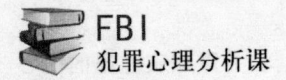

人则性格偏向保守，性格内向且敏感，常在内心中会出现自卑感，善于构筑"城墙"保护自己，不善于沟通，但天性善良，是"没有坏心眼儿"的那种人。

鹰钩鼻最让人过目难忘，人们的目光总是会被这样的鼻子吸引——鼻子的形状就像是鹰嘴。有这种鼻子的人通常生性有些贪婪，有些极端，而且做事往往以利益为中心，还有嫉妒心。

4. 千变万化的鼻子

人们的鼻子在受到外界气味或者心态影响的时候，会发生一些变化，而这些变化都是有原因的。普通人想要从鼻子的变化中洞察出这些人内心的变化情况，就要对鼻子的信息进行足够仔细的观察。

FBI 的探员们在深入到机场码头、大街小巷、宾馆酒楼等场所，仔细观察人们鼻子的变化情况以后，总结出一些很实用的观鼻阅人经验：当人们受到气味的刺激后，鼻子会有明显的变化。在一桌香喷喷的饭菜面前，鼻子深吸气，并伴有抬高的动作；遇到不喜欢的气味时，鼻子会出现颤动，甚至还会有人把鼻子捏紧，他们的这些表现都反映出这些人对该气味的厌恶。

在一架开往新加坡的航班上，一位美国的退伍士兵觉得为自己服务的空姐非常漂亮，就在飞机降落之后，在机场的通道拦住那位空姐聊天。在他和空姐聊天的过程中，他为了表现出自己的男子汉气概，便不停地抽烟。为了表现出他抽烟姿势的优美，他不停地向空中吹吐着烟圈，他希望以这样的方式获得空姐的芳心，但是没想到空姐却用手将自己的鼻子捂了起来。但是这位退伍士兵并没有注意到空姐的这个动作，更没有看到空姐脸上的厌恶表情，继续耍帅摆酷，最终空姐借故上洗手间，摆脱了这个粗心的士兵。

我们可以从上面的这个案例中看出：这位美丽的空姐其实对退伍士兵抽烟的样子是非常反感的，也不喜欢闻香烟的气味，所以她用手捂住鼻子以掩盖自己的厌恶之情。可是，粗心的退伍士兵一点儿都没察觉到这点，还继续做些不该做的动作，导致了最后的失败。所以 FBI 认为，通过观察对方鼻子的变化情况，可以很容易看透一个人内心世界的变化情况，鼻子背后深藏的学问也被挖掘出来。

第一章
盯紧表情：一眼识破罪犯的内心

不同笑容的心理解码

一天，洛杉矶的一家银行发生了资金丢失的案件。相关人员立刻报警。FBI接警后，马上派出探员进行调查。

银行的行长配合FBI探员对金库以及业务上的来往进行仔细排查，并没有发现可疑之处。问题究竟出现在哪里呢？FBI探员经过一番思考，将目光盯到银行的数据上，这时行长为探员提供一条线索，说半个月前，一位名叫克莱斯的电脑技术员，对银行的数据系统进行了一次升级与维护。

FBI探员得到这个消息后，马上传唤克莱斯。问询过程中，克莱斯沉着冷静，对探员提出的问题一一做出回答，并坚称银行资金丢失与自己无关。FBI探员从他身上没有得到任何有用的信息，只好相信他是无辜的，决定放他回去。就在克莱斯转身离开之际，嘴角边闪现出一丝冷笑，恰好被FBI探员捕捉到了。于是，FBI探员立即说服上司，对克莱斯进行一次高强度的审讯。在强大的心理攻势下，克莱斯终于承认了自己是银行现金盗窃案的罪犯。

一丝不易察觉的冷笑就能成为一起现金盗窃案的破案线索，这种从笑容的背后窥视对方内心变化的技巧值得我们每一个人学习。

FBI探员在阅人的时候，总会非常仔细地观察他们的笑容，并且非常善于从他们的笑容中获得比常人更多的信息。

人们的面部展示了丰富多彩的表情，而笑是呈现在脸部的重要表情之一。笑容是世界上最美好的东西，它能够让别人感觉到温馨与快乐。但是并不是所有的笑容都令人感到舒服，如奸笑、冷笑、嘲笑等，都让人不悦。虽然微笑能够伪装，但FBI探员依旧能从中读懂对方的内心。微笑是人们经常出现的表情，却不仅仅包含一种意思。所以，对于微笑所蕴含的意味，人们需要深刻地了解、谨慎地分析，才能读懂人心。

笑是最直观的，也是反映人们内心世界最重要的因素。由于人们个性和所处环境的不同，表现出来的笑也会存在一定的不同。不同的微笑蕴含

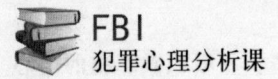

着丰富的内心世界的变化,通过这些可以更加直观地了解一个人。为此,FBI 做出如下总结。

1. 抿嘴笑的人

这是一种常常出现在女人脸上的微笑方式,这种微笑的意思更多地表示女士们想要表达拒绝,却又在其中透露出了羞涩、含蓄、调皮。在 FBI 看来,那些笑起来抿着嘴的人总喜欢掩饰一些内心的想法,因为他们内心的真实想法可能与之前所说的话有一定的差异。露出这种笑容的人的大脑中正在进行着激烈的思考,或者此时内心非常忐忑。一般来说,抿嘴笑的人最直接的表现就是一种潜在的拒绝。

因此,FBI 建议我们在遇到抿嘴笑的人时,一定要提高警惕,通过他们的言谈举止来判断他们所说的话的准确性,千万不要被他们的模棱两可的话语欺骗了,更不要指望能够直接从他们的嘴里得到有价值的信息。比如当一个人称赞某一个人或某一件事情的时候,如果当他说完话以后开始抿着嘴微笑,那么他内心深处的真实想法可能与之前所说的话存在一定的差异,只是这个人善于隐藏罢了。

2. 皮笑肉不笑

通常来说,那些经常皮笑肉不笑的人总喜欢阿谀奉承,他们对待比自己强势的人,总显得特别卑微,而对待比自己弱势的人总是一副趾高气扬的样子。

皮笑肉不笑也被称为是阴阳笑的微笑方式:一张脸上会出现两种不同的表情,一方面这个人会把微笑留给别人,他们笑得非常灿烂;而另一方面又会出现紧皱眉头的情况,好像阴冷的冬天一样。这样的人在与人交往的过程中会表现得非常狡猾与老到,他们总是善于观察别人的一举一动,总是会根据别人的内心变化来控制别人。

FBI 在长期的工作中发现,很多人在与这些皮笑肉不笑的人打交道的过程中,总是吃亏或受到伤害,因为那种脸上时常露出那种笑容的人,往往都是心术不正的。为此,FBI 提醒人们:一定要警惕皮笑肉不笑的人,他们的笑容中很有可能隐藏着不良企图。

3. 无声的微笑

有很多内向和孤僻的人,他们在笑的时候不发出任何声音。他们的胆子一般都很小,感情也十分脆弱,经常会因外界环境的因素而影响自己的内心想法。更为重要的是,这类人非常单纯,常常在心里酝酿着一些天真的想法,他们总是认为社会就是一个现实版的童话世界,人与人之间只有爱,没有恶意,而且他们会固执地坚持自己的这种想法。

4. 自嘲的笑

在城市生活的人们常常有这样的经历,当你去赶一辆公交或火车时,本以为自己一定能掐准时间赶上火车,然而到了车站才发现车已经开动,你只能眼睁睁地看着它扬长而去,此时我们只能摇摇头,自嘲地笑笑。这时的笑只是一种有感而发的表情,是一种对内心情绪的掩饰,也是一种摆脱尴尬的技巧。这种笑往往都很短,难以在脸上停留较久。

FBI认为,在人际交往中,在人前蒙羞,处境尴尬时,用自嘲来对付窘境,不仅能很容易找到台阶,而且多会产生幽默的效果。所以很多人遇到尴尬处境时,都是通过自我嘲笑来摆脱尴尬,这是很高明的一种脱身手段。

在某俱乐部举行的一次招待会上,服务员倒酒时,不慎将啤酒洒到一位宾客那光亮的秃头上。服务员吓得手足无措,全场人目瞪口呆。这位宾客却微笑地说:"老弟,你以为这种治疗方法会有效吗?"在场的人闻声大笑,尴尬局面即刻被打破了。这位宾客借助自嘲,既展示了自己的大度胸怀,又维护了自我尊严,消除了耻辱感。

解密嘴唇,直击罪犯的内心

一天夜晚,警局里的电话骤然响起,接到警情后,FBI警员马上来到案发现场。原来,费城的一间公寓里,发生了入室抢劫案。

面对警方的询问,惊慌失措的女主人只记得对方身高一米八左右,手里拿着枪,威胁她把家里财物拿出来。至于长相,她根本没有看清楚。

FBI的警员根据事主提供的有限线索,再调取相关的监控,很快锁定

了一名犯罪嫌疑人。由于证据不足,警方没有对他采取行动,而是暗地里调查他的行踪。很快,FBI 就获得了这个人的信息。该犯罪嫌疑人无业,长期混迹于赌场之中,不仅如此,他还是个瘾君子。

一次,FBI 以扫毒的名义,将正在吸毒的犯罪嫌疑人抓获。审问时,犯罪嫌疑人承认自己吸毒,当问到他还有什么违法犯罪的行为时,犯罪嫌疑人信誓旦旦地说,除了吸毒外,没有过其他违法犯罪的行为。

当警员提起前不久发生的入室抢劫案时,犯罪嫌疑人百般抵赖,绝不承认是自己干的。当警员拿出一串钥匙,放到嫌疑人面前时,他立马蔫了,轻咬下嘴唇,不再说话。原来,嫌疑人用口袋装财物时,不小心把钥匙从口袋里带了出来,遗落在事主的室内。

FBI 的警员一看到犯罪嫌疑人轻咬下嘴唇,就知道了他内心的紧张。很快,警员们就"攻"下了嫌疑人,对方承认了入室抢劫是自己干的。

FBI 在长期的办案过程中,对嘴唇所表露出来的信息,做出如下总结。

1. 嘴角上扬

嘴角上扬表现出来的是一种轻蔑之情,表示的是对他人的嘲笑、讥讽。在日常生活中,我们经常会见到这样的情景。比如,一个身世、相貌、资历等各方面都非常优秀的人,在与一个普通人谈话时,嘴角常常会挂着某种蔑视的神情;再比如,你去买一款高档首饰或服装时,如果不停砍价或挑肥拣瘦,营业员也会这样对你——虽说表面上似乎是在向你微笑。

FBI 提醒我们,在与人交往的过程中,如果发现对方对你蔑视、不尊重,没必要进行针锋相对的反击。相反,保持平和的心态相当重要。因为,所谓"与人打交道"意味着要与各式各样的人来往,需要时刻保持一颗平常心,用一颗平常心来对待身边的人,既不能过于谦卑,也不可太狂妄。总之,小不忍则乱大谋。

2. 嘴唇绷紧

当人暗自下决心,或者对某事的看法心意已决时,他的嘴唇就会紧紧绷起,以示自己内心坚定。在日常生活中,我们经常看到这样的情景:当孩子受到批评时,当学生考试失败时,当创业者在事业上遇到挫折时,如

第一章
盯紧表情：一眼识破罪犯的内心

果你看到他们嘴唇紧闭，就说明他们是有志气的人，不甘心眼前的失败，有重整旗鼓、东山再起的勇气。

这种表情还有另一层意思：恶意对抗。一个人内心不满或气愤，或者自己的利益受到威胁时，也会做出这种表情，表示他准备与对方暗中较劲儿。

3. 嘴唇紧闭，嘴角向下

乐观、活泼的性格，往往使得嘴角两边是向上提起的；与之相反，嘴角两边下垂意味着长期的悲观厌世或当时的不愉快。不自信的人在面对他人时倾向于紧闭嘴唇，两嘴角下垂。这种唇型常常是忧郁性格或病态性格的信号。

这种表情在我们日常生活中非常常见。比如，坐在后排听课的学生，最初紧闭嘴唇、嘴角下垂，总是给人一种似乎非常"严肃"的表情。初次上台演讲的人，在面对台下的听众时总是一张"苦瓜脸"，很少乐呵呵地笑，哪怕是微笑。最根本的原因就在于，他们对自己没有信心，自卑使他们无法完全放得开。

4. 用手触摸嘴唇中间

在人的肢体语言中，大部分用手接触嘴唇的动作都与欺骗抑或纠结的心理有关，将手指放在嘴唇中间的手势，是主体内心需要安全感的一种外在表现，我们经常看到，幼儿会将自己的拇指含在嘴里，而成年人通常则会把手指放在嘴唇之间。比如在吸烟、拿着烟斗时，成年人经常会把柄放在嘴唇中间。

如果一个人在说话的时候遮住自己的嘴，那么很可能是在犹豫。如果在你说话的时候，对方遮着自己的嘴，那就表示他认为你可能隐瞒了某些事情，对你有所怀疑，并正在纠结中。

5. 轻咬嘴唇

轻咬嘴唇是紧张的表现。当一个人心里紧张，或者正处于令人紧张的场合时，主体就会下意识地咬自己的嘴唇，这是为了掩饰自己内心的不良情绪。

在"9·11"发生之后，布什总统出现在电视上发表讲话，细心的观众就注意到，他不时地咬自己的下嘴唇，后来这个动作被认为是失态之

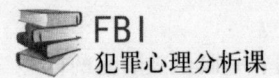

举。曾在牛津大学工作的心理学家彼得·科利特教授对这段视频进行了详细分析，他从"肢体语言对政治家的重要意义"这个角度解释了布什为什么会在全世界人面前失态。他说，权力、权威和坚韧是政治家极力想要展现的特质，但同时，他们又希望强势的形象不至于让人反感，甚至还希望传递出友好、亲切和真诚的信息。

6. 用力抿嘴

那些少言寡语、说话支支吾吾的人经常会抿嘴，有的人甚至每说完一句话都会无意识地做一下这个动作。或许你认为这只是一种坏习惯，其实远非如此。这是内心坏情绪的一种表达，充分表现出主体内心的烦躁不安、不耐烦。

FBI提醒我们，与人交流时，如果发现对方用力抿嘴，就应该知道对方内心可能存在不耐烦的情绪。遇到这种情况，稍有不慎就有可能激怒对方。

7. 嘴唇全开

当你被关进伸手不见五指的黑屋，当你站在万丈悬崖边上，当你看到猛兽向你冲过来时，你会露出什么表情？惊恐万分——一定是瞪大眼睛，张大嘴巴，并伴随着撕心裂肺的尖叫。这时嘴巴有一个非常明显的表情，即张开并向四周扩展。这说明人在惊恐的时候，嘴唇会全部展开。

在受到惊吓时，人会无意识地将嘴张大，而且这完全是潜意识的动作，不受控制。在公众场合，有的人出于礼貌，也许会有意识地隐藏这种似乎不够淡定从容的动作，但是即便是这样的"高人"，在那种异常紧张的情况下，也很难做到滴水不漏。因为，这是主观意识和潜意识共同作用的结果，人在受到外部刺激的时候，主观意识就会给潜意识发送一个暗示信号："这个东西很可怕！"于是在人的潜意识里就形成了一种"害怕"的心理。

从表情与环境气氛不一致看穿心理

2011年的一天，华盛顿的一条金融大街上像往日一样热闹非凡，这里聚集着全世界很多知名金融机构和证券公司。在这里，人们行色匆匆，充分

第一章
盯紧表情：一眼识破罪犯的内心

昭示出"时间就是金钱"的概念。这条大街也是FBI重点巡查的地方，一名负责巡查的FBI探员来到一家银行门前时，发现一名妇女显得与众不同。此时，这名FBI探员的第一反应就是，该妇女可能在这里等人或寻找某个人。

就在FBI探员准备去其他地方巡查时，银行的运钞车来了，那名妇女也把目光投向了运钞车。该银行是这条街上最大的银行，每次运送的金额都非常大。难道她……FBI探员脑海中闪现出不好的念头，与此同时，他马上警觉起来。为了不让那位妇女发现自己，他闪进临街的一家商铺中，仔细观察妇女的行为。他发现，妇女的脸上露出恐惧和紧张的表情。FBI探员获得这种信息后，首先小声把可疑情况向上级报告，然后装作游客的模样，从商铺中走出，摆出一副若无其事的状态，向可疑妇女靠近。

这时，可疑妇女迈开脚步，径直向运钞车走去，并边走边把手伸进衣服的口袋内。FBI探员的神经一下子绷紧到了极点，不由得加快脚步，紧紧跟了上去。10米、5米……近了，更近了。就在可疑妇女即将接近运钞车时，突然从口袋里拿出手枪。"砰"的一声枪响，打破了往日的繁华与热闹，大街上的人顿时四散奔逃。幸运的是，子弹没有击中运钞员，而是向天空飞去。原来，就在可疑妇女扣动扳机之际，FBI探员从她背后一个箭步冲了上去，猛然抓住她扣动扳机的手向上托举。几乎在同一时间内，增援的警察也已赶到，将犯罪嫌疑人擒获。

如果不是这名FBI探员有着高超的情报甄别能力，能够通过犯罪分子的异常行为和异常表情洞察她的内心，就不可能及时有效地阻止这次犯罪行为。由此可见，了解和分辨一些环境中的人的异常表情与行为，对于FBI的办案人员极为重要。

对于人物的异常表情观察，应该进行细致的分析，特别要对当时所处的环境有所了解，这样才能更加准确地推断对方异常行为及异常表情产生的原因。在留心人们的异常表情时，FBI总结出对以下几个方面应该着重观察。

1. 肤色的变化

脸部的肤色会随着情绪的变化而产生相应的变化。其中，最明显的是变红和变白。当人们感到害羞、惭愧或尴尬时，面颊常常会变得通红。有

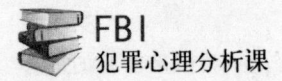

时候，人感到愤怒时，脸部也会充血而变红。但是，愤怒的时候，面颊变红的情况与其他情绪导致的面颊变红大不相同，并不是由面颊中心慢慢地扩散开来，而是面颊瞬时转为通红。

当愤怒中的人们想极力抑制自己的怒气和克制自己的攻击性冲动时，其面颊肤色就会变得苍白。而当人们处于惊骇、恐惧的情绪状态之下，面颊肤色也会变得苍白。

由于面颊肤色的变化是由自主神经系统造成的，所以很难人为控制或掩饰。但这种肤色的变化往往需要一定的外部刺激才会发生。比如一些嫌疑人，准备实施犯罪时，内心会感到焦虑与恐惧，但他们的脸色看似很正常，但如果旁边有人说一声"站住"，他们的脸色顿时会变得煞白，以为自己被发现了。

2. 眼神的活动

如果说面颊的肤色变化要通过一些外部刺激才能看得更加清楚，那么通过眼神活动状况，我们就可以直接地看出一些端倪来。有些人心里有鬼，通常眼神会变得飘忽不定、左顾右盼，与人说话时心不在焉，眼神的焦点总是在不停地移动。而有些嫌疑人在面对FBI的讯问时，眼神往往有躲闪的情况出现。从这些眼神活动中，可以很快地推断这个人有一定的嫌疑。

3. 紧张的表现

人处在紧张的状态下，脸部会有出汗的情况，尤其是鼻头部位，另外鼻孔会极速地扩张。在大量的犯罪调查过程中，警方发现作案人员都有紧张的情绪，除了少数惯犯及心理素质极佳的案犯之外，很多人在作案之前都会出现一些异常行为，表情也会发生异常的变化。比如"9·11"恐怖袭击的案犯，在实施犯罪之前，曾经有过飙车行为。

FBI认为，异常的行为及表情反应，应该引起人们足够的注意。结合当前环境来观察，有助于警方发现一些异常的情绪变化及表情反应，从而有利于警方更加及时地发现和控制犯罪嫌疑人，以阻止犯罪的发生。不管怎么样，随着全球犯罪事件数量的增加以及犯罪智能的升级，FBI有必要加强情报搜集能力，更有必要提高情报甄别能力。

第二章
身体语言：从行为中发现破绽

作为语言的补充，身体语言可以真实地表达出内心的想法，也可以掩饰内心的真相。很多时候，通过观察一个人身体所发出来的信号，就可以看出他的真实想法，了解他的内心世界……FBI在破案的过程中，非常重视犯罪嫌疑人的身体语言，他们正是通过身体语言的表现，将犯罪分子绳之以法。

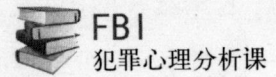

不可忽视的头部信号

谈及一个人的精神状态时，我们时常会说"昂首挺胸"等词汇，这说明"头"在人们的情绪表达中是一个很重要的标杆。头部聚集着人身体中很多非常重要的部分，大脑、五官以及重要的神经都在这个位置，它也自然受到了相当大程度的重视。FBI对生活中人们运用头部所表达的情绪进行观察分析后发现，当一个人愿意抬头与你交谈的时候，就已经在传达一个尊重的信息，如果在交谈的过程中他的头颅一直保持这个状态，则说明你所谈论的内容正是他希望听到的。但一个人的头抬得过高则并不是什么好事，那是一个代表高傲的动作。很多人认为容易出现这个动作的人性格比较轻浮，这种人会给对方留下不好的印象。除此之外，还有很多蕴藏着丰富信息的头部动作有待我们去发掘。

迪克是FBI特工组人事调配的负责人，他一直野心勃勃地想要晋升到更高的职位。为此他经常和上司的秘书一起吃饭、唱歌，一来二去，他和秘书的关系就非常密切了，经常从秘书那里得到有用的信息。

一次，组里要进行一项潜伏任务，需要选择一个有能力的人执行卧底任务。上司要求他提供两个候选人名单。迪克经过细致的筛选，终于从大批精英中挑选出最有潜能的两个人。一个是名牌警校毕业的迈克，一个是刚从其他警局中调动过来的经验丰富的韦恩。当迪克将两人的资料交给上司后，他特别提醒秘书要注意上司看后的反应。

他知道上司看完资料后一定会问他的意见，为了更好地迎合上司，他需要及时知道上司的反应。晚上的时候，他便约秘书一起吃饭。秘书告诉他，上司在看迈克的资料时频频点头，而看韦恩的资料时却轻轻摇头。他

第二章
身体语言：从行为中发现破绽

听后非常高兴，点头就是肯定，摇头就是否定，如果上司问起他的意见，就说选迈克。

第二天一上班，上司就把他叫到了办公室询问他的意见。他当即毫不犹豫地说自己推荐迈克。上司微微一愣，问他为何如此选择？迪克说："因为迈克是名牌警校毕业的，具有极强的身体素质，那所学校出了很多杰出的特工。"上司听后没有说什么，只是挥挥手让他出去了。走的时候他心里有些担心，但也没多说什么。

几天后，在分配任务的时候，他才知道组织把韦恩派去执行卧底任务了。他立刻找到上司，并告诉上司他是因为已经知道了他的反应，才做出选择迈克的决定的。

上司听了他的解释后，缓缓地向他说道："我看到迈克的档案点头，是因为他虽是名牌警校毕业，却一直没有作为，执行任务时也没有多大的团队贡献。我认为这样心高气傲的人，留在FBI，只会居功自满，不利于组织的团结。我看到韦恩的档案摇头，是因为他经验丰富，为之前的警局做了很多贡献，却一直得不到提升，不禁为他惋惜。很抱歉，我没有想到你居然是附和上司的人，我需要的是有独立思考能力的部下。"听完上司的一席话后，迪克明白了过来。

虽然大多数普通人并不会遇到强势而且机警的间谍或者FBI探员，但FBI发现的身体语言之中所存在的规律也一样适用于每一个人，尤其是那些明显的头部动作。为此，FBI做出如下总结。

1. 点头

FBI在办案的过程之中发现，不管你走在世界的哪一个角落，只要你对路边的陌生人点头，对方必然可以接收到你的友好信息，回复你一个点头或者微笑。这种情形印证了点头这一身体语言是一种跨国界的肢体动作。当人们朝对方点头的时候，身躯会同时呈现一种弯曲的状态。在很多民族的文化中，头颅都是高贵、不可侵犯的，而微微低下自己的头颅，让身体呈现微微的弯曲，则是一种友好、恭维和尊重的表示，对于人们之间达成和谐融洽的沟通气氛有着良好的帮助作用。

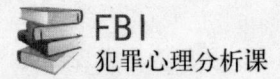

在谈话的过程中点头，可以令对方感受到你对这个话题的兴趣并受到鼓舞，从而让交流更加顺畅。点头的频率在这一过程中也至关重要，缓慢而有节奏地点头可以激发谈话者的热情，但快速地点头则传递了一种不耐烦的情绪，会让别人觉得你想尽快结束这场谈话，从而令交流气氛陷入尴尬。

2. 摇头

将自己的头从一侧转向另一侧便形成了一个摇头的动作，这一动作可以算是人类除了吸吮之外最早学会的动作之一。如果一个母亲在婴儿吃饱之后依旧想要喂奶给他，人们就会在婴儿的身上发现这个动作，他将自己的头偏向一侧，表示拒绝。FBI认为人们做出摇头的动作是想要表明自己的不满情绪，与之相伴随的则是一些表示拒绝的语言，而从全世界范围来看，摇头和点头一样，也具有通用性。

一般来说，人们将头颅的上下摆动称为点头，而将头颅的左右摆动称为摇头。但也有一些特殊情况，FBI曾经在希腊和土耳其遇到一些特别的人，他们在表达自己的否定态度时喜欢将头颅仰起，用仰头的方式表示反对和拒绝是这些地区所特有的民族文化。

3. 歪头

由于特殊的工作性质，FBI需要经常执行一些审讯工作，这是一种高强度的对抗性工作。嫌疑人和探员之间的抗衡从各个角度来说都是非常激烈的，很多审讯之所以能够取得最后的成功，让被审讯人员承认自己的行为，正是由于FBI从一些细节和心理角度入手。那么在什么时候这些嫌疑人会放弃抵抗呢？经验丰富的FBI可以从一些小动作中发现他们的心理防线已经崩溃，其中便包括歪头这一动作。

将自己的头歪向一边看似是一个平常的动作，但FBI认为这一动作所传递的信息是一种默认的服从。当一个人做出这个动作的时候，说明他的内心已经放弃了抵抗，不会再对别人形成威胁，对接下来所提出的要求，他们一般会表示顺从。

20世纪70年代，著名的FBI探员史密斯·伍德曾经抓捕过一个前苏

第二章
身体语言：从行为中发现破绽

联女间谍。由于克格勃的强化训练，前苏联女间谍对FBI的各种审讯方式早有心理准备，虽然已经有足够的证据证明她的间谍身份，但她却抵死不肯承认。审讯进行到一定阶段之后，史密斯找到了女间谍用微型照相机拍摄美国军事基地的照片，当他将这些照片放在她的面前时，女间谍依旧很强硬地表示这不是自己拍摄的。遭遇到如此冷静的对手对于FBI来说也是一项很大的挑战，如果女间谍不肯认罪，他们就无法进行下一步的交涉。陷入困局的史密斯请求技术部门的协助，从女间谍的茶杯上提取了她的指纹，核对了照相机上的指纹，证明是同一个人的指纹。在无法辩驳的情况之下，这名强硬的女间谍歪了歪头，通过这个小动作，史密斯认定她的心理防线已经被击破了。在接下来的审讯过程中，女间谍果然非常配合，承认了自己的所作所为。

生活中，出现歪头的动作基本可以算是一种放松，人们做出这个动作的时候内心情绪较为平静。而FBI的研究则指出，女性在生活中更易出现歪头的动作，因为她们希望传递一种合作、顺从的态度，从而获得别人的帮助。但男性由于社会环境的要求，很少做出这一动作，尤其是那些社会地位较高、性格强势的男性，在他们的潜意识里，歪头是一种屈服，会令他们的自尊心受到打击。

下巴是影射内心的投影机

有一次，FBI审讯一个犯罪团伙，不管FBI的审讯人员怎么询问，他们要么矢口否认，要么就是沉默不语，这6个人表现出了极为团结的精神。不过，在对其进行审讯的过程中，细心的审讯人员发现了一个突破点，那就是在这几个人中间，有一个人自始至终都在用他的鼻子和下巴回应审讯人员，目光也显得极为不屑，并且很少开口说话。鉴于此，FBI决定对其进行单独审讯。不出FBI所料，这个人的表现几乎完全吻合最初的判断：没有耐性，脾气暴躁，是该犯罪团伙的带头人。在审讯人员询问到专门设计的第4个问题时，他额头上的青筋暴起，眼露凶光，大声地喊叫

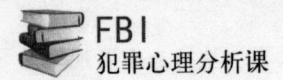

道:"你们这些警察,凭什么指证我们?没有证据就放了老子,我可没工夫在这里和你们耗着!"

这个时候,另外一名FBI拿着一沓资料说:"你认为我们会没有证据?在没看资料之前我要告诉你一件事,在你被我们单独审讯期间,你的几个手下都已经说了,你是他们的老大,所有的事都是你指使的,难道你不想为自己辩解一下吗?"这个人马上瘫软在椅子上,两眼无神,刚才一直高昂着的下巴低了下去,他口中骂道:"这群没良心的东西!"接着,FBI便从他的口中套出了真相。

在审讯的过程中,FBI常常会碰到一些喜欢用下巴和他们说话的人,这些人似乎并不把FBI放在眼里。FBI认为,下巴在一定程度上可以代表一个人的性格。比如一个总是喜欢扬着下巴的人,十之八九是个趾高气扬的人;而习惯缩起下巴的人,则敢于接受批评。

FBI认为,在一场对话中,下巴的某些细节可以透露出一个人的心理变化,同时还可以反映出他的某些性格特征。为此,FBI做出如下总结。

1. 抬高下巴

有的人在与人谈话的过程中抬高自己的下巴,并且随着谈话的进程不断改变抬高的角度,这样的人一般个性较为开朗、爽快,他们喜欢与人进行坦诚的交流,讨厌那些虚伪的言辞。这类人总是喜欢直接表明自己的态度,从来不会假装出一种并不存在的情绪,因此与他们交流应该力求直接、明快,无须遮遮掩掩,否则反而惹人生厌。与此同时,也要注意到这类人容易走上极端,因为他们的态度实在太过鲜明,导致他们在讲话的时候过于尖锐,给周围人带来困扰。

喜欢将自己的下巴抬高的人适合成为领导者,从事管理工作,因为他们重情义,对身边有善意的人非常友好,不会为了追求利益而阿谀奉承,并且总是保持着旺盛的精力,充满激情。奋斗和拼搏的精神也是这类人士的共有特点,他们可以感染周围的人,勇于开拓。但作为他们的朋友和下属,最好不要轻易对他们提出批评或者指出他们的错误,因为这类人很爱面子,就算知道自己错了,也会因为自尊心而无法承认。想要指出他们的

第二章
身体语言：从行为中发现破绽

不足，完全可以采取委婉的方式，如果别人对其表示宽容和理解，这类人就会主动去反省自己，并且真诚地道歉。

2. 压低下巴

如果一个人喜欢将自己的下巴收回并保持一种压低的姿势，FBI提醒大家要小心，不要得罪他。因为这种人的自我意识非常强烈，最不能忍受的就是别人的反对意见，如果他感到自己被看扁，就会受到强烈刺激，严重的时候甚至暴跳如雷。基本上这类人都比较聪明，却无法控制自己暴躁的脾气。对于那些反对自己的人，他们总是选择与之一较高下，因为他们很难控制自己的情绪。

看一看你身边那些喜欢发脾气的人，他们是不是总喜欢压低自己的下巴？这正是因为他们内心激荡的情绪在不断刺激神经，以至于他们不得不通过压低下巴来控制自己。虽然暴躁的脾气让他们成为大家眼中不受欢迎的人，但对于那些善待他们的人，他们也会表现得非常慷慨豪爽，有时候也会表现出心胸宽广的一面，让你怀疑自己是不是看错了。由此看来，这种人的原则性很强，他们对朋友和敌人的界定非常清晰，绝对不会出现模糊地带，在对待不同人的态度上可谓泾渭分明。

3. 下巴和头部保持一致

有些人的下巴"个性"非常突出，总是在不断凸显自己。而有些人则并不会让下巴有过多的动作，他们的下巴基本和头部的动作保持一致，以至于让人们忽视了下巴的存在。这类人的个性都很温和，就像他们的下巴一样不会出现争风头的情况。对于身边的人，这种人都表现得很宽容，就算是面对不喜欢的人也不会引起他们的强烈反感，是大家眼中的老好人。

通过对诸多案例的观察，FBI发现下巴和头部保持步调一致的人都是慢性子，他们工作起来勤勤恳恳，并且非常有毅力。虽然这类人并不会在短时间内就引起大家的关注，但随着时间的推移。人们会注意到他们身上坚毅的品质。而与这种个性相关联的是，这类人同样也非常固执，很快接受别人的建议，对于自己认定的观点不会轻易放弃，也就是人们所说的"牛脾气"。这种个性如果不能得到很好的引导与控制，有时候会走向偏

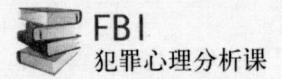

激,虽然他们很希望所有事情都可以平稳地发展,但却会因此而走进狭隘的误区。

这种个性的人也会出现多疑、不自信以及缺乏安全感等情况,由于对挫折的承受力并不强,因此他们很怕失败,总是在追求安定,容易出现悲观失望的情绪。FBI通过特性分析发现,丰富的物质可以让这类人获得极大的满足,对食物的高要求让他们每一个人都具备美食家的潜质。

手部隐含的秘密

相较于人体的其他部位,手应该是人类最灵活、最灵敏的部位了。它可以感觉到振幅只有0.00002毫米的振动,而人们也习惯在说话的同时,做出各种手势来表达感情。原始人类曾经用全身各个部位的肢体语言进行交流,而在有了口头语言之后,最初的肢体语言都逐渐被淘汰了,除了手势。而当人们受到外界环境刺激的时候,手也会在肾上腺激素的作用下,向外界传递出不同的信号。而美国FBI就是最善于捕捉这些信号的刑侦组织。他们在一百多年的破案历程中,总结出了很多关于手的经验心得。并且通过这些经验心得,破解了很多大案、要案。

2000年,纽约市发生了一起奸杀案。两天后,FBI警员就找到了犯罪嫌疑人。FBI只是怀疑他有犯罪的动机,但并没有足够的证据指控他。犯罪嫌疑人坐在审讯室后,点燃了一支香烟,自顾自地吸了起来,一副很享受的样子。可是,当FBI警员提到受害者的哥哥的名字时,他手中的烟颤抖了一下。这个动作很明显。当FBI警员之后又提到了和受害者关系亲密的几个人的名字的时候,他并没有出现这样的反应。之后,FBI警员又将死者的哥哥的名字夹在其他几个名字中间提起,他手中的烟又颤抖了一下。这样的情况重复了4次。最后,FBI从死者的哥哥这条线索入手,找到了证据。原来,死者的哥哥在妹妹被奸杀后,就知道凶手是谁。但是他欠凶手很多钱,并且无力偿还。而凶手提出只要他守口如瓶,所欠的债务就一笔勾销。在威逼利诱下,死者的哥哥只能照办。而凶手就是被FBI警

第二章
身体语言：从行为中发现破绽

员审讯的犯罪嫌疑人。因为凶手知道即便自己被抓，FBI也不可能找到证据，所以无论接受多少次审讯，他都会非常自如地应对。但是他万万没有想到，最终将他推向审判席的，竟然是自己颤抖了几下的手。

当一个人听到、看到或想到一些不好的事情时，他的身体可能会做出某种反应。而微微颤抖的手，就是其中之一。如果那个人当时手中恰巧握着某样东西，那么颤抖的现象就会更为明显。

在上面这则案例中，犯罪嫌疑人在接受审讯时，气定神闲地点燃了一根烟，并且旁若无人地抽了起来。他这么做，一方面是想展现出"我不是凶手，你们没有证据指控我"；另一方面，他也想通过抽烟来舒缓自己紧张的神经。当FBI警员提起死者的哥哥的名字时，他的手明显颤抖了一下，而且这样的动作之后又出现了多次。机警的FBI警员立即捕捉到了这一细节。因为这明显就是大脑对威胁的边缘反应，它告诉FBI，犯罪嫌疑人感受到了某种威胁，而这种威胁来源于死者的哥哥。所以，FBI警员从这一点入手，最终将此案成功破获。

除了忽然颤抖的手之外，FBI还从破案经历中总结出如下几点。

1. "大汗淋漓"的手心

手心出汗的原因有很多，热当然是其中的一个原因，但更多是与紧张或压力有关。因此，FBI常常通过与人握手时感觉对方手心是否出汗，来判断这个人是否正处在压力状态下。

很多人想当然地认为，手心出汗的人一定是说了谎话，这种说法其实是不准确的。很多很平常的事情，如心情烦躁等，都会引起手心出汗。因此，手心出汗不能当成欺骗行为的标志，而只能作为一种假设条件。有些人说谎时手心会出汗，但手心出汗未必就表明说谎。

2. 十指交叉紧扣

通过观察各种各样的人，FBI探员们注意到，当遇到重大事件或变故时，很多人的手指常常会交叉紧扣，这是压力激增或低度自信的表现。

十指交叉紧扣，这个动作本身像在祈祷，做这种动作的人心里往往承受着巨大的压力。随着压力的升级，手指紧扣的力度也越来越大，手指的

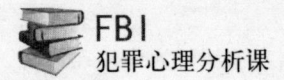

颜色也可能会渐渐变浅,局部区域甚至会变白。

3. 拇指的位置

我们在夸奖一个人的时候,常常会竖起拇指,表示你很棒。FBI认为,这是一种高度自信的非语言信号。有意思的是,这种动作还与地位相关,比如说约翰·肯尼迪。看过肯尼迪照片的人都知道,他经常把手插在上衣口袋里,拇指却露在外面,就连他的兄弟鲍比·肯尼迪也经常这样做。如果你仔细观察一些成功女性,就不难发现,她们拍照时也会用手抓住衣领,将自己的拇指露在外面。

FBI探员在观察别人时,分外留意他人的拇指位置。将拇指放在口袋里,被认为是做起事来有点唯唯诺诺的人,这种动作永远不可能在一位总统竞选人或国家领导人身上看到。

4. "冻结"的双手

FBI探员萨姆在谈及自己的阅人经验时说过,与最诚实的人相比,说谎的人通常会尽量减少各种手势和接触,也很少移动四肢。因此,这时候的手部语言比嘴部语言更可信,它们能够告诉你说话者的真实想法。

通过对审讯犯人的影像资料研究,特工们注意到:当人们讲真话时,他们会努力表达自己的想法,以确认对方能否听懂他们的讲述。这时候他们往往会用各种手臂和面部动作加以强调,增强语言的真实性。而说谎者的表现则完全不同,他们的手部动作很少,呈现出"冻结"的状态。

5. 搓动的双手

在与敌人交锋的过程中,FBI特工发现,当一个人处于被怀疑或低度压力状态下的时候,他的手通常会感到很不自在,往往会轻轻地用一根手指去摩擦另一只手。当形势变得更加不利于自己时,甚至会发展成双手剧烈地摩擦,这是苦恼的一种信号,FBI特工们在尖锐的审讯过程中都曾见过这种手势。当某个极其微妙的话题出现时,被审讯的人的手指就会向上伸直,接着,手就会上下搓动。

6. 抚摸颈部的手

只要你注意观察就不难发现,人们在言不由衷时,会经常做一些不自觉的动作，如摸后颈等。这个动作其实是在告诉我们，他们并不是十分自信，或者他们正在释放压力。这是一种普遍而有力的信号，说明大脑正在积极处理某种消极情绪，即使表面表示同意，心里也在抵触。

在一次追捕行动中，FBI的特工们敲响了一位老人的房门，他们怀疑敌人就躲在这间房子里。但开门的老人却说没有任何人来过，说话的同时还不自觉地把手放到了后颈上。"会不会有人趁您不注意的时候偷偷溜进来呢？"FBI探员又一次发问。"不可能的，我确信没人来过。"老人说着话，又一次把手放到了后颈上。通过对这个肢体动作的分析，特工们更加怀疑老人所说的话，于是他们申请了搜查令。结果，敌人果然被搜了出来。原来，老人与这个人是亲戚，所以老人想要庇护他，不料却被自己的手泄露了秘密。

7. 慢慢地缩手

缓慢的缩手动作也是压力增加的表现，这样做的人往往是听到了什么让自己害怕的消息，正在做逃跑前的准备。在一次晚宴上，FBI探员哈卡里和朋友们坐在桌边聊天，聊着聊着就聊到了金融。有位女士向大家抱怨说："我们家的境况最近不太好，钱好像一下子就没了。"在她说这句话的同时，哈卡里注意到，她丈夫的手慢慢地撤离了桌面，最终放到了他的腿上，这显然是一种远离动作，是心理逃跑的线索——他一定隐瞒了什么。果然，过了不一会儿，这位丈夫就借故离开了。事后得知，这位丈夫从家庭账户中盗走了一部分钱用于赌博，而他也最终为这种行为付出了代价——他失去了这段婚姻。

握手的动作里其实暗藏玄机

如果要探究人们在语言之外所进行的第一次接触，除了眼神之外，握手就是第一次真正意义上的实质接触。两个人的手掌握在一起，这是来源于中世纪的一种行为习惯，当时的社会正处于混乱的战争之中，人们彼此之间都保持着高度的警惕，生怕一个不留神就会死于对方的剑下。为了表达友好和诚意，人们在见面的时候会放下手中的武器并握手，用这个动作来表达自己并无恶意，并且已经放弃了武器，让对方完全放心并信任自己。在现代社会，这个习惯被保留了下来，并且有了更多的意义。FBI通过研究发现，一个简单的握手动作其实蕴含了很多潜在的信息，并不仅仅是随意地伸手相握而已。在握手的一瞬间，手掌的接触可以获得很多语言及眼神都无法传达的信息，此时的无声交流恰好是人们通过身体接触所进行的深层次沟通。如果所握到的是一个柔软的手掌，双方的心中就会生出温暖的气氛，为之后的交流提供一个愉悦的前提，若握到的是一个僵硬、冰冷的手掌，防备心理就会油然而生。此外，握手的力度与时间等也在不同程度上传递着信息，用这个简单的动作可以阐释两个人互不了解的世界，甚至折射出他们不同的内心世界。

握手动作虽然非常细微，却可以折射出一个人的内心世界，是一次信息丰富的交流。细心的观察者可以从交流之初就了解到对方的企图，也可以在瞬间无须任何语言就扭转乾坤，这一切仅凭借着一次简单的握手就可以实现。为此，FBI做出如下总结。

1. 握手的丰富意义

握手虽然是每个人时常会做的事，但很少有人会仔细观察并总结出它所蕴含的意义。FBI在观察人们心理变化的过程中敏锐地发现了握手所隐藏的丰富含义，从握手的力度、态度等多方面进行分析，并由此获得了很多宝贵信息。研究握手成为FBI识破犯罪分子的独门武器，他们可以通过细微的握手动作观察到对方的性格特征以及内心世界的情绪变化，在对方还没有开口的时候便已经窥视到他的心理全貌。

FBI对各种类型的握手动作都进行了细致的划分。那些喜欢使出大力来握手的人，在FBI看来是想要尽力表达自己诚意的人，这类人性格开朗、自信，非常善于交际，他们的问题是容易走进以自我为中心的迷途。而那些握手时不会用力的人则相对性格平和，他们的情绪比较含蓄，也很敏感。这类人的特点在于非常善于隐忍，问题是缺少主动性，没有主见，是喜欢依赖别人的人。主动与他人握手的人较为直爽，待人热情而又冒

第二章
身体语言：从行为中发现破绽

失，握住他人的手不肯放开的人则个性忠厚，内心世界非常丰富，也很容易受到外界环境的影响而出现情绪波动。

面对千差万别的握手表现，FBI的经典档案中都归纳出了它们代表的不同个性，要想了解一个人真实的一面，完全无须对方开口主动表述，仅需一个简单的握手动作便一目了然。

2. 抢夺主导权的握手

FBI之所以重视握手，是因为它是人们的第一次"交锋"，当两个人走到一起时，他们未开口之前的身体接触便足以表明他们的态度。握手并不是一个单独由手臂和手掌来完成的动作，在FBI看来，人们的面部表情和全身的肌肉都参与了这个行为，内心的情绪自然也无法避免。在一次握手中，一个人的手心朝向可以透露出他对这次交流的信心。手心向上的握手者对别人是一种恭维与顺从的态度，而手心垂直的人则显得不卑不亢，大可推断交流双方是一个平等的关系。我们尤其要注意的是那些握手的时候手心朝下的人，他们通过这个动作来表明自己对局势的掌控，折射出对话语主导权的渴望，这样的动作之后往往是一连串的压力及攻击。

抢夺交流过程的主导权是人们在人际交往中最常遇到的问题，FBI在攻心的过程中也常常以此为目的。获得主导权的人会对别人形成引导，获得大家的尊重与顺从，因此他们用手心向下的握手动作来表达自己强势的一面。如果你能够掌控这个场合，这种动作自然是最佳的选择，但若是你想要获得别人的好感以及支持，最好不要用这类握手动作惹人生厌。相较于掌心向下的握手，掌心垂直和向上的握手更易消除别人的警惕心理。

1987年，伊拉克和利比亚之间因为一艘商业运输船而引发了一次外交危机。当时，利比亚的一艘运输船途经伊拉克，伊拉克军队怀疑这艘船上藏匿了反政府武装分子，动荡的局势令他们不敢掉以轻心，在怀疑尚未确认的情况下就将这艘船拦截并带回检查。然而，检查的结果显示这只是一艘普通的商业运输船而已，伊拉克军方的冒失行为令利比亚当局大为恼火，一场外交事故就要爆发。

伊拉克国防部长在获知这件事之后迅速约见了利比亚国防部长，两位

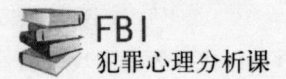

权力和地位相当的领导者决定会面，商议解决办法。在碰面的第一时刻，伊拉克国防部长快步走上前去，将自己的右手掌心朝上向对方伸出。原本正襟危坐的利比亚国防部长看到这个动作，立刻改变了态度，和蔼地伸出自己的手与之相握。

这一次握手在谈判之前就为这一事件提供了转机，利比亚一方感受到了伊拉克一方的歉意和诚意，原本准备好的严厉质问也就没有出现在谈判桌上。双方心平气和地商议了赔偿方案，最后达成了皆大欢喜的协议。

摈弃强势的握手方式可以让我们在交流的过程中更加应对自如，如果想要营造出和平友好的气氛，首先要端正自己的态度，眼睛平视对方，避免出现仰头动作，同时用恰到好处的力道与对方握手。这一简单的动作蕴藏的技巧远胜过一大堆辞藻华丽的说辞，更利于双方进一步沟通。

生活中，我们难免会遇到一些虚张声势者，他们用夸张的握手动作来强调自己的强势，令我们处于尴尬的被动境地。如果遇到那些手心朝下来显示自己权威的握手者，FBI也准备了相应的应对措施——只需要侵入对方的空间，就可以将其想要获得的强势感觉顿时消散于无形。FBI告诉人们，如果对方展示出强势的握手方式，你可以首先伸出左脚，然后右脚紧跟踏上前去，在无意中让自己的身体向前迈出一步，更加接近对方的身体，从而传达一种"你强我更强"的心理信号。

走路姿势说明了一切

凌晨3点，美国洛杉矶市的一条商业大街上，依然人头攒动，商铺丝毫没有打烊的迹象。一位身穿灰色上衣的男人，行走在来来往往的人流中。与其他人不同的是，这个男人一边走一边用目光观察周围的环境。他的这种行为，普通人可能无法识别，然而就在他身后的不远处，两双锐利的目光紧紧盯着他的一举一动。

这位被跟踪的男人叫弗莱，是一个贩毒团伙的老大，背后跟踪他的是两位FBI的特工。两位特工中，哈利很年轻，刚从学校毕业，第一次执行

第二章
身体语言：从行为中发现破绽

任务，既兴奋又紧张；另一位叫贝恩，该人经验丰富，曾侦破过许多棘手的案件。

贝恩低声对哈利说："干我们这行，最重要的是不要暴露自己。你刚才的举动，就差点引起那家伙的怀疑，不过你反应机灵，打消了他的顾虑。"

贝恩所说的"你刚才的举动"，是指10分钟前，哈利太过于专注，弗莱反跟踪能力极强，走着走着，那家伙突然停下身子，装着弯腰系鞋带，向身后窥探。他的目光刚好与哈利的目光相遇。就在两个人的目光相遇之际，弗莱愣了一下，脸上马上露出怀疑的表情。与此同时，老特工贝恩也发现了这次意外"遭遇"。此刻，如果命令哈利离开或拐进临近的商铺，两人就等于暴露了身份，直接导致抓获弗莱的计划失败。好在贝恩临场经验丰富，他先压低声音说："步态像往常一样继续朝前走。"然后指着前方的霓虹灯说："你刚才是让我看那个吗？在夜色的衬托下，它的确很漂亮。"

哈利明白贝恩的用意，稍稍抬高目光，说："是啊。这是我见过的最漂亮的霓虹灯。"

二人的话，毒贩弗莱全都听入耳中，他用疑惑的目光看了看快要走到身边的贝恩和哈利，接着向前方看去。果然，在他前面不远的地方，有一个造型独特的霓虹灯。

尽管如此，弗莱还是有些犹豫，又用目光打量了两人一眼，才继续向前走去。

真是有惊无险，通过一次极小的意外，哈利打心眼儿里佩服贝恩的临场应变能力。想到这里，哈利也同样低声说："您就是我的师父，以后我要向您虚心学习。"

贝恩拍了拍哈利的肩膀，说："好好干，你会有出息的。等着瞧吧，今夜我们会有一个大收获。"

"为什么？"哈利用怀疑的口吻说，"看他走路的样子，就好像去参加一个派对一样那么的轻松。您怎么断定我们能找到他犯罪的证据呢？"

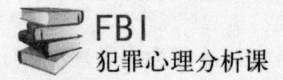

贝恩脸上露出一丝神秘的笑容，说："你还年轻，缺乏工作经验。等你像我一样，做20年特工后，你就同意我刚才的说法了。我们现在的任务就是盯住他，别让他从我们的眼皮子底下溜了。至于证据，我会帮你找到的。"

哈利还是将信将疑，说："希望能如您所愿。"

叫弗莱的贩毒集团老大，拐过几条街后，周围没有了商业街的繁华景象。走着走着，他停下脚步，确认没有被盯梢后，以最快的速度闪进一间临街的门面房。这条街其他房屋都是黑着的，唯独弗莱进入的房屋里还亮着灯。

机不可失，贝恩当即联系警局，包围了亮灯的房屋。当他们冲入房间后，弗莱果然在进行一桩毒品交易。在此次行动中，不但抓获了贩毒集团老大，还缴获了大量的毒品。

事后，哈利对贝恩钦佩不已，并问贝恩如何从茫茫人海中判断出弗莱是犯罪嫌疑人。贝恩回答道："通过长期的观察，我发现这个人的走路姿势与以往有所不同。以前他走路时，总是挺直腰板，显出一副很严肃的样子。那天晚上，他走路时左顾右盼，说明他害怕别人发现他的行踪。既然担心别人发现他的行踪，那么他出来活动，必然带有目的性，这种目的性就是毒品交易。所以，他行走时的姿势和动作出卖了他。我就是根据这方面的原因，做出的判断。"

听完贝恩的解释，哈利恍然大悟。

对普通人而言，走路是件再正常不过的事情。但是，在FBI看来，走路的姿势包含很多信息，通过对姿势做出正确的研判，就能得出一个人内心的秘密。所以，从人的走路姿势判断其心理，是FBI打击犯罪常用的方式之一。FBI通过长期的实践，对走路的姿势做出如下总结。

1. 走路姿势与性格

说起走路姿势，这实际上是一个笼统的概念，它包含了一个人走路的速度、步子迈动的频率和幅度，整体躯干和腿部的关系，脚尖指向，对周边环境的偏好等。一个人最常为他人所见到的姿势，就是走路的姿势。只

第二章
身体语言：从行为中发现破绽

要你离开家门，出现在了他人的视线之下，就会被他人所注意。

一个人的走路姿势是从小养成的，很难改变。因此，我们可以通过一个人走路时的姿势来判断一个人的性格。譬如，走路时上身向前微倾的人，性格往往都比较内向，为人也比较谦虚，很重视人与人之间的感情；走路时脚向后踢高，这样的人性格比较冲动；走路的时候双手叉腰，说明这个人的性格比较急躁；走路抬头挺胸，步伐迈得比较大，说明这是一个比较以自我为中心的人，但是思维比较敏捷，做事时具有很好的条理性，缺点是缺乏毅力；走路时左右摇摆，这样的人在生活中爱出风头，喜欢成为他人关注的对象，这样的人在言语上往往不太注意，比较容易伤害他人，但优点是待人比较诚恳，做事也比较坦荡。

一个人和别人最显著的行走姿势区分在于他走路的速度。FBI 认为，走起路来比较沉稳，速度上不紧不慢，说明这是一个做人做事比较务实的人。这样的人在做事的时候一般深思熟虑，以"稳"字为第一原则。走起路来比较快，而不管是不是有要紧的事情需要去办或者办事地点的远近，这样的人精力要比一般人充沛，做事十分干练，不会拖泥带水，具有行动力比较强的特点。走路缓慢的人，性格上具有小心翼翼的特点，在做事的过程中讲求稳重。走路时快时慢的人，在性格上比较不自信，做起事情也常常是犹犹豫豫的。

拖着鞋子走路也是一种较为常见的走路姿势，因为这种走路姿势对鞋子的伤害很大，所以鞋跟磨损的情况会比较严重。FBI 认为，这类人通常思想都比较消极，往往都有着很强的忌妒心，也常常因为忌妒他人而伤害他人。一般来说，这类人做起事来积极性不会太高，他们总是希望通过简单的付出收获丰厚的回报。因此，一旦这些人走路的姿势突然发生变化，很可能做出伤害身边人的举动，尤其那些跟自己关系最近且比自己成功的人。

所以，FBI 提醒人们，在日常人际交往的过程中，如果发现某些人的走路姿势不同于往常，就应该小心提防他们。

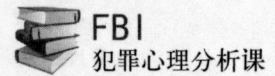

2. 走路步伐的变化

人们走路的步伐乍一看都差不多,其实仔细观察就会发现很多不同。FBI 总结到:自始至终都比较凌乱的人通常都是比较神经质的人,性格上也表现得较为叛逆。他们通常对自己身边最亲近的人具有很大的敌对情绪,严重的甚至会伤害到他们。

一般情况下,那些走路步伐比较凌乱的人都是一些很令人头疼的人,这类人在日常生活中最讨厌别人督促自己或者约束自己,而且因为他们既比较神经质又非常叛逆,所以他们还总是很自以为是,觉得自己什么都是对的,不允许别人提出反对意见,否则他们就会闹情绪,严重的甚至还会做出非常极端的事情,给自己身边的人造成很大的伤害。所以,FBI 提醒大家,在日常生活中与那些步伐较为凌乱的人接触之时,如果发现其走路姿势发生变化,就必须提高警惕,以免他们对你造成伤害。

在生活中,我们发现有些人一开始是惯于小碎步且步伐较急的,但突然就变成大步向前走的姿势,这显然说明他们的内心已经起了剧烈的变化。FBI 认为,那些以小碎步姿势走路且步伐较急的人,通常在性情上都非常急躁,在和这类人交往的时候,一定要注意对方走路姿势的变化——当他们一改往日的小碎步开始大步向前的时候,说明他们内心的某种情绪可能已经达到了顶点,这个时候我们就应该提高警惕,谨防对方做出什么突发性举动,伤害到我们。

也有很多人的走路姿势是一直保持大踏步向前的,这类人走路的速度一般都是比较快的,但如果速度突然变慢下来了,而且步子显得碎而急,这说明他们的内心正在被某些突发事情困扰着。

FBI 认为,一个平时惯于大踏步向前走的人,其内心是非常坦荡的,这类人的性格往往也比较正直,这是优点。但这类人也有一个很突出的缺点,那就是做事容易冲动,很可能因为一件不顺心的事就做出极端的行为。所以,当我们和走路姿势是大踏步向前走的人交往之时,一定要注意其内心的变化,仔细观察其走路姿势。如果其走路姿势发生变化,就说明其内心也在变化,这个时候我们应该做好准备工作,防止其出现极端状态,做出伤害我们的事情。

FBI对腿和脚动作的深度"解读"

FBI在长期的经验积累中发现,很多在人们脸上找不到的答案,往往能从腿和脚上找到线索,因为人体中最诚实的部分就是腿和脚。FBI就十分擅长利用这一点,达到识别罪犯的目的。对此,FBI做出如下总结。

1. 锁脚的含义

当一个人的双脚脚趾突然向内侧弯曲或两脚交叉互锁时,表达的意思往往是,他感觉到了不安全、焦虑或威胁。FBI发现,在审讯犯罪嫌疑人时,他们中的很多人会互锁双脚或脚踝,这表示他们压力很大,潜在含义是暗示自己"咬住嘴巴""不能泄露自己的情绪"。但是,很多人,尤其是穿裙子的女性,都喜欢选用这样的坐姿。不过,当这种锁住脚踝的行为持续得过长时,就应该怀疑了,尤其是当男性做出这样的动作时,更应该特别注意。

另外,说谎的人脚会长时间保持不动,或者,他们会将双脚紧锁来限制其动作。其实,这是撒谎者紧张情绪的一种表现,他是在等待自己的谎言所产生的效用,如果谎言没有被识破,那么他的脚又会恢复常态。

2. 叉开的双腿

我们看到,很多站岗守卫的双腿都是叉开站着的,他们是在捍卫某个地域。在FBI看来,叉开双腿是最明显、最直接的"捍卫领地"式姿势,这是人类甚至包括很多哺乳动物在感到压力、烦乱或威胁时所做出的不自觉的反应。

当两个人陷入对峙状态时,他们的双腿往往会叉开。这样做并不只是为了让自己站得更稳,也是为了获得更多的信心和气势。在善于观察的FBI看来,这是一种明显的身体信号,至少也表明有些事情正在准备中,或者麻烦真的要来了。

如果你发现一个人的腿从并在一起到叉开,你基本上可以肯定这个人

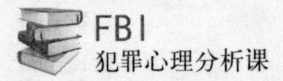

越来越不高兴。它清楚地告诉你"一定有什么不对劲的地方,我必须做好准备来应付它"。这种情况下,你就要提高警觉了。

3. 大腿抖动

FBI探员鲍勃在一次和朋友们打扑克时,他认为对面的道森摸到了一副好牌,因为道森先生虽然脸上没有任何兴奋的表情,但他的腿却在不自觉地抖动,这显然是内心激动的表现,于是他果断地选择了弃牌。而其他的朋友没有注意到这一点,他们下了很大的赌注,结果钱都跑到了道森先生的口袋中。

鲍勃后来分析说,大多数人在打牌的时候都只从人们的脸上去捕捉信息,而擅长打扑克的人早已经练就了一副雷打不动的扑克脸,想要从上面找到线索,无疑是很困难的。但很少有人去注意他们腿和脚部位传来的信息,有的人甚至一生中可能都不曾把注意力放在胸部以下的部位,其实,腿和脚才是最容易出卖主人的地方。

4. 腿的晃动与踢动

腿的晃动是一种常见的现象,最诚实的人和最不诚实的人都可以不停地晃动自己的腿。问题的关键是,我们如何去把握其中的变化点。

FBI曾经审讯过一名女间谍,特工们怀疑她是一桩重大犯罪案件的目击者。然而几个小时审下来,审讯没有丝毫进展,被审讯者未发出任何有意义的信号。但是目光敏锐的特工迪恩注意到,女间谍的腿一直在左右晃动,而在问到"你认识克莱德吗"这个问题时,她腿的晃动节奏突然变得不规律起来,并由左右晃动变成了上下踢动。这是一种很重要的线索,迪恩从这个突破口出发,继续审问和试探,终于击垮了她的心理防线,她承认这个名叫克莱德的人就是她的情报联络人。

5. 注意两脚的方向

当你介入别人的谈话时,你如何来确定别人是否愿意让你加入呢?那么,这时候你就应该注意观察他们的腿和脚所指的方向变化。FBI的特工们总结出:如果他们移动双脚,转过身来欢迎你,那么他们对你的加入就是欢迎的。而如果他们没有移动双脚,只是象征性地侧了下身子对你说

第二章
身体语言：从行为中发现破绽

"Hi"，那么就表示他们并不欢迎你的到来。

很多时候，一个人将双脚移开是一种希求解脱的信号，说明他想远离自己的位置。当你与人交谈时，如果发现对方渐渐将他的双脚从你这一侧移开，这时候你应该做些调整了。

一次，FBI探员萨姆遇到一个老朋友，他们一起畅谈了两个多小时，聊得非常愉快，但是萨姆注意到，这位朋友将腿拐到了与他的身体成直角的位置，这只脚好像要自己离开似的。于是就问他："你是不是有事要离开？"他的朋友惊讶地说："你是怎么知道的？我刚要说呢，我并不想失礼，但是我必须要打个电话到伦敦，我只有5分钟了。"

6."快乐脚"信号

当人们在高兴时，常常会双腿和双脚一起摆动或颤动，这种现象被称为是"快乐脚"信号。"快乐脚"是一种非常可靠的信号，它表示一个人认为他正在得到他想要的，或有优势从另一个人或周围环境那里赢得有价值的东西。

在一次FBI特工的培训中，教官讲述了这样一个故事：朱莉是一家大公司的人力资源主管，她善于通过腿和脚泄露出的信息来推敲员工的心理。在一次调整人员分配的会议上，她宣布要为公司选拔海外任职人员，当问一名员工她是否愿意到海外任职时，该员工的脚开始变得活跃，是明显的"快乐脚"信号，她的答案果然是肯定的。但是当朱莉告诉她要去的地方是孟买或印度时，这名员工的两只脚同时停了下来。注意到这一点后，朱莉便问她为什么不愿意去这些地方。这名员工十分惊讶，不知道朱莉是怎样知道她内心想法的。原来，该员工以为是要派她去香港，她在那边有很多朋友，所以很高兴，但听到是要去印度，又感到很失望——这一切都通过她的双脚毫无保留地显现出来了。

和所有的非语言行为一样，"快乐脚"信号的判断必须放在具体的环境中考量。腿和脚的动作有时只是一个人不耐烦的表现。FBI特工组为了研究腿和脚传递的心理暗号，曾去学校对一个班的学生进行观察，留意他们的腿和脚多长时间抽动一下，多长时间摆动或移动一次，踢动的频率怎

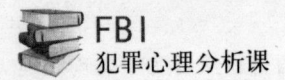

样等。通常，在临近下课时这些动作会变多，这时的"快乐脚"就不再快乐，而是不耐烦和希望事情加速的信号。

7. 轻飘飘的脚

我们形容自己心情高兴时，常常说"高兴得像要飞起来了"。的确，当我们感到非常高兴或幸福时，感觉整个身体都是轻飘飘的，仿佛重力不起作用一样。我们当然不可能真的脱离地球，但在兴奋状态下，脚的变化却可以将人们内心的喜悦充分暴露出来。

FBI探员约翰逊在执行任务中，曾观察过一个用手机打电话的人。听完电话后，她本来平放在地板上的左脚换了一种姿势。她的脚跟还处于着地状态，脚的其他部位却向上翘了起来，脚趾指向天空。一般人可能不会注意到这种行为，或者认为这是一种无关紧要的动作。但是，接受过训练的FBI探员都知道，这种行为说明那个人一定是听到了什么高兴的事。果然如此，约翰逊走过她身边的时候听到她说："太棒了！简直不敢相信……"

8. "冻结"的腿

腿的自然摆动往往在传达着这样一个信息："我很放松，很悠闲，没有任何压力。"但是这样的假象瞒不过FBI探员的双眼。如果一个在不停摆动和弹动自己双脚的人突然停了下来，那么，问题就来了。这通常说明，这个人的内心情绪突然受到了冲击，出现了波动，导致双腿出现"冻结"，原因很可能是别人说到的事情或问到的问题刺痛了他，而那些问题中包含有他不愿意让别人知道的信息，可能是什么怕被别人发现的事情。脚部冻结是边缘控制反应的另一种表现，是人在面对危险时的一种倾向。

坐姿中隐藏的秘密

站立和行走是双腿的主要职责，日常生活中，双腿似乎很少有真正休息的时间。就算当我们坐下来的时候，双腿其实也并没有停止工作。不同的落座方式，不一样的坐姿，时时刻刻都在传递我们的情绪。或许你还不

第二章
身体语言：从行为中发现破绽

知道，一个人的坐姿，往往也能反映出这个人变化中的心态和情感。这些影响着我们社交或开放、或保守，并与我们的坐姿息息相关。了解了肢体动作的密码，就算我们不是 FBI 探员，也可以透过动作看穿对方的内心。

FBI 探员认为，真实的内心情绪不管我们如何掩饰伪装，都会被行为举止给泄露出去。就连我们平日里看似极其随意的坐姿，其实都是性格的一面反光镜。所以，在 FBI 探员眼中，想要了解一个人的性格特征简直易如反掌，不论这个人是不是初次见面，无论对方是坐是站。办案过程中，FBI 探员通过对其动作行为的解析判断，所制定的下一步方案将更加有针对性。

在日常生活中，暴露我们内心情绪的动作，往往最不被人们注意。以坐姿为例，人们更在意怎么坐才舒服，但很少会想某个坐姿蕴含着什么意思。当然了，我们对坐姿也都有着一些表面的理解。比如我们要参加公司面试，或者与重要客户一起吃饭时，我们会很注意自己的言行举止，体现在坐姿上的话，一般都是正襟危坐，不会吊儿郎当地倚靠在椅子背上跷起二郎腿。因为我们自己也知道，有的动作在某些场合是不合适的。但具体哪里不合适呢？

FBI 行为动作研究人员针对这一有趣现象进行了一番研究，最终发现，在我们日常生活中，不同的就座姿势其实代表着不同的性格特征。

1. 正襟危坐并且目不斜视

经常正襟危坐并且目不斜视的人，通常做事都力求完美、讲究实际。他们在做事情之前常会做好周密的计划，很少做冒险的事情。对他们而言，做那些有把握的事，才能保证稳定的收获。这样的人当然有很多好处，至少他们的人生不会有太大的波折，但是他们却往往因为缺乏创新与灵活性，在一些事情上会遇到障碍。

2. 喜欢侧身坐在椅子上

有的人喜欢侧身坐在椅子上，这样坐可以让他们感觉心里舒畅。这样的人通常都不拘小节，有开心或悲伤的事情会很自然地表现出来。他们很在乎自己的心情，而往往会忽略关怀其他人的心情，甚至有时他们会觉得

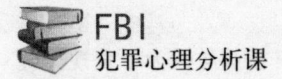

没有必要给他人留下什么好印象。有的人认为他们很自私,其实他们只是更在意自由自在的感觉罢了。

3. 蜷缩在椅子上

在侦讯的时候,有很多人都会把身体尽力蜷缩在一起坐在椅子上,有些人还会把自己的双手夹在大腿中间。通常这样的坐姿表现的是一种紧张不安、担心害怕的情绪。如果有人经常有这样的坐姿,则说明此人自卑感较重,虽然给人谦逊的感受,但明显有些缺乏自信。这样的人多是屈从型的性格。

4. 敞开手脚而坐

有些人习惯敞开手脚而坐,这种坐姿在一些看似嚣张的犯人身上也经常见到。这样的人通常都有指挥者的性格,支配欲强烈,外向张扬,而且有时表现得不知天高地厚。

5. 踝部交叉,握起的双拳放在膝盖上

男性经常会采用这样一种坐姿:踝部交叉,握起的双拳放在膝盖上,或用双手紧紧抓住椅子的扶手。FBI认为,这种坐姿是一种控制消极思维外流、控制感情、控制紧张情绪和恐惧心理的姿势,表示警惕或防范。而女性有时候也会做这样的姿势,只不过有所不同的是,她们可能不会握拳或紧抓椅子扶手,而会将双手自然地放在膝盖上或将一只手压在另一只手上。但是,这样的姿势表达的含义也是自我控制、警惕或防范。

6. 跨骑而坐

有些人会习惯性地将椅子转过来,然后跨骑而坐。这样的坐姿又有什么奥妙呢?根据FBI的研究,这种坐姿更多的可能是一种防护行为。当人们面临语言威胁,或者对他人的讲话感到厌烦时,通常会有这样的坐姿。有的人想压下别人在谈话中的优势,也会有这样的坐姿。一般来说,有这种坐姿习惯的人有很强烈的傲气,虽然表面上谦虚,而实际上心里却有唯我独尊的想法。

7. 猛然而坐

在生活中很多人都遇到过这样的人,突然来到你面前,然后猛然坐

下。这样的人有什么特别之处呢？有人认为这样的人莽撞无礼，不懂得礼貌。其实这只是表面现象。如果一个人会采取这种行动，那就说明此人心中隐藏着不安，或有心事不愿告人，因此不自觉地用这个动作来掩饰自己的抑制心理。

关于坐姿还有其他一些情况，值得我们注意。比如习惯斜躺在椅子上的人，通常都有着傲慢的性格。FBI认为，除非身体不便，否则斜躺在椅子上的人要比坐着的人更具心理上的优越感。又比如有些人习惯手脚伸开懒洋洋地坐在椅子上。这样的人如果不是相当自信，就是想要用这样的坐姿来表示自己对他人的蔑视。而有些人骑在椅子上，通常说明其内心怀有敌意，你可以坐到他的身后让他不得不改变坐姿，解除其斗志。

在椅子的一角，正襟危坐。这种坐姿在一些初次会面的场合中比较常见，比如面试的时候，有些应聘者会选择这样的坐姿，表现了一种顺从的心理。

相反，如果四平八稳地坐在整个椅子上，则表明此人希望在精神上占据绝对的优势，有时也表示一种居高临下的姿态。这种坐姿一般为领导者采用。

站姿暴露出的心理活动

相比坐姿的无声表达，站姿的表现力更加直观。因为坐姿往往不是特别容易观察，而站姿大多一目了然，看一眼就能将对方的性格分析出个大概。

一群人站在一起，我们可以通过他们不同的站姿来判断，哪个人是领头羊，哪些是跟从者；哪些人看起来比较好相处，而哪一部分人又会拒人于千里之外。我们在生活中经常可以碰到这种场合，没有语言来进行介绍，只能凭借自己的观察力去判别。

FBI办案时，经常会借助嫌疑人的站立姿势，进行内心的深度剖析。很多犯罪嫌疑人表面上掩饰得很好，但站姿却总是无声无息地暴露着一些

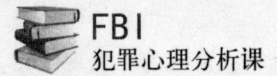

心理活动。

FBI探员告诉我们,在与犯罪嫌疑人进行言语接触之前,他们通常会先观察对方的肢体语言。嫌疑人的行走步伐、站立姿态往往与正常人有所不同,很容易找到一些纰漏。如果FBI可以使用有效的刑侦方式将纰漏放大,那么接下来的审讯过程会变得非常顺利。

我们的站姿是通过腿和脚来实现的,不管我们的内心是快乐还是悲伤,站姿总能通过一些特别的姿势表达出来。所以,站姿是一面折射内心情绪的明镜,我们可以通过解读站姿来了解对手,为接下来的交流做好准备。FBI把生活中比较常见的站姿进行了分类,主要表现在如下几个方面。

1. 严谨的站姿

我们从小就被教导站要有站样,什么是站样?大人的回答一般都是:挺胸抬头,双手不要有太多小动作。这种站姿就是立正,是最朴实无华的站姿,同样也是最严谨的站姿。我们在社交场合面对身份地位比自己高出很多的人时,都会下意识地选择这种站姿。因为立正动作的简单自然,会让立正的人显得比较挺拔,整个人的精神面貌会有很大的改观。当我们在交谈时,身体的朝向会对着交谈者,这也能向对方表现出我们的诚意,赢得一些好感。

不过,这种严谨的站姿多数时候属于比较弱势的一方。因为这个姿势会向对方传递出"我在认真听"的态度。领导和下属交流时,立正的一般是下属,下属的站姿表达的意思就是"聆听指导",这个动作可以鼓励对方说出更多的信息,而下属则根据自己所听到的内容去斟酌该如何回答。我们上学的时候也是一样,被老师叫到办公室,老师或站或坐,我们立正一旁,听着老师的训诫。立正既表达我们的尊重,也代表学生的情绪多少会存在一些紧张。

立正的姿势会有一些细微的差别,有的人可能习惯将双腿微微叉开,有的是正经的军姿,双腿并得严丝合缝。两种站姿都是标准的立正。前者更具有雄性气息,是男人的典型身体语言,这种人的控制欲比较强,叉开的双脚会让他站立得更稳,同时气势上也会有所加分。

第二章
身体语言：从行为中发现破绽

2. 情绪复杂的站姿

FBI观察到，有一类人喜欢双手插兜，双脚自然地站立，但是在此过程中，双手会反复地拔出，再插入。FBI将这种站姿称为：思考型站姿。这一类人做事小心谨慎，总会有很多顾虑。急性子的人普遍不喜欢这类人，因为要想他们主动去做一件事会非常的麻烦。这种人在做事之前，必须将事情的前前后后都算计清楚，甚至会一条一条地罗列出来，按照制订好的计划去执行。所以他们比较缺乏灵活性和主动性，很多事都要别人去指派、要求，才能动起来。

仅从反复抽插的双手就可以看出，这类人做事很难下定决心。他们前怕狼后怕虎，面对突发事件没有应对能力，如果没有一份从头到尾的细致日程，他们甚至不知道接下来该如何去做。面对困难时不会想一些折中的办法去克服，而是用最原始、最生硬的套路去硬闯，经常让事情的进展背离原本的目的，最终后悔不迭。在外人看来，他们似乎总是很忙，有很多事情需要他们去处理。实际上，他们只是苦于没有一个合适的方法去解决自己面临的问题罢了。

不过，这类人对待爱情往往比较忠贞。在他们看来，爱情是崇高而神圣的，一段感情之中不能出现任何的污点。也正是因为他们做起事来犹豫不决，所以在选择伴侣这件事上会更加慎重。他们一般不会对人打开心扉，但是，一旦真正喜欢上一个人，那就不会轻言放弃。

从心理学的角度上讲，这类人喜欢沉浸在自己构造的世界中，想法光怪陆离却缺乏行动力。他们很难从挫折中恢复过来，并喜欢怨天尤人。

所以，注意观察你身边的这种人。喜欢反复双手插袋，双脚自然站立，看起来总有忙不完的事情。他们是最具代表性的空想达人，思维天马行空，行动原地踏步。如果你想找人合伙做生意，最好别找这种人。

3. 缺乏主见的站姿

这种站立姿势的动作是这样的：无论与什么身份的人交流，他们的双手永远都背在身后，很多时候都是双脚并拢，或者自然开立。FBI认为，这是一种表示服从的站姿。这类人可以和身边的朋友相处得比较融洽，因

为他们的性格中习惯去服从，很少会去拒绝别人。无论是何种请求，不管自己是否做得到，他们都会慷慨应承，然后宁愿耽误自己的事情，也要先解决揽下的活。在社会生活中，这种人比较受欢迎，因为他们不会拒绝。不过虽然他们乐意接受请求和命令，但是执行力并不是很好。工作中的内容基本都是机械性地去完成，思维比较僵硬，不懂得去创新变通。

好在这类人很容易满足。人说知足常乐，就是这类人的写照。所以，他们在生活中要比大多数人更快乐。或许正源于他们的无欲无求，肩膀上才没有太多的压力和负担。这类人喜欢活在当下，过好现在的每一天，对于未来没有太多的规划，只希望平静安宁就好。因而，他们身上也没有职场中常见的钩心斗角、争强好胜。

这种容易满足的性格，会让他们生活起来轻松很多，但是，一旦遭受事业或感情的打击，他们崩溃得会比正常人快。因为习惯了服从、满足，他们缺乏斗志，没有迎难而上的勇气，只是默默地服从，甚至是忍受苦难，逃避责任。而这种消极的生活态度往往会让生活更艰难，让事情变得越来越糟。

有着负面情绪的站姿还有一种，FBI将其称作：抑郁型站姿。

在站立的时候，两只脚是交叉并拢的，一只手会做出托着下巴的动作，然后由另一只手托着前一只手臂的肘关节。在FBI专家的眼中，这种站姿属于抑郁型。因为在探员们接触到的这类人中，很大一部分都是工作狂、事业强人。他们对待工作可以投入全部的热情和时间，而家庭和私人时间则被抛在一边。

而且，根据FBI的细致观察可以发现，这类人面部表情以负面情绪居多，总是一副多愁善感的样子，并且喜怒无常。很可能上一秒大家还在畅快欢笑，下一秒他们就挂上了一张冰霜脸。至于其中原因，外人无法理解，因为他们从来不愿主动地敞开心扉去诉说。不过，以FBI的经验来看，这类人几乎都有一颗比较善良的心，所以，纵然情绪上有些许怪癖，显得有些不易接近，但是并不妨碍他们拥有很多朋友。

第二章
身体语言：从行为中发现破绽

4. 具有攻击性的站姿

双手交叉抱在胸前，两只脚平行开立，上身微微前倾。其实不止双手叉腰本身具有攻击性，凡是动作中出现双手叉腰的，都具有明显的攻击性。这种攻击性主要表现在叛逆、自私上。当事人更关注自己的情绪，而不会去照顾其他人的感受，不管对人还是对事，都有一种莫名的挑战意识，经常和别人发生争执。

这种性格的人在工作中往往是一匹黑马，他们懂得打破思维定势，破除传统套路，用创新去弥补瑕疵。就算被规章制度所束缚，他们也会用尽办法来挣脱枷锁，换取自由。他们或许并不出色，但是和其他站姿的性格相比，这类人更勇于表现自己。如果寻找生意上的伙伴，这类人无疑是最佳搭档。不羁的思维会让他们站在创新的高度去看待所有事，并且能更加自由地释放出自己的力量，最后取得不俗的成绩。

另一种带有攻击性的站姿是：两只脚自然站立，喜欢抖腿，两只手的手指相扣，摆在胸前，拇指会来回搓动。这种站姿会给人一些比较奇怪的感觉，这种人肯定是不合群的。在 FBI 看来，这种站姿的人一般有比较强的表现欲，并且从不怯场，越是大场合越有一股"舍我其谁"的霸气，永远热衷做一只出头鸟。

这类人的行为虽然不失大气，但是性格方面并不是那么好。因为他们喜欢争强好胜，眼里容不下别人，所以不是很好相处。再加上喜欢出风头，把自己摆在全场的焦点，所以，朋友们对他们一般都敬而远之，更愿意把这种人的行为当作茶余饭后的桥段。

5. 受人欢迎的站姿

FBI 通过对不同站姿的人的性格进行对比，发现有一种站姿是最受人欢迎的。FBI 将这种站姿命名为：社会型站姿。即在社会生活中，最可取的一种站姿。这种站姿的具体动作是：两脚自然站立，左脚习惯性前踏，左手插在裤子口袋中。

FBI 认为，喜欢这种站姿的人，往往处理人际关系的能力特别强。他们的性格本身就很随和，易相处，不会给别人造成任何难题和麻烦。他们

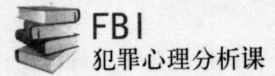

给人的第一印象总是比较儒雅、文质彬彬，日常生活中不喜欢太过吵闹的聚会，更喜欢安安静静地和几个知心好友聊聊天、喝喝茶，享受一下恬静的时光。假如这种人做销售业务，铁定是业绩飘红，一路凯歌。因为他们的销售方式一般比较贴心，不会像传统的销售人员那样，只顾着推销自己的产品。他们会站在客户的角度，帮助对方了解产品，并且清晰地对比出产品的好坏优劣，将主动权交在客户的手中，赢得客户的信任。

虽然方方面面都表现出这类人的友善与和气，但是，兔子急了也咬人，再好的脾气和修养，也会因为一些事情感到愤怒。这类人如果被触及底线，同样会大为光火、暴跳如雷。

第三章
先声夺人：在气势上压倒罪犯

只有先采取行动，主动出击，才有机会在激烈的竞争中占据主动地位，取得胜利的把握才会更大一些。FBI说，在与人进行语言交锋的时候，也需要如此。当你率先交谈的时候，就等于是占据了主动权，在气势上压倒了对方。当然，主动出击并不等于是盲目出击，还需要掌握一定的技巧和方法。

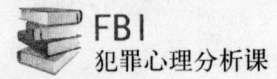

凶手往往是被"吓死"的

情绪不仅和情感有关,还关系着人的健康。积极的情绪可以防病、治病,消极的情绪可以致病、致死。

曾有一名犯罪嫌疑人误以为自己吞了一根针,觉得身体极其不舒服,甚至已经感到喉咙肿得说不出话来。直到他在角落发现了遗失的针,这才解除恐惧感,所有不舒服的感觉也瞬间消失了。

还有一名犯罪嫌疑人吃了FBI递给他的感冒药。吃完后,FBI告诉他偷偷把感冒药换成了一种毒药,但这种药只对真正的凶手奏效,无辜的人不会有事。并对他说,我相信你是无辜的。不出一天,这名犯罪嫌疑人陷入深深的绝望中,因为他自知自己是真正的凶手,所以心存恐惧,其身心受到了巨大伤害。

可见,一个聪明绝顶的凶手,也会被来自内心的强大恐惧感吓倒。对此,FBI会适度威胁或恐吓犯罪嫌疑人,将对方推向绝路,使罪犯迅速妥协,说出真相。

美国蒙大拿州的几名中学生竟然在当地一间酒吧里吸毒,被FBI逮个正着。FBI决定连根铲除这些危害青年的毒贩。

乔恩负责调查这起案件,他认为,现在唯一的线索就是那些受害的学生和酒吧老板。

第二天,待学生们清醒之后,乔恩给他们录口供。

共有5个学生,其中有一个叫安娜的女学生非常害怕,她不晓得自己为何会在警局。

乔恩调查过她的背景,确定安娜是个好孩子,每天在家照顾病重的母

第三章
先声夺人：在气势上压倒罪犯

亲，没时间玩，更不会去酒吧。这次跟去是因为其他几个学生在教室偷了母亲送给她的珍贵物品，要挟她一起去。安娜很紧张，乔恩语重心长地安慰："别怕，照实说出昨天晚上发生的事就好，我们不会为难你的。我知道你很怕，也知道你是个好孩子。你想想，如果我们不抓到那些毒贩，还会有更多的孩子像你一样受害，你想解救他们吗？"安娜想了想，觉得乔恩说得有道理，于是鼓起勇气，小声地说："是盖里，是他威胁我吃了药，才会把东西还给我，你们千万不要说是我说的，我怕他不给我东西。"乔恩答应了她。

案件终于有了线索。乔恩心想：一个学生怎么会有货？盖里肯定也是被人利用。

乔恩将盖里带到审讯室问话："现在有人指证你，那些药都是你给的。"

"我没有，是谁，是谁说我的？"盖里抵赖。

乔恩见盖里似乎一点也不紧张，于是决定吓吓他："怎么？还不承认？酒吧里很多人都能证实是你给别人的药。如果你不想坐牢，就必须说真话。你才多大，难道你以后想在监狱中度过了吗？"盖里思考了片刻，不知所措地说："不行啊，要是说了，我自己也会有麻烦，求求你，放过我吧！"

乔恩见招拆招："我们只想抓到害群之马。如果你不说，你就和他们一样，当然，定罪也一样，知情不报，判刑更重，想想你以后，想想你父母。又或者，你即使不供出毒贩，你以为等你走出这里还有活路吗？他们怎能确定你在警局里不会出卖他们。唯有死人的嘴才能堵上！"

听到这里，盖里额头冒出了汗珠。看来他终于感到害怕了，他终于说出了是谁给他的药，还供出了他们经常交易的地点以及毒贩经常出没的地方。

案件终于在盖里的配合下成功告破。

乔恩之所以可以找到层层线索，很快使案件告破，是因为很好地掌握了威胁的尺度，并成功地把年轻的盖里吓住，暗示他如果不说出上家，下

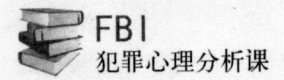

场就和毒贩们一样,如果提供线索可以一如往常,最终从盖里口中了解了大量信息,确定犯罪线索,捣毁贩毒团伙。

当然,单纯地吓唬对方肯定不行。我们还需要通过之前的谈话,了解对方的性格特点。在尽可能多地掌握对方暴露出的线索时,再对症下药。这样做并不是一定要置犯罪嫌疑人于死地,把对方吓倒,而只是拆穿谎言、套取实话的一种手段罢了。在商业谈判或合作中,也可以通过适度的恐吓与威慑迅速达到目的,但切记要掌握好尺度。

1. 软硬兼施

无论是在审讯还是在谈判时,有些交流总是不如想象中的顺利。真真假假的对白令我们处于被动状态。还有一些商业伙伴,总是不会如我们心里所想的那般真诚付出。当对方处于被动的情绪状态时,合作的进度就会延迟,办事自然没有效率。这时你就需要软硬兼施,施以威严和诱惑,让对方不得不按你所说的去做。

2. 注意方式细节

FBI不可能在毫无准备和缘由时把犯罪嫌疑人活活吓个半死。情绪是可以被引导的,因此必须注意方式和细节。

说话要注重语气,在威慑对方时首先自己要保持冷静和自信。适当重复重点语句,拿出真诚的态度认可、安慰对方,让对方觉得虽然现在很害怕,但你是站在他这边的,这样他才能信任你。

威慑他人时要注重行为举止。威胁时的吹胡子瞪眼睛,安抚时的语重心长都要讲求适度原则。一旦你上演的好戏被迫终止或反被对方识破,接下来的测谎工作就很难进行。对方也势必不会再信任你,对你说实话。

主动出击,让对手防不胜防

在亚利桑那州举办的露天草地音乐会吸引了来自各州的音乐爱好者。就在音乐会举办期间,有一个男子被谋杀,与他一起参加音乐会的朋友亚当被警方列为嫌疑犯。警方对他进行了审讯。

第三章
先声夺人：在气势上压倒罪犯

"你一直与被害人在一起吗？"

"是的。"

"你亲眼看到有个人拿着手枪杀死被害人吗？"

"没错。"

"你能告诉我们当时发生了什么吗？"

"当时大概是晚上12点，参加音乐节的人都回家了，我们准备第二天早上回，所以在草地上露营。我们露营的地方有一条河流，当我在河边洗手的时候，听到一声枪响，我回头就看到我的朋友中枪倒地了。"

"你站的地方离他们近吗？"

"大概60英尺远吧！"

"不是只有10英尺吗？"

"不，可能还更远些。"

谈判专家找到了杀死受害者的手枪，是在旁边的河里找到的。"你认识这把手枪吗？"

"是的，看起来很像。"

"你看到犯罪嫌疑人开枪了吗？"

"是的，不，不，没有，我是听到枪响才回头的。"亚当先是点头，然后又摇头。

"那你看到犯罪嫌疑人的样子了吗？"

"是的，我看到他的背影，他的个子很高，很像我白天看到过的一个人，他和我的朋友今天发生了冲突，一定是他，他怀恨在心，然后杀死了我的朋友。"亚当肯定地说。

"你们的位置与音乐会的会场有多远？"

"大概半英里左右。"

"你们附近有灯光吗？"

"没有。"

"你能描述一下犯罪嫌疑人穿的衣服吗？"

"我隐约看到犯罪嫌疑人穿的是音乐会给人们发放的T恤。"

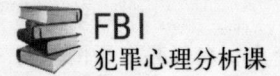

"你确定吗?"

"是的。"

"你在晚上12点目睹枪击案件,距离灯光有半英里,看到犯罪嫌疑人穿着音乐会上的T恤,而你距离犯罪嫌疑人有60英尺远?"

负责审讯的人拿出一张纸,上面记录着案发当晚的天气情况,当晚的月亮是在零点半升起来的。而且谈判专家做过实验,证明半英里外的灯光照射到这里就只剩下了一个光点。

"你是怎么看到当天晚上的枪击事件的呢?"

如果一个人在开始时说的话是谎言,那么接下来他就必须不断地编造谎言来圆前面的谎。即使他在心中已经事先编造出来毫无破绽的谎话,但是在"连珠炮"式的提问下,也会变得四处漏风,一不小心,就掉进了谈判专家设下的陷阱里。在谈判专家的步步逼问之下,亚当没有充分的时间思考,只能不停地回答问题,最后被自己的证词给击倒了。

谎言是经不起推敲的,富有经验的警官都知道,对方透露的信息越多,就越能找到对方的弱点和破绽。所以,他们在审讯的时候都鼓励犯罪嫌疑人多说话,或者多次审问罪犯,让罪犯反复交代同一件事情。FBI从多年的实战中总结出了以下几点经验。

1. 让对手思维混乱

当我们遇到一些思维缜密的对手时,他们高度集中的精神会织出一张无懈可击的网,将其保护起来。而要占据上风、掌握主动权,我们就要迅速破坏这张网,找到它的漏洞所在。FBI建议,要想掌握斗争的主导权,就必须先于对手进攻,在他们还没有集中全部精神的时候就开始扰乱他们的思维。

从一定程度上来说,谁先主动进攻就决定了谁在交锋的过程中能牵制住对方。因为先下手的一方总是有选择战斗角度的优先权,当他们提出一个问题的时候,局面已经被其掌控,后下手者只好被动应战。FBI多年的办案经验显示,当一个人的思维获得了清晰的梳理之后,便可以发挥出高效的组织能力,能将对其有利的因素都集结起来。如果在对方还没有准备

第三章
先声夺人：在气势上压倒罪犯

好的时候就展开进攻，只能让他的思维陷入混乱中，而你则抢占梳理思维、集结智慧的先机。

主动出击，不给对方喘息的机会，让对方无暇梳理自己的思维，让他在一片混乱之中迎接战斗，你在交锋过程中就掌握了主动权。

2. 连续不间断发问

其实，不仅是FBI会采取"连珠炮"的策略来讯问嫌疑犯，这一审讯技巧在很多警察手中也被应用得得心应手。在面对嫌疑人的抵抗时，很多警察会采取不间断地发问，让对方无法停下来，思维不断处于跳跃之中，自然会出现一些失误。这种无休止的讯问方式也是很多罪犯最怕的审讯，因为繁杂的问题之中隐藏着真真假假的信息，而他们根本无法一一辨别，只要说错一个答案，就有可能将整个阴谋都供认不讳地端出来。

日常生活中，连续发问的技巧也可以成为我们社交的利器。如果在交往中发现对方有不诚实的表现，而你需要将其指出时，便可以采取不断发问的策略，让对方在不断寻找答案的过程中出现不能应对的失误，谎言也就无法掩盖了。

3. 用对方的思维来设置圈套

辩论赛中有一种"归谬法"，即将对方所提出的论点进行延伸，获得一个荒谬的结果，从而证明对方的观点是错误的。FBI也时常将这一方法应用到他们的工作中，如果在交锋的时候对方坚持自己的观点，他们不会强烈表示反对，而是假意表示承认这种看法。当对方以为自己获得了认同而麻痹大意的时候，FBI就会迅速反击，从对方的看法中寻找一个自我矛盾的地方，从而获得"以子之矛，攻子之盾"的效果。

从对方的思维角度出发来给他设置一个圈套，需要高超的语言技巧和思辨能力。你需要和你的对手达成共识，以引导他进入到你所需要的思维之中。比如，你的对手是一个爱喝咖啡的人，你可以首先选择与他共饮一杯香浓的拿铁，然后再来证明喝拿铁咖啡是错误的。在FBI的培训中，讲师时常教导新学员要将别人引入到自己的想法中，让他人按照自己的意愿行事。为了达到这个目的，就必须从别人的角度出发，揣摩别人的心思。

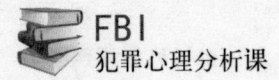

用语气较强的词来提升你的气势

　　FBI 特工路易斯曾经对监狱里的监听内容进行过统计，恐怖分子的口头禅被列为一项单独数据，用来分析监狱里不同的人物性格。路易斯的研究表明，五成以上的恐怖分子都将"shit"挂在嘴边。与此同时，一些很强势的词语也经常被说，而说这些词语的人，也基本都是监狱里的小霸王。

　　就此，路易斯给出了如下解释：

　　可以这样说，一种口头禅代表了一个群体的情绪和心态，因为恐怖分子长期生活在被追踪、追捕，居无定所，食无规律，躲躲藏藏的境况中，所以他们需要不断地提升自己的勇气，在外人面前表现自己的力量，以此来防御他人的侵犯。

　　研究表明，当人们面临危险时，他们会更频繁地使用强硬的语气，因为他们需要力量，来抵御这些对自己不利的东西。

　　我们每个人都有自己很喜欢并且高频使用的语气词语，然而我们很少注意到自己会在某一段时间或是各种不同的场合，经常性、反复性地使用它们。与之相反的是，如果身边的朋友经常重复使用某些口头语，我们则会比较敏感。

　　这些语气程度不同的词语，可以迅速地帮助特工们了解犯罪分子的真实个性，并且分辨出哪些人在他们中间更加强势。这是因为这些语气词作为一种说话人完全无意识间流露出的言语定势，间接反映了人们的心理。同时，这些语气词不仅反映了每个人不同的话语风格，而且还带有很深的性格印记。换句话说，掌握了对方的语言定势，我们就不难探究出对方的真实个性了。

　　路易斯为我们列举出了不同的语气词，有些常常是和口头禅一起组合使用的，除了表现强硬的语气词外，还有一些是表现谦和的语气词。这样对比地列举出来，大家就能够更加清晰地分辨出哪些词语可以更好地表现

第三章
先声夺人：在气势上压倒罪犯

出你的力量。提升力量的语气词语有：

1. "啊""嗯""对""是"等表示肯定的语气词

通常使用这种词语的人，意志比较坚定，不容他人反对。在面对危险的时候，也不屈从，可以说是刚强力量的表达。除此之外，他们的思维方式属于理性思维，不会被个人情感影响，柔和的一面自然就减弱很多。

2. "是吗""真的吗"等不容否定的疑问词

一切都会令他们产生怀疑，甚至让人感觉到自己不被他们信任，以致无法深入交流。而且行事老到，三思而后行，可以说和他们这类人交往，需要一定的胆识和智谋。他们是不会轻易上当的。

3. "差劲""有病"等带有攻击性的词语

这类语气词通常带有攻击性，让人感觉到压迫感。习惯使用这类词语的人，他们的行动力很快，但内心也容易激愤，遇到事情的时候喜欢使用武力。在气势上也给人霸气十足的感觉，富有力量。

4. "明白不明白""我跟你说""我只说一次"等命令式的词语

使用这些语句的人习惯把自己视为人群的核心，在人际交往中容易居高临下，自视过高，以"老大"自居。他们认为他们的话语就是权威，对方必须服从。而如果听不清楚或者没有达到他们的要求，他们则会感到很不高兴。

5. "不错""很好"等赞扬式的肯定词语

这些语句通常在赞扬他人的时候使用。但一般这类词语都是说话者有十足的把握时才会说的。换言之，也是对方让他们感到十分敬佩时才会使用。他们内心也是十分要强的，不会轻易妥协，给人一种刚强的感觉。

缓和力量的语气词语有：

1. "真的""不骗你"等否定词语

经常使用这类词汇的人，大多给人自信心不足的感觉，非常在意别人对自己的评价，害怕别人不相信自己所说的话，他们渴望给人真诚可信的印象。这样的词语，当然会让人感觉没有那么大的气势。

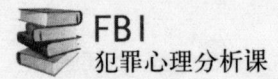

2. "可能""大概""差不多"等推断性的词语

这类不确定式的口头禅,意思上既不完全赞同也不完全否定,是不轻易暴露自己的观点的体现。他们具有较强的自我防御意识,但同时我们也知道他们做人不坦诚,对事情没把握。如果当事人都没有十足的把握,那么倾听者自然也不会上心。如果,在沟通中过多地使用这些词语,会让自己很被动,气势明显弱于他人。

3. "这个……""那个……"等含糊不清的词语

通常使用这些词语的人办事都比较小心谨慎,绝对不会到处惹是生非。但人生有时候就是需要当机立断的态度,让人感觉到敢作敢当的气魄。这样犹犹豫豫、含糊不清的表达,会让人感觉到很软弱。我们经常会发现,生活中处于领导阶层的人,都不会使用含糊不清的语气词,他们有一说一,不容置疑。

如果我们想通过语气词来展现自己的力量,从而能够轻松自如地驾驭谈话的另一方,那么就需要我们在与对手打交道的过程中花费些心血,认真地揣摩。这样,你的话语才能越来越具威慑力。

如何彻底征服"百折不挠"的嫌疑犯

"知道我们为什么抓你吗?"

"知道,因为我犯罪了。"

"那你知道你犯了什么罪吗?"

"我把人打伤了。"

"为什么要打伤人?"

"因为……"

深受影视节目的影响,我们以为警务人员审讯犯人的时候是这样的:警务人员按部就班地发问,犯罪嫌疑人痛痛快快地回答。实际上在外人眼中看似简单的审讯工作在 FBI 特工的眼中却是一个技术活,因为对一个奸诈狡猾并且"久经沙场"的罪犯来说,不招供是他们殊死抵抗的最后一道

第三章
先声夺人：在气势上压倒罪犯

防线。

一旦最后一道防线被攻破，他们算是彻底完蛋了。为此，在FBI特工中有一批经过专业训练的审讯人员，这些人被专门用于应付"难啃的硬骨头"。

迈克尔是FBI一位新晋的长官，他主攻的方向就是对硬骨头罪犯的审讯。刚到FBI审讯部门上任，迈克尔就对这个团队做了一些匪夷所思的改革，尽管所有人都摸不着头脑，但是迈克尔依旧有序地推进着自己的计划。

首先，迈克尔示意下属将市场上所有种类的咖啡都买回来。等下属买回来之后，迈克尔开始一杯接着一杯品尝这些不同种类的咖啡。最后，他将最难以下咽的一种咖啡摆在了为罪犯提供的饮料当中，当其他人不解地问迈克尔为什么要这么做的时候，迈克尔神秘一笑，说道："到时候你就知道了！"

紧接着，迈克尔又示意属下将审讯室里的灯泡换成了最高瓦数的灯泡。很显然，这种瓦数的亮度令人非常不舒服。当其他人再次问迈克尔为什么要这么做的时候，迈克尔还是那句话："到时候你就知道了！"

最后，迈克尔还命令人安装了几个与自来水相接的喷头，他要求将这些喷头全部对准嫌疑人的座位。尽管迈克尔的做法依旧令大家十分不解，但是大家还是按照迈克尔的指示办了。私底下有人议论的时候，大家都调侃道："到时你就知道了！"

果然，大家无比期盼的这一天很快到来了，在一次秘密行动中，FBI抓到了一个他国间谍，这个间谍是一个十分难对付的家伙。FBI人员对其审讯了三天三夜，不管是采取威胁恐吓，还是谆谆诱导，这个间谍不是满嘴谎言，就是闭口不言。

可是，这名间谍掌握着非常重要的情报，一旦这些情报泄露出去，将对整个美国的安全造成无法挽回的深远影响。无奈之下，FBI人员只好将这个难缠的家伙抛给了他们的上司——迈克尔。

得知这个间谍的基本情况后，迈克尔什么也没有说，径直走进了审讯

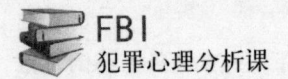

室。只是在去审讯室之前,迈克尔特意要求下属给那名难缠的间谍准备一杯咖啡,并且一再强调,一定要选择他当初"精挑细选"的那一款。之后,迈克尔又悄悄对另一个下属耳语了几句,似乎两人要配合演一出戏。

最后,迈克尔心平气和地坐到了间谍的面前。很显然,对于新换的审讯者,间谍的态度并没有任何改观,他依旧以漫不经心和不屑的态度应付着。

可是,审讯室的灯光忽然变得越来越亮了,起初这名间谍并没有注意到,过了一会儿,这亮度让他感到不舒服,间谍这才抬头看了一眼。就在这时,整个屋子的灯突然又全部熄灭了,随之而来的是刺耳的警报声和喷头喷洒而出的冷水,间谍没有任何防备,就被淋湿了。之后,一切又恢复了正常,就像什么也没有发生过一样。

这时,迈克尔假装面带歉意地向对方解释道:"真不好意思,最近我们这里的警报系统有点问题,刚才是我们的火灾报警系统忽然被触发了。"一边说着,迈克尔还向对方递上了一条毛巾,示意间谍将身上的冷水擦一下,间谍只能无奈照做。

审讯依旧在进行,由于室内温度不高,这时被冷水浇了全身的间谍不停地瑟瑟发抖,当他要求FBI工作人员为他调高室内温度的时候,迈克尔长官告知他:"这属于中央空调,无法手动操纵调温,但是可以为你提供一杯热咖啡。"

在间谍表示了认可之后,迈克尔长官"精心挑选"的那款咖啡被送了进来。咖啡很热,对于正在瑟瑟发抖的间谍来说,这杯咖啡无疑让他感到了巨大的温暖。一拿到咖啡,他就迫不及待地用嘴抿了一口。

可是,入口之后,间谍立马露出了痛苦的神情,他整个面部表情都扭曲了。很显然,难喝的咖啡让间谍的心理防线彻底崩溃了。

最后的结果尽在迈克尔的掌握之中,间谍很快向负责审讯的FBI特工交代了自己的犯罪事实,他希望尽快结束这个痛苦的审讯。

FBI的其他人员十分不解,为什么一杯难喝的咖啡就能让如此狡猾的间谍心理防线崩溃,迈克尔长官葫芦里到底卖的是什么药?

第三章
先声夺人：在气势上压倒罪犯

实际上，迈克尔长官在整个审讯中看似漫不经心，但他早有预谋的一系列手段一直在影响着对方。正是这些不断加码的审讯手段一点点地"引导"着对方，最终在不知不觉中让间谍的身心极度疲惫，并说出了实情。

迈克尔首先命人调亮灯光，并制造了警报器出现错误的戏码，引起间谍的注意，这个举动显然会让对方转移注意力并放松警惕。这个时候，提前装好的喷头又恰到好处地向间谍的身上喷洒冷水。可以说，此时的间谍承受着特别大的生理压力，他的心理防线已经开始弱化。

在后续的审讯中，间谍身处于恶劣的条件下。这时候，迈克尔又"意味深长"地为对方提供了一杯咖啡。这杯咖啡看似是对间谍的一种诱惑，实际上是对他最大的打击，让他看到了希望，结果又让他无比失望。

在这一系列的折腾和打击下，间谍一直死撑的心理防线彻底崩溃了。每个人都有自救的本能，为了逃脱糟糕的处境，间谍只能实话实说。

由此可见，FBI在审讯中使用"有目的"的审讯策略可以顺利令嫌疑人开口，帮助FBI特工成功破案。

人和人在交往的过程中彼此都会产生一道心理防线，尤其是当你寻求别人帮助的时候，对方的心理防线将会变得更加警惕。这个时候，想要成功获得帮助，就要突破他人的心理防线。

从潜意识层面来说，个体的心理防线是其自卫的本能，换句话说，当个体将对方当作假想敌的时候，就会产生一种自卫心理。消除防范心理的最有效方法就是反复给予暗示，表示自己是朋友而不是敌人。突破他人心理防线的方法有如下两个。

1. 积极贡献自己的角色价值

毋庸置疑，每个人在社会中扮演着不同的角色，要想做到对别人有价值，首先就要意识到自己所扮演的具体角色以及自身的角色可以为对方创造什么价值。

当个体设身处地为他人带来价值的时候，自身就会得到他人的认可和信任。一旦对方对你认可和信任，对方的心理防线也会为你削弱，直到消除。切记，当你对对方的贡献越来越大的时候，你的价值也会越来越大，

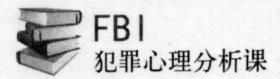

别人对你的认可和信任就会越来越多,他们对你的心理防线也会越来越低。

2. 给予他人心理上的安全感

在当前社会,由于社会压力比较大,每个人表面看起来都是平静和满足的,实际上他们内心充斥着极大的不安全感。这种不安全感体现在人际交往中就是不相信任何人,时时刻刻都处于戒备的状态。

在这种情况下,我们想要突破他人的心理防线,让他人接纳我们,最需要做的就是给他人以一种心理上的安全感。

给予对方安全感的方法很多,对他人充满责任、对自己的行为负责、值得别人信赖和依靠、言出必行等美好的品格都可以给对方带来心理上的安全感,一旦形成安全感,必然也会削弱对方对你的心理防线。

在气势上压倒对手

无论社会上的各种影视作品如何将 FBI 神化,FBI 毕竟也是普通人,有着普通人的情感和感受。他们也会如普通人一样有恐惧、担忧、不安的感觉,只是他们有一点不同于普通人,便是能够通过各种方式将这些情绪压在心底,不让它们流露出来。他们不会把私人的情感带入工作,无论面对多么大的压力和危险,他们都会保持镇定,不让人看到一点慌乱。

FBI 接触到的犯人中,有一些人具有极大的危险性,他们罪行累累,并且从不知悔改。面对这样的犯人时需要表现出强大的自信,即使心中并不确定是否能够制伏对方或令对方认罪,也要令对方感到自己胸有成竹,丝毫不担心失败的可能。FBI 知道,一旦在这样的犯人面前露怯,那么将要迎来的,不仅可能会是任务的失败,还有可能会丧命。

当学者型的雷斯勒面对连环罪犯奇普时,犯人的强势令整个审讯室里充满了危险的气息。奇普不但身材高大,体格健壮,而且性情残暴,没有同情心,被他伤害的人不在少数,这其中竟然还有他的亲生母亲。面对这样一个冷血的暴徒,雷斯勒心中产生了一丝恐惧,他毕竟是个普通人,如

第三章
先声夺人：在气势上压倒罪犯

果奇普想要对他动手，他肯定没有一点反抗能力。

换作一名普通人，遇到这样一名惯犯时，第一反应一定是心跳加速，眼神慌乱，身子快速向后退，想要离开。雷斯勒没有，他克制住了心中的不安，从容地坐在奇普面前，开始对奇普进行审讯。整个审讯进行得还算顺利，然而在审讯完成时，意外却发生了，雷斯勒依照流程按下电铃通知外面的狱警，狱警却迟迟没有来。

整个审讯室里只有雷斯勒和奇普两个人，气氛一下子变得安静了，可是雷斯勒却从奇普的动作中读懂了他的心思。奇普认为这个看起来不堪一击的FBI在他面前一定只是强装镇定，于是他借伸懒腰的机会向雷斯勒展示了他强壮的手臂，示意雷斯勒无法对他怎样，他却可以要了雷斯勒的命。他甚至挑衅地问雷斯勒："如果我现在想要逃走，你应该不会阻止我吧？"雷斯勒心中有些忐忑，他知道奇普心中已经有了越狱的念头，他必须稳住他。

奇普以为这名FBI会紧张，或者用一些可笑的话语威胁他，可雷斯勒只是淡淡地告诉他："我是一名专业的FBI。"雷斯勒的这句话让奇普有些失望，他试图再次挑衅，并嘲笑雷斯勒身上一定没有武器，不是他的对手。雷斯勒面对他的挑衅仍然平静而自信，并向他表示，FBI有许多东西是他想象不到的。在雷斯勒说完这句话后，奇普的心中产生了一丝犹豫，FBI确实是个特别的机构，也许面前这个看起来没有一点杀伤力的家伙真的有些什么特殊的本事，否则怎么可能在他面前如此安然镇定。想到这里，他放弃了越狱的打算，坐回了椅子，态度也收敛了许多。

对于雷斯勒来说，他就像一个正在拆除炸弹的人，一不小心碰到不该碰的电线，炸弹就会爆炸。他看出了奇普眼中暗藏的杀机，也知道对这样的人既不能一味强硬，也不能一味示弱，所以他选择了故弄玄虚的办法，让对方猜不透他究竟是怎么想的，有没有危险。当看到奇普坐下后，他知道自己的办法起效了。为了不让场面过于沉寂，他又找了一些话题与奇普谈起来，直到狱警到来。临走前，雷斯勒拍了拍奇普的肩膀对他说："别介意，我刚刚只是在和你开玩笑。"奇普说："我知道。"但就在刚刚，他

确实将雷斯勒的话当真了。否则,此刻雷斯勒或许已经倒在审讯室里,而他已经逃出了监狱。

面对强势的敌人时,从气势上压制对方是 FBI 惯用的手段。敌人强势,他们就要更强势,从心理上震慑敌人,令敌人不敢对他们轻易出手。雷斯勒在面对奇普时如果流露出一丝的迟疑或胆怯,奇普就极有可能将他杀害,然后强行越狱。虽然 FBI 规定任何人进入审讯室时都不可以携带武器,可他那种半虚半实的说辞令奇普无法确定,他是否真的带有什么特殊的东西,或者他本人拥有什么能够制伏自己的能力或技巧。

强势的人在任何场合都能够给人一种特殊的震慑力。FBI 认为,人只有在表现出强势的情况下,才能将自己置于高点,让自己能够制人而非受制于人。如果心中有一点不安,一切努力就都白费了。

无论在战场还是在职场,让自己变得强势都很重要。对于 FBI 来说,职场即是战场,对于普通人来说,职场也有可能成为战场。踏入社会的人都非常清楚,职场中的竞争非常激烈,无论是在同一家公司里,还是在同一个领域中,甚至是在不同的领域中,竞争永远存在,并将一直存在。在竞争中,人们想尽一切办法取胜,久而久之,竞争便成了一场没有硝烟的战争。无论是进行新项目的解说,还是与对方就业务的展开进行讨论,或是争取一名新的客户,自信的面貌都非常重要。如果说话没有底气,眼神犹豫不决,对方一两句质问就不知所措,那么失败是必然的。

我们常说,某人身上有种强大的气场,其实是说那个人很强势。语言上的攻击不能称之为强势,相反,如果一个人在说话时总是用词犀利,与人针锋相对,恰好说明他的气场不够强大,只能靠激烈的语言来修饰。真正的强势是从内心散发出来的,是一种淡定,一种坦然,也许话不多,但句句都能刚好切入对方心中的缝隙,击中对方的软肋。

FBI 的强势表现在他们的镇定,能够在各种危机面前处变不惊,这是内心不强大的人无论如何都模仿不出来的。虽然有时他们也会虚张声势,但那些虚张声势都是为了配合现场需要而故意为之。一名合格的 FBI 不会惧怕任何人的威胁,即使对方再强大,他也会用比对方更强大的气势将对方逼进角落，无处可逃。

置对方于绝地，逼迫他打开心理闸门

危急时刻，人们往往会有一些出乎意料的做法和想法，这被称为"置之死地而后生"，足见在绝境中人们的思维和平常大不相同。对于受到严格训练的FBI来说，他们在绝境之中被激发的是智慧，而更多平凡人却只能体会到绝望。绝望是一剂毒药，可以令一个心智坚强的人瞬间崩溃，成为不堪一击的弱者。FBI非常善于运用这种心理来向对方施压，因为他们深知处于"绝望"中的人会放弃所有反抗，然后打开自己的心理闸门，对自己的所作所为供认不讳。

1969年7月的一个下午，美国佐治亚州出了一起人口失踪案件，美丽的小女孩弗朗西斯在离开学校之后并未回到家中。几小时后，弗朗西斯家人向警方报案，警方在树林里发现了弗朗西斯的尸体。经过法医的检测，虽然弗朗西斯身上的衣衫非常整洁，也没有沾染到什么尘土，但她确实是被奸杀的。FBI探员在接到这一案件之后展开了侦查。根据现场情况，他们认定弗朗西斯的尸体虽然是在树林里被发现的，但她遭遇暴行的地点很可能是在别处，而且对这个小姑娘施加迫害的人是一个很有威信的人，弗朗西斯在他的要求下换了自己的衣服，因此才能保持衣衫的整洁。在当地警方的帮助下，FBI拘捕了嫌疑人——一个20多岁的白人男子，警方告诉FBI：此人是一个惯犯，经历过多次测谎仪的测试，早就有了很多应对的办法，测谎仪根本拿他没办法。

在审讯的过程中，FBI针对这名嫌疑犯对测谎仪应对自如的情况改变了策略。他们选在一个夜晚开始讯问，并且在一开始便严肃地告知他："你杀人的时候身上沾染了受害人的血，我们掌握了充足的证据，你就是那个凶手，所以今天晚上，我们并不是要问你'这是不是你干的'这种愚蠢的问题，因为我们知道那就是你做的！我们唯一想知道的是你为什么要这么做！"

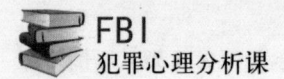

嫌疑人在FBI探员如此坚定的表述之下顿时放弃了反抗，他原本准备的诸多为自己辩白的说辞都没有了用武之地，FBI探员已经将他逼入了一个绝境中，毫无退路。经过一番慌乱的反抗之后，嫌疑人只好低头认罪。为了置对手于绝境之中，FBI做出如下总结。

1. 切断对手的退路

FBI在审讯嫌疑人时会运用很多技巧，有些时候他们会选择更换话题的方式令嫌疑人放松，有些时候他们会不断提出证据来攻破嫌疑人的心理防线。但所有这些技巧都远不及"切断对手退路"的办法来得神速，这种迅速、果断的处理方式是针对那些狡猾的犯罪嫌疑人而特制的，他们可以与警方纠缠不休，不断为自己找借口，而FBI的处理方式则是一概不问，只是认定其罪行。

生活中，我们也会遇到很多善于狡辩的人，他们可以为自己的行为找到很多理由，不管是外在原因还是内在原因，只要是可以证明他们是毫无责任的，他们都可以将其扯进来。面对这样的人，我们无须与其进行过多辩论来逐一证明这些理由是错误的且没有任何的意义，因为事情的本质是无可改变的。如果我们认定对方该为这件事负责，那么无论何事都无法改变这个结果。让对方无路可退，是将主要矛盾凸现出来的最佳策略，令其无法躲避，最后只能面对自己该担负的责任。

2. 寻找薄弱环节击中要害

那些被置于绝境中的人往往表现出比平时更加强烈的反抗意识，他们对自己的心理闸门所表现出来的坚守态度是造成FBI审讯难度加大的主要原因。为了破解这种防守心态，FBI探员总是寻找对方最薄弱的环节进行攻击，从而令其放弃抵抗。逼迫对方说出实情是一件综合了多种审讯技巧的任务，寻找、攻破薄弱环节是最终且唯一的目的。

不同的人存在不同的薄弱环节，FBI所遭遇的对手也表现各异，销赃案的罪犯和受贿案的罪犯所坚守的底线各不相同，FBI正是根据这些不同的特点，结合对手所处的环境以及面临的各种困境，找到他们的弱点所在，同时断绝他们的后路。

第三章
先声夺人：在气势上压倒罪犯

3. 利用周边信息制造气氛

在审讯罪犯的时候，将其逼入绝境从而令对方打开心理闸门的技巧被FBI反复使用，而在具体操作方式上也存在很多差别。对于一些非暴力犯罪的嫌疑人，FBI一般会采取制造绝望气氛的方式摧毁其心理防线。在审讯室中会出现一些量刑的图表，其中标明何种犯罪会获得何种判刑，罪犯会在无意中发现这些图表并仔细审视，最终获知自己将会获得什么样的惩罚。这种方式可以在罪犯心中形成一种无形的压力，令其明白自己的行为带来的最坏后果是什么。表明了底线之后的审讯会进行得比较顺利，FBI按部就班的各种提问一般都会得到配合。

批亢捣虚，直击对方的心理软肋

几乎每个人都有这样的心理体验：有时候，当我们专注于和别人交流时，大脑会忽然出现一段空白。很多人将这种现象称为"大脑短路"，而很多错误都是在"大脑短路"的时候发生的。究竟这种短路是如何发生的？大家都想得到这个问题的答案。根据心理学家的分析，人的大脑之所以会出现这样短暂失去意识的现象，是因为心理受到一定程度的刺激之后所发生的连带反应。当大脑对外界信息应接不暇的时候便会出现"空白区域"，这时，人们会出现心跳加快、意识范围缩窄以及跟外界断绝联系的现象。对于FBI来说，让对手出现这样的"大脑空白区域"可以有效协助他们开展工作，挖出对方的秘密。而对于普通人来说，我们要在迫使对方出现这种现象的同时，努力保证自己不会被人找到心理软肋从而出现"大脑短路"。

一个叫斯蒂文森的中年男子被带入了审讯间，他是农场的一名主任，被传讯的原因是他的邻居在昨天夜里被杀害。看过斯蒂文森的资料之后，FBI对这个5年内20次出入监狱的惯犯产生了怀疑，于是他们对斯蒂文森的盘问也就多了一些。当时，负责调查取证的是FBI探员杰尔，他首先问了斯蒂文森在案发时间的地理位置，结果对方只用一个回答就把警方所有

的问题都回答了。

"对不起,我什么也不知道,我现在患有失眠症,每天临睡前都要服下一片安眠药才能入睡。"斯蒂文森表现得很痛心,他接着说:"我现在很后悔,如果不是我睡得太熟,或许在夜里醒过来,杰森一家就不会被害了。"

"你是什么时候服下安眠药的?"

"晚上8点半左右。"

随后,杰尔又仔细将斯蒂文森的安眠药信息记录了下来,根据安眠药的药效,它能保证斯蒂文森在整个案发时间都保持熟睡。

"最近一段时间里,你感觉到有什么异样吗?"

"一切如常,警官,我真的什么也不知道。"

第一次调查就这样结束了,斯蒂文森很快就被放出去了。由于罪犯作案手法高明,警方在现场根本就没有找到任何有价值的信息,而受害人住宅的附近也只有斯蒂文森一家人。尽管斯蒂文森的嫌疑很大,但由于没有这方面的证据,警方也不能起诉他。

没过多久,事情有了转机,杰森太太的同事向警方提供了这样一条信息:"案发前一天杰森太太的情绪很不稳定,她与自己的邻居发生过很激烈的争吵。"

这个信息对于斯蒂文森来说非常不利,因为受害人一家周围只有他。也就是说,在案发前一天,斯蒂文森和杰森太太发生过激烈的争吵,因此他有杀人的动机。更重要的是,在第一次审讯的时候,斯蒂文森没有提到过这一点,他隐瞒了这个事实,这马上引起了警方的怀疑。

随后,杰尔对斯蒂文森进行了第二次审讯,而且一同参与审讯的还有已经离休的FBI特工詹克森。杰尔又将此前的问题重复了一遍,而斯蒂文森也没有给出什么新答案来。无奈的杰尔望了望詹克森,经验丰富的詹克森披挂上阵了:"在服用安眠药之前,你做过些什么?"

"吃饭、洗澡,然后就是吃安眠药,接下来上床睡觉。"

"你的逻辑太清楚了。"

第三章
先声夺人：在气势上压倒罪犯

斯蒂文森问了一句："失眠和思维没有关系吧？"

詹克森说："不，我不是指你的思维，而是说你的回答就像是预先设想过的一样，简洁、明快，非常有力。"

"对不起，我不懂你的意思。"斯蒂文森将头转向杰尔说。詹克森马上对斯蒂文森说："对不起，我向你道歉，先生。现在开始进入正题吧，你回到家吃完饭，然后是洗漱，最后是吃安眠药、睡觉，然后一觉就睡到天亮了，是这样的吗？"

"对！"斯蒂文森不耐烦地回答了一句。

"对了，你家里养的那只小狗呢？我觉得它会吵醒你吧！狗这种东西是最机灵的了，只要有一点点的风吹草动就会让它'汪汪'大叫的。"

"是啊，那是一只流浪狗，不知道为什么它要赖在我家不走。这些天它总是一直叫，让我睡不好。"斯蒂文森说。

"给它也吃点安眠药呗，你试过吗？"

说到给狗喂安眠药，斯蒂文森随即露出了一丝得意的神情，他说："我每天睡觉前都要揍它一顿，但这只能让它稍稍安静一会儿，然后我再起来，给它拌一盆食物，把安眠药掺在里面，然后它就不再叫了。"

"这可真不是一条好狗，它那天晚上也叫了吗？"

"对的，谁遇到它都会疯的。我还是一个讲道理的人，如果遇到其他人，多半会加大药量把它毒死……但是，那天晚上我只给它吃了半颗安眠药！"

最后这一句话对斯蒂文森非常不利，因为它证明了他那天晚上根本就是清醒的。也就是说，一开始他就在对警察撒谎！对此，FBI认定斯蒂文森就是凶手！同时，根据斯蒂文森虐狗、喂狗吃安眠药、幻想把小狗毒死这些反常的举动，FBI认为，他是一个患有精神分裂症的人！一般情况下，精神病患者都会非常敏感，尤其是对他们患有精神疾病这样的事情。

随后，杰尔对他说："你一开始说自己睡着了，根本就没有醒来过，现在又承认自己被狗吵醒，喂了它安眠药！现在说实话吧，你就是一个患有严重精神疾病的人，你和杰森太太在白天大吵了一架，然后晚上又被狗

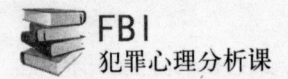

的狂吠不止扰得心神迷乱，然后就出门杀死了杰森一家，对不对？"

斯蒂文森一听到精神疾病这几个字，马上就陷入了癫狂状态，就像杰尔所想的，他对这些字敏感至极。在随后的一段时间里，斯蒂文森开始说出一些与事情无关的话语。接着，杰尔问他："在第一次接受警方审讯的时候，你刻意隐瞒了自己曾经和杰森太太发生过争吵的事实，你为什么要这样做？"

很显然，这就是一个非常好的突破口。杰尔通过这一点轻而易举地就控制了对方的心理，在心理交锋中取得了压倒性优势。不久之后，斯蒂文森冷静了下来，他正视了自己犯下的罪行，交代了自己是怎样在狗吠当中失去理智，敲开邻居的家门，将其害死的过程。

关于斯蒂文森的案子，FBI表示："从这个人的作案手法来看，他是一个非常狡猾的人，能够通过各种手段来欺骗警察。如果不是FBI击中了他的软肋，他是很难被击败的。"因此，在与对手交涉的时候，如何找到对方的软肋就成了FBI研究的重点。针对寻找对手的心理薄弱点，FBI有如下总结。

1. 掌控对方的心理

在一场辩论中，要想看出谁处于上风，只需要分辨是谁在掌控话语主导权。如果所讨论的话题完全由其中一个人来引导，那么毫无疑问，他就是这次谈话的主导者，其他人只能顺着他的引导来进行交流。获得语言的引导权是掌控他人的首要条件，而加快语速则是抢夺话语主导权的最佳策略。

一个人的语速可以直接影响到他所传达的信息容量，语速较快的时候，自然可以传递更多细节给别人，也就可以吸引更多的注意力。语速较快的人在交谈之中容易占据上风，也正是因为这个原因，当FBI和一些顽固的对手对抗的时候，他们时常会采取这样的策略来让对方难以应对，从而掌控整个审讯的局面，让对方在应对的过程中出现漏洞，从而找到对方的软肋。日常生活中，想要让别人无法反击或出现暂时的"大脑空白"，也可以采取这个策略，从而寻找对方的心理软肋。

2. 迫其就范

在工作和生活中，我们发现那些领导者一般都具有较强的气势，这与他们所处的地位、内心的自信以及征服欲都有密切关系。一个对自己充满信心的人会比一个自卑的人显得更有气势，因为他心里非常有底气，而这种所谓的底气给了他力量，让别人无法忽视他的存在，甚至对他表示顺从。与FBI对抗的一般都是极顽固的犯罪分子，他们身上所具备的气势远比一般人要强大，这就要求FBI拿出更胜于他们的气势，才能让他们就范。

壮大自己的气势有很多心理技巧，无论是从心理上让自己更加强大，还是在语言态度上让自己更加强势，都是为了达到一个目的——掌握主动，迫使对方按照自己的意愿行事。FBI最常用的气势增强技巧便是占据对方的思考时间，就算是再聪明的大脑，如果缺少了思考时间，也只能以本能去应对，从而出现很多破绽。对方的心理上一旦出现"伤痕"又无法及时弥补，就会在气势上逐渐颓废下去，慢慢地开始跟随你的引导前进。

3. 抓住细微信号，先下手为强

"先下手为强"的理念是很多战略家以及军事理论家不断强调的胜利法门之一，FBI也将这一法则奉为至宝。在对抗中，最先采取措施的一方往往可以掌握很多有用的资源，而更重要的是先下手的一方会掌握主动权，成为这场战斗的引导者。

"先下手"并不是指急于发动攻击，而是要在洞悉对方状况的情况下先于对方确定自己的策略并付诸实践。很多善于"先下手"的人都有高超的预见性，他们可以提前获知对方的心理诉求，推测出他们想要做些什么，从而提前做好应对准备，让对方的计划落空。当FBI获知珠宝店被盗后，便可以推测出盗贼接下来肯定要去销赃，而他们又无法选择合法的销售渠道，所以黑市必然成为他们的不二之选。提前在黑市布置好卧底，随时掌握犯罪分子的动向便是"先下手"的典型操作手法。生活中，我们在了解对方想要什么或者想说什么的时候，就可以确立怎么做才能令其满意。

要了解对方接下来的打算，需要在生活中积累丰富的经验，通过一个人的表情、动作、语言抓住他隐藏的真实目的。观察一个人的微表情虽然有很多不变的铁律，但因为人与人之间存在巨大差异，不同性别、民族、教育程度、社会经历等都会造成微表情的细微变化，更要求我们不断通过实践进行细致入微的观察与分析。

利用权威效应征服对方

马斯特先生是FBI谈判专家，他今年已经50岁了，大家都很尊重他。他谈判的成功率高达80%，是这方面的权威。他现在的主要工作就是培训FBI特工，教他们谈判的技巧，分享谈判经验。

一天，马斯特正在给FBI特工进行培训，接到一个电话。原来一个劫持案件中的人质产生了"斯德哥尔摩症状"，而现场的谈判专家都没有经验，谈判进入了僵局。马斯特立刻赶到了现场，现场的情况是两名被解雇的工人比利和提姆劫持了两名公司的高管和另外3名被解雇的工人，其中一名高管身中一枪。比利和提姆的情绪十分激动，他们拒绝谈判，并且表示要同归于尽。因为这家公司将他们榨取干净之后，就将他们像破烂一样扔出去了。

患上"斯德哥尔摩症状"的人质是3名被解雇的工人，比利和提姆本来认为这件事与另外3个被解雇的工人没有关系，想放他们出去。现在是这3个工人自己不愿意出来，也不肯协助谈判专家保罗，实际上保罗只有两年的谈判经验，从来没有遇到过这种棘手的情况。

马斯特来了之后，他首先联络了电视台，播放3个被解雇工人家人的画面，家人都希望他们快点回去。这个办法感化了这3个人质，逼得比利出来谈判，虽然他十分愤怒，但最终被马斯特说服，让受伤的高管先接受救治。

实际上，权威与普通的专业人士相比，他们的思路更加开阔，面对困境的时候不慌乱，而是积极地多角度考虑问题。一般而言，不相信谈判专

第三章
先声夺人：在气势上压倒罪犯

家，诉诸暴力的劫持犯最棘手，但是马斯特从削弱3个人质的感情入手，最终解决了谈判的僵局。谈判专家身上担负的是拯救生命的重担，但是也要置身事外，不能将自己的焦虑、恐惧等情绪表露出来，否则，这样会影响自己的判断力。

处理多种类型的疑难案件是FBI工作中的常态，他们之所以可以屡破奇案，正是得益于经验丰富的心理专家所总结的各类技巧。当FBI与犯罪分子对峙的时候，他们总是一副稳若泰山的样子，这种架势本身就可以对对方形成威慑力。FBI职员在审讯中表现出的胸有成竹的样子令犯罪分子不寒而栗，稍加讯问便可以获知犯罪事实，这就是权威效应带来的效果。那么，如何建立权威呢？FBI给我们做出如下总结。

1. 选择恰当时机立威

善于控制别人心理的FBI探员都深深明白一个道理，如果想要在与对方交锋的过程中占据主动地位，就要在适当的时机迅速树立自己的威信，令对方按照自己的意愿行事，从而取得交锋的优势。端稳自己的架子就是在这一过程中必须时刻保持的状态。你的态度可以让对手认为你所表达的意思是一个正确的方向，沿着你的指引前行才可以获得安全。

生活中，我们也许有过类似的经历：在与别人交流的时候，如果对方是一个充满自信和有威严的人，我们就很容易被他的观点所引导。即使有的时候他所谈论的事情是我们熟知的，我们也会因为他的话而改变自己原有的看法。选择恰当的时机，表达自己的自信，用坚定不移的态度来树立自己的形象，你也可以成为这样的人。如果你做到了这一点，你就会迅速对周围的人产生影响，成为一个有威信的领导者。

2. 引述他人的话来证明自己

在电视上，我们常看到名人、明星代言某款产品，在阅读时，我们也可以看到作者会引用著名人士的言论来辅助证明自己的论点。这些行为在本质上都有类似之处，都是希望通过引述别人的话来提升自己的威信，获得别人的认同。同引用名人名言来证明自己的观点一样，生活中，你也可以用已经获得他人认同的人的看法来帮助自己树立威信，让你的架子端得

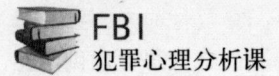

更稳。

FBI的经验证明,当你的身边站了一个足以让人信服的人时,你就可以更快获得别人的认同。在他人眼中,与正确的人在一起的人必然也是正确的,你所持有的言论就算没有经过论证,但因为那些被认同的人已经承认你的言论,你自然也会获得其他从众者的认同。这个理论在商业活动中被广泛应用,商家聘请专家与明星来为自己的产品增加知名度,也是令其更具"架子"的做法。

3. 善于使用"我们"

在很多善于掌控他人的攻心高手身上,我们可以发现一个共同的特点,他们都很善于使用"我们"这个词。这个简单的词汇带来的效果是神奇的,它可以令两个陌生的人形成一个整体,成为一个密不可分的团队,也可以让那些有意探测你的权威性的人明白你的身后有一个庞大且实力雄厚的支撑,你并非是一个人在战斗。谈判中,恰当使用一些微妙的词汇是必备的技巧之一,而"我们"这个词之所以被谈判专家频繁提及,正是因为它在形成"架子"的过程中的妙用。

单独的个体所能形成的威慑力远不及一个团队所带来的效果,"我们"所能做到的事情也远超个人的能力范围。在社交场合中,如果与你交锋的人总是使用"我们"一词来强调一些事情,你是否更容易相信他说的一切呢?如果是这样,那你的心理优势已经荡然无存。

第四章
扰乱心智：挫败对手的心理战术

在与对手交锋的时候，FBI总是能运用各种心理战术扰乱对手的心智，继而挫败对手，因而可以说，这些心理战术是FBI执行任务的重要"武器"。据统计，美国一半左右的案件都是在审讯过程中破解的，而这其实就是FBI实施心理战术的结果，同时，这还证明了FBI在与对手打心理战的时候，总是能运用自己的技巧，取得优势地位。

掌握负面信息，成功"遥控"对手的内心世界

　　1950年，在美国洛杉矶地区连续发生了好多起强奸杀人案。杀人犯埃里在作案前，事先会在报纸上刊登出可以替女性介绍模特工作的广告，而这项工作，对于那些身材姣好却没有模特工作经验又梦想着能够轻松赚大钱的年轻女孩而言，是非常具有诱惑力的。

　　当这些女孩按照报纸上的地址去应聘的时候，埃里就会谎称自己和模特公司已经协商好了，之后就会开出令这些前来应聘的女孩感到惊讶而又欣喜的价码。接下来，埃里便会用他那三寸不烂的滑舌，诱骗前来应征的女孩和他一起去"模特公司"，而埃里口中的模特公司不过是他经过精挑细选之后，认为最适合用来作案的地点而已。

　　埃里十分了解这些女孩的心思，他知道大多数的女孩都会顾及家人和自己的男友，于是她们会因为担心家人或男友的反对，而隐藏自己的行踪，所以很多来应聘的女孩子都不会把自己的行踪告诉别人。因此，即便是她们失踪了，那么，其他人也无法知道她们在失踪之前的确切行踪。同时，埃里这样安慰自己的犯罪心理——他告诉自己，这些女孩们都是自愿在陌生人面前展现或暴露她们诱人的胴体的，以此得到对方的夸奖，从而满足自己内心的虚荣心。而在很多时候，埃里更会将之看作是女孩们以自己的身体做诱饵对自己实施的一种勾引。于是，他借此强暴了她们。但他又担心这些女孩会把真相说出去，所以，他决定每强暴一个，就杀掉一个，绝不留后患。

　　这一系列的案件在当时的美国社会，引起了极大的惶恐和震动。但是，美国警方几经调查取证最终也没能将凶手抓获，在几年过去后，这一

第四章
扰乱心智：挫败对手的心理战术

系列的案件也就不了了之了。然而，就在这桩案件都已经过去了几十年后的一天，在美国洛杉矶又发生了两起年轻女孩被杀的案件。FBI探员埃克斯负责侦办这两起杀人案，因为这两起命案就发生在他所管辖的辖区内。埃克斯认为这两起案件极有可能是连环杀人案，换句话说，就是制造这两起杀人案的凶手是同一个人。而这两起年轻女孩被杀的案件似乎与几十年前埃里所制造的连环杀人案不同，也与诸多连环杀人案之间没有任何联系。

虽然埃克斯在调查命案方面的能力十分了得，但此次的两起命案，却令他备感压力。因为只有相信以及确定这两起命案都是同一个人做的，且该凶手也可能涉及其他地区的年轻女孩被杀命案，整起案件才能有一个近乎合理的解释。可是，埃克斯恰恰又缺乏一个全面的、合理的方法或证据来证明自己的推测和假设的正确性。于是，埃克斯决定亲自到自己所管辖的辖区内的档案中心和报社去查阅一些过去的连环杀人案的资料。他之所以会这么做，是因为他想要从过去发生的那些连环杀人案中寻找到一些相似之处，并希望能够从中得到启发，最终将案件破获，将杀人凶手绳之以法。

从埃克斯所搜集到的资料来看，连环杀人犯最大的特点，就是他们思路清晰，条理分明。此外，从埃里那桩连环杀人案中，埃里在强暴那些女孩们后与她们的谈话内容引发了埃克斯高度的关注。表面上看，埃里和其他的连环杀人狂一样，他也最讨厌受害者反过来想要控制他的行为。比如，对方说，如果他肯放她们走，她们就不会把这些事情告诉别人。换句话说，如果他不放她们走，她们就会把他的罪行公布于众。很明显，这样的结果只会激怒犯罪分子，使原本平静的他们暴跳如雷，那么受害者自然就难逃一死。这是因为犯罪分子普遍拥有一种绝对保护自我的心理。

一段时间后，经过对这两起案件的侦察，埃克斯锁定了一个犯罪嫌疑人，这个人是一个流浪汉，名字叫克鲁德特。克鲁德特之所以会成为埃克斯锁定的目标，原因就是因为他的一个举动。

那天，埃克斯正走在大街上，他突然发现克鲁德特在大街上拦住了一

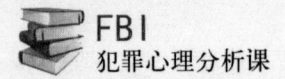

名年轻漂亮的女孩,并要求抚摸那女孩的乳房,那名女孩在听完他的要求之后,暴跳如雷,大骂克鲁德特是神经病,还给了克鲁德特一巴掌。克鲁德特的行为让埃克斯很不解,同时也让他想到了一个疑点。

在那两起年轻女孩被杀的案件中,其中遇害较早的那名女孩的乳房被犯罪分子摧残得很厉害。埃克斯从犯罪心理学的角度分析,犯罪分子之所以会做出这样的行为,原因有两种,一是他特别憎恨女孩的乳房,再就是他特别喜欢女孩的乳房。因此,当埃克斯看到克鲁德特的那种行为后,就将克鲁德特带回了警局。

在做笔录的时候,埃克斯询问克鲁德特为什么会有那样的行为,克鲁德特的回答是,他只是单纯地想戏弄一下那个女孩而已。之后,不管埃克斯怎样提问,克鲁德特都沉默不语,拒不作答。埃克斯认为那起案件中切割女孩乳房的罪犯,很明显属于心理不正常的一类人,因此,只要克鲁德特也是属于心理不正常的那一类人,那么,就只差作案时间和作案动机了。

于是,埃克斯请教了当时一位很有名的犯罪心理学专家,他向这位专家询问有什么方法可以测试出克鲁德特的心理是否正常,而心理专家则给出了3个问题。

第一个问题是,一个男科学家回忆说,他和他的朋友去南极考察,但是在途中遇到了雪盲,什么也看不见,他们只得游荡,而在饥寒交迫的情况下,他的朋友一直在向他提供企鹅肉,但是他的朋友最终没能挺住,死了。最后,这个人被救了回去。第二年的时候,他特意去企鹅店吃企鹅肉,但是回来后却自杀了。为什么?

第二个问题是,在一个雨夜,一个男人在车内听广播,但突然一个闪电打来,随后又是雷声,车内的广播受到闪电的干扰,暂停了几秒钟,随后这名男子大叫一声,就自杀了。为什么?

第三个问题是,在沙漠中,有人发现了一名已经去世的女性,这名女性在去世的时候头是朝下的,身边还散落了几个行李箱,而这个女人的手里则紧紧抓着半根火柴,这个人是怎么死的?

第四章
扰乱心智：挫败对手的心理战术

克鲁德特分别对这3个问题一一做了回答：男科学家其实是吃了他死去的朋友的肉才维持了生命，但他一直告诉自己，他吃的是企鹅肉。可当他去吃真正的企鹅肉时却发现了事实：企鹅肉和他在南极吃过的一点都不一样，所以他接受不了这样的事实，最后自杀了。第二道题中的那名男子是广播电视台的新闻主播，他精心策划了一起杀人案——把自己的妻子杀死了，他利用事先录好的带子，在他主持新闻的时候播放，与此同时，他回家杀了他的妻子，然后开车回到主播室，而在车上听的就是他事先录好的带子。但是广播受到雷电的干扰，暂停了几秒，而他的录音却没有因此而暂停，从而使他伪造的不在场证据立刻化为乌有，所以，他最后自杀了。第三个问题中的那个女人是和朋友坐热气球旅行经过沙漠，由于燃料不够必须得减重，而当女人和朋友扔了所有的行李箱之后，还需要减重，于是女人和朋友就只好拿着火柴抽签——抽到半根火柴的，就跳下热气球，而女人十分不幸抽中了。

这其实是一道犯罪心理反测试题，主要是用来测试疑犯的变态犯罪概率的，如果能答对其中两个问题的人，就说明这个人是属于心理不正常的一类人；如果全都答对了，这个人就是个杀人犯。很不幸，克鲁德特将3道题全都答对了。但埃克斯并没有将这个测试结果告诉克鲁德特，还说了一番客套话，并释放了他。因为埃克斯知道，仅凭这一点是根本没有办法判定克鲁德特就是那两起命案的凶手的，而谁都知道，办案是讲求证据的。但是，通过对克鲁德特的测试以及克鲁德特在警局的言行，埃克斯进一步认为，克鲁德特极有可能就是凶手。可埃克斯却一直找不到证据。

至于为何释放克鲁德特，埃克斯这样解释道："我这样做只是为了尽可能地降低或消除克鲁德特的心理防备，而且我要在对方没有心理防备的时候，抢占先机。"埃克斯进一步认为，克鲁德特极有可能就是凶手的主要原因是克鲁德特在警局异常冷静的表现。根据自身多年的破案经验以及对犯罪心理学的分析研究，埃克斯指出，只有真正的罪犯在面对警察的询问时，才会表现得如此冷静。因为越是害怕，他们就越会告诉自己，一定要保持高度的冷静（这是犯罪分子普遍具有的一种很有典型性的犯罪心

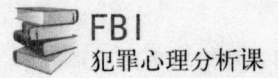

理)。

在释放了克鲁德特之后,埃克斯又立即派了警察24小时监视克鲁德特的一举一动。另一方面,埃克斯调查了克鲁德特的个人档案,然后分析克鲁德特是否具有作案时间和作案动机。此时监视克鲁德特的警察回来报告说,在克鲁德特住的地方发现了一些假乳房模型,那些模型上还有深深浅浅的刀伤。同时,埃克斯查到,克鲁德特在成为流浪汉之前,曾经有过一个女友,但由于克鲁德特喜欢收集一些假乳房模型,而这种做法让女友觉得有些变态,于是她和克鲁德特提出了分手,克鲁德特不同意分手,一气之下,挥刀砍伤了女友,结果逃到了现在的城市,成了一名流浪汉。

除此之外,埃克斯还发现,克鲁德特还有充分的作案时间。因此,埃克斯重新将克鲁德特请到了警局。在埃克斯接连的追问和强烈的心理攻势下,克鲁德特终于无言以对,心理防线瞬间就彻底崩塌了,从而对自己所犯下的罪行供认不讳。只是,让警方没有想到的是,那两起年轻女孩被杀案的确如埃克斯最初所料想的那样,是一起连环杀人案,而凶手正是克鲁德特。在第二起命案中,克鲁德特之所以没有切割下女孩的乳房,目的就是给警方制造一种不是连环杀人案的假象。

克鲁德特在审讯将要结束的时候说:"我将对女友的恨转移到了所有女孩身上,我恨她们,所以,在强暴她们之后,我就会把她们杀掉。"案情终于水落石出,埃克斯心中的石头也可以落地了。

其实,FBI经常会在对方还没有心理防备或对方心理防备降低的时候,抢占先机,搜集一切与案件相关的信息与证据,并在审问对方的过程中,采用强烈的心理攻势,迅速突破对方的心理防线——只要犯罪嫌疑人的心理防线彻底崩溃,那么,他们就会主动交代出自己犯下的罪行。况且,埃克斯作为一名资深警探,又对罪犯心理有颇深的研究,他深知在审讯犯罪嫌疑人时,强烈的心理攻势可以令真正的罪犯心理露出原形,从而交代其所犯下的罪行。

美国当代心理学家、新行为主义心理学的主要代表斯金纳就曾这样指出:"在审讯犯罪分子时,我们不光要从客观的证据上入手,同时还要从

第四章
扰乱心智：挫败对手的心理战术

心理上打败他。"FBI探员埃克斯的做法正是贯彻了这一理论。他运用罪犯本身有罪的心理，尽可能多地搜集到了对方的负面信息，之后在审讯的时候再进行强有力的攻击，这样就能够快速有效地攻破对方的心理防线，成功做到"遥控"对手的内心世界。

在套话中摸清对方的底牌

心理学家通过对人们的日常行为进行观察，发现了一个非常普遍的规律：每个人的内心中都存在不同程度的逆反心理，具体表现在当你希望别人按照你的意愿行事时，所得到的结果往往是相反的。

在FBI的工作中，这种心理特性表现得更加充分，因为他们需要面对的都是心中藏有秘密的人。当FBI希望对方讲出自己的所作所为时，牵扯到的是与他们生死攸关的利益，这些人自然不肯轻易开口。但是足智多谋的FBI探员总可以获得自己想要的答案，这一切都源于心理研究专家所总结的各种套话技巧。将这些技巧应用到日常生活中，或许也可以给你带来意想不到的收获。

摸清对方的底牌也意味着找到对方努力隐瞒的真相，这个过程充满了斗争，而要获得最后的胜利，就不得不综合使用你的技巧，让他人防不胜防。套话的技巧不仅在FBI的工作中功效非凡，就是在日常生活中也可以给我们带来很大帮助。但无论是何种套话技巧，最关键的还是使用者的语言表达能力以及结合具体环境的实际操作能力。在套话技巧方面，FBI给我们做出如下总结。

1. 故意犯错，引诱真相浮出水面

在众多接受FBI审问的嫌疑人中，不乏意志坚定得好似一块钢板的人，他们的意志力非普通人可比，在强大压力面前仍可以镇定自若。面对这样的对手，FBI并不会强攻，而是选择智取的方式，其中故意犯错的套话方式是非常有用的一项技巧。

心理专家所钻研的各类心理控制术中，通过故意犯错来引导他人注意

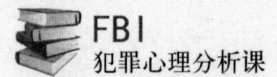

力的方式是操作最简单而且效果甚佳的一种方式。当一个人将自己手中所掌握的信息无一遗漏地和盘托出时，所换得的也许并非是震慑力，而是让对方知道你究竟知道了些什么，又有哪些是你不知道的。但当你故意隐瞒自己所知或者说错自己所知的时候，就像制造了一层迷雾，让对方搞不清楚你究竟掌握了什么底牌。这样的做法可以避免打草惊蛇，可以引诱对方主动承认一些你所不掌握的情况，还可以在对方精神放松的情况下出其不意地获得答案。

FBI曾经利用说错话的方式来审讯一个连续作案的惯犯。在多次审讯过程中，这名犯罪嫌疑人一直不肯承认自己的所作所为，而FBI也没有掌握决定性的证据，让审问陷入僵局。就在此时，FBI发现这名嫌疑人有一种轻微的顺序强迫症，他总是将自己桌上的文件摆放得非常整齐，衣服也要按照编码摆放。有了这个发现之后，FBI决定使用非常手段来审讯他。

在接下来的审讯中，FBI将数名遇害人的照片都贴在了审讯室的墙壁上，所有受害人都是按照受害时间顺序排列的，不过其中却有几个非常明显的时间错误，这几张被打乱顺序排列的照片就是FBI故意犯的一个小错误。果不其然，犯罪嫌疑人进入审讯室后迅速注意到了墙上的照片，虽然他依旧强硬地表示自己没有任何罪行，但眼睛却忍不住瞄向墙壁，偷看那些被打乱顺序排列的照片。FBI知道他的心神已经受到了这个错误信息的影响，强迫症让他无法忍受受害人照片顺序排列错误。但他们假装对这一切都一无所知，依旧提出问过千百遍的问题。让嫌疑人越来越烦躁。

半小时的枯燥审讯之后，这名犯罪嫌疑人猛地站了起来，他跑到墙壁前将照片按照时间顺序排列好，暴躁地怒吼道："你们这群笨蛋，这个人明明是在那个人之后才死的，怎么会摆在他之前呢？"FBI探员笑了笑，问："真的是这样吗？这个案件的信息我们还没有对外公布，你是怎么知道他们的死亡顺序的？"直到此时，嫌疑人才知道自己犯了什么错误，但一切都已经无法挽回了。

使用说错话和做错事的方式来引出真相是FBI常使用的技巧，这个方式所包含的是一种线索，不管它是真是假，都足以让对方的心神变得迷

第四章
扰乱心智：挫败对手的心理战术

乱，在手足无措的过程中提供更加重要的线索。

2. 旁敲侧击，让对方主动泄底

如果你想得到某些非常关键的信息，很多时候并不会那么轻松随意，在得到信息的过程中会遭遇到重重阻挠。FBI 所审讯的诸多对手都将重要的信息作为自己的救命稻草，不肯轻易交出，而 FBI 在与其斗智斗勇的过程中总能成功套取有价值的信息。在对方不肯主动招供的情况下，旁敲侧击就是最佳的套话方式。

美国街头有很多酒后驾车的司机，因此也导致了很多交通事故。美国政府对酒驾的惩罚非常严厉，这也导致司机想出了各种办法来对付酒精测试，其中最常用的就是吃口香糖，让酒精测试仪无法抓到证据。

在一次执勤过程中，有个 FBI 警员发现一辆私家车正在超速行驶，便打出信号，要求对方靠边停车。FBI 警员来到车窗前时，看到坐在副驾驶位置上的太太将一个口香糖塞进了丈夫的口中，他知道这对夫妇一定是酒后驾车，并企图掩盖这一事实。

敲开车窗后，FBI 警员非常和蔼地问："先生是跟太太出去吃饭了吗？"

司机点点头，紧张地说："是啊。"

FBI 警员依旧用轻松的口吻说："那可要小心一点儿开车，太太坐在副驾驶的位置上是很危险的，您可以让她坐在后排。"

如此亲切的提议让司机有点摸不着头脑，原本紧张等待酒精测试的他不知道该怎么回答这名 FBI 警员，而 FBI 警员在此时又问："吃的什么菜？"

司机说："法国菜。"

FBI 警员点点头，说："不错啊，非常浪漫，那么配的是什么酒呢？"

司机顺口就回答说："一瓶波尔多葡萄酒……"

虽然一旁的太太迅速扯了一下丈夫的衣服，提醒他不要说出来，但已经来不及了，司机已经承认自己在喝了一瓶葡萄酒之后驾车了。

通过旁敲侧击的方式，我们可以获取很多信息，这种套话的方式算是

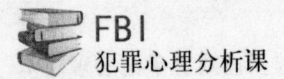

较为迂回、委婉的，能够迅速而巧妙地突破他人的心理防线，抓住对方的漏洞来找到你想要的答案。

3. 激将法

除了旁敲侧击的方式之外，FBI常用的套话方式还有很多非常激烈、正面的方式，激将法就是其中之一。一个人的言行，背后都有其深刻的原因，尤其是那些犯罪分子在做出某些行为的时候，都有其特殊的心理动机。激将法就是通过挖掘对方的心理动机来促使其主动供认所作所为，这种方法的奇妙之处在于它的攻击性。使用具备刺激性和攻击性的语言可以激发一个人内心的爆炸点，从而让他不顾一切。巧妙使用激将法来刺激对方的自尊心可以让其潜能无限度爆发，但也要注意刺激的度。

恩威并施，FBI挫败对手的最佳方法

通常，美国警察在和自己的对手进行周旋的时候，都会使用迂回战术，而这种战术的核心就在于，胡萝卜加大棒，打一巴掌再赏一颗甜枣，其目的就是让对方心悦诚服地依从在自己的脚下。实际上，在人们的日常生活中，这种震慑他人的手段也是随处可见的，只不过在美国警察手中，他们将"恩威并施"的手段发挥到了极致，更能让人感到折服罢了。

1995年9月29日，美国洛杉矶消防局接到消息说，范奈斯医院附近发生了一起火灾，起火的是一辆小轿车。洛杉矶地方警察随后也赶到了现场，在对现场的勘查中，警察只发现了车上有一名女性死者，但是当时她已经被大火烧得面目全非了。

很快，负责调查本次案件的麦克·拉塞警官就确认，这不是一起普通的火灾，因为在尸检报告中很明确地显示出，死者的鼻孔、肺腔内都没有烟灰的痕迹，那么这就说明在这辆车起火之前她就已经死亡了。种种迹象都表明，这是一场蓄意谋杀案，凶手试图在作案之后销毁现场！

通过对部分物证的还原，警察确认，这名死者名叫埃莉诺拉·利曼。是一名已婚妇女，同时她还是3个孩子的妈妈。于是，埃莉诺拉的丈夫就

第四章
扰乱心智：挫败对手的心理战术

成了首先被警方怀疑的人。

拉塞首先审讯了埃莉诺拉的丈夫弗吉尼亚·利曼，因为有证据显示，在埃莉诺拉死之前，弗吉尼亚曾经和她发生过争吵，而没过多久埃莉诺拉就被杀害了。

但是很快，弗吉尼亚的嫌疑就被警方排除了——在埃莉诺拉被害的那段时间，弗吉尼亚拥有充分的不在场证明。随后，又有一位叫格伦·罗杰斯的人进入了警察的视线。据目击者称，埃莉诺拉当时情绪非常不好，她喝了很多酒，随后就和一名叫作罗杰斯的人一同开车离去了。但是，当警察赶到罗杰斯的住所时，嫌疑人早已闻风而逃了。拉塞在无奈之下，只好申请了通缉令，在加利福尼亚境内全面搜捕疑犯。

"一开始我们没有把事情想象得那么坏，因为在洛杉矶，像这样的恶性谋杀案件并不少见。可是，当另一起恶性案件爆发出来的时候，我们又不得不将注意力转移到其他地方，"拉塞说，"事实证明，我们没有马上将这个恶魔揪出来真的是一个天大的错误，他真的是一个狡猾透顶的连环杀手。"

在这一年的11月，同加利福尼亚毗邻的几个州，都出现了已婚妇女被害的案子，而警方将所有案子的怀疑目标都指向了格伦·罗杰斯！首先是密西西比州杰克逊市的玛尔维亚·沃斯，她被害的时间是11月3日；其次是佛罗里达州的玛丽·蒂娜，她遭遇不测的时间是11月6日；接下来是路易斯安那州波歇尔市的安迪·萨顿，她被人杀死在了自己居住的公寓里，而案发时间则是11月10日。

"很显然，凶手是一个十分自负且狂妄的家伙，"拉塞说，"他对联邦法律有过细致的研究，他明白，只要作案之后逃窜到另外一个州，警察就不能把他怎么样了。因为州长签发的通缉令只能在自己所管辖的州内有效，一旦罪犯逃到其他州去，想要把他抓回来，就要花很大工夫了。"

在蒂娜的案子当中，拉塞还发现，罪犯曾经试图通过清水来销毁证据——蒂娜被杀害之后，她的尸体被人拖到了浴缸当中，而种种迹象都显示，凶手曾用浴室当中的毛巾来擦洗现场的血迹。罗杰斯和蒂娜私会的地点是一家旅社，他在房门外挂了一张"请勿打扰"的牌子，在将蒂娜杀害之后，罗杰斯还专门又将房间的费用续了一天，但是之后他就离开了。直到第三天该退房的时候，旅店老板见没人前来退房，才不得不打开了房门。蒂娜是在11月6日被害的，而警方接到报案已经是8日的正午了，这自然给警察的调查取证造成了很大的麻烦。

综合以上因素考虑，拉塞认定，罗杰斯并不是一名"精神错乱的杀人犯"，因为他知道在杀人之后要销毁证据、延误报案时间。同时，一连串的流窜作案也引起了FBI的注意，FBI犯罪行为学专家马克·詹姆斯指出，罗杰斯是一名带有恋母情结的罪犯，他在杀人的时候喜欢选择已婚妈妈作为实施犯罪的目标，因为他能够从虐待这些人身上获得快感。

"我推测，或许他的童年过得非常不幸，他渴望得到母爱，但同时又对那些拥有母爱的孩子充满了仇恨，"詹姆斯说，"当然，这仅仅是一个猜想，在没有抓住他本人之前，我们很难给出一个确定的答案。"

在CIA特工的帮助之下，拉塞终于抓住了罗杰斯，他当时已经逃到了肯塔基州。但是，幸好警方当时在路面上设置了障碍，并且朝着罗杰斯的汽车轮胎开枪。之后，罗杰斯见大势已去，于是他识趣地从汽车当中钻了出来，跟随着拉塞回到了警察局。

当然，像罗杰斯这样狡猾的罪犯是不会轻易向警方投降的，他一开始声称要起诉警察"无故射击他的轿车"，随后又开始装疯，说自己是因为饱受精神疾病的困扰之后才犯下这一系列罪行的。

"罗杰斯的嘴很硬，他以为所有的警察都是饭桶，他可以很容易地欺骗我们，"拉塞说，"他以为自己已经销毁了所有的证据，没有人能把他怎么样，但事实证明，他是错误的。"

在这样的情况下，如何让罗杰斯开口就成了当务之急。为了让这个狂徒尽快地供述出自己的罪行，拉塞开始了自己周密的计划。

开始的时候，虽然洛杉矶地方警署对罗杰斯进行了相当严厉的审讯，但是却未审讯出理想的结果。随后，拉塞替换下了最初的审讯者，他一改从前的冷酷，开始不断向对方吹暖风："以你的能力，联邦法院没有为你

第四章
扰乱心智：挫败对手的心理战术

找到一个职位，真是他们的失职啊。"

"这是什么意思？"

"没有什么，只是从你起诉警方射击你的轿车当中可以看出来，你对联邦法律有十分深入的研究。在现在这个社会，已经很少有人有这个意识了，不是吗？"

罗杰斯得意地看了拉塞一眼，然后说："不要觉得我们老百姓都是笨蛋。"

"你说得对极了，"拉塞说，"跟我聊聊吧，据我所知你现在并没有在法律部门工作，这是为什么，他们不要你，还是你看不上他们？"

听到这样的话，罗杰斯轻蔑地说了一句："法院就像狗屎一样，还有陪审团，这些人愚蠢透顶，自己什么都不懂，却还试图左右案件的审判……对了，还有立法者，他们也是浑蛋，要一帮不懂法律的人陪审，简直没有比这更糟糕的事情了。"

罗杰斯絮絮叨叨地说了一大堆，而拉塞则在一边陪同他聊了半天，同时还不住地点头表示赞同："确实，现在我也觉得很遗憾，跟我谈谈吧，如果从这里出去，你会做些什么呢？"

"得了吧，你们快点把我放出去，我再也不要回到这里来了。我要去找一个孤岛，就只有我自己一个人，让自己过得舒舒服服的。"

"嗯，确实如此，其实很多人都不配分享你创造财富的权利，他们只会拖你的后腿。"

听到这样的话，罗杰斯马上说："那倒也不全是这样，我认为你还是一个值得相处的人，因为你很善于发现其他人的优点。放心吧，我是不会忘记你的，现在你给我写下你的联系方式，我确定你会在未来受益良多的……对了警官，我什么时候可以离开这里？"

拉塞马上换了一副严肃的面孔对罗杰斯说："可是，现在的情况对你很不利，因为你现在拥有4项谋杀指控，而且警方都已经掌握了非常有力的证据。"

罗杰斯的脸色稍稍变了一点，他说道："我绝对是清白的，你们不能

冤枉好人!"

拉塞马上反击道:"在埃莉诺拉·利曼的尸体上,我们找到了你的精液;在玛尔维亚·沃斯的房间里提取到了你的指纹;在玛丽·蒂娜的尸体下面压着你的一块手表;而安迪·萨顿的邻居和亲友则都指证了你和死者之间的关系。"

"这纯属污蔑,"罗杰斯说,"你们怎么能够听一帮傻瓜胡说呢!"

"好了,格伦·罗杰斯先生,现在我可以非常负责任地告诉你,我们现在不光掌握了能证明你犯下了一系列罪行的很多物证,同时也找到了25名目击证人!"拉塞说,"我不知道你现在还在伪装些什么?"

听到这样的话之后,罗杰斯的脸色变得更难看了,他拒绝再和拉塞交流下去,他表示要等到自己的律师到来之后再说话。

"怎么?现在感觉到害怕了吗?你当时既然敢动手,为什么现在却不敢承认?"拉塞愤怒地冲他喊道,"你这个懦夫,你害死了11个孩子的母亲,你现在居然还渴望自己能够得到怜悯?"

罗杰斯的嘴唇抖动着,说:"或许,你应该发现,我的神经出了问题,我根本没有办法控制自己。请相信我,我是一个间歇性精神病患者,所以我认为你说的那些案子是有可能发生的,但是我现在确实记不清楚,自己是不是干过什么坏事了。我可以说这些事情有,但同时也可以说它们没有,你明白我的意思吗?"

"得了吧,不要妄图愚弄警察了,你以为别人都像你想象当中的那么白痴吗?在这几次案件当中,你都表现出了正常人才有的举动——销毁证据!"

听到这样的话之后,罗杰斯更加惊讶了:"我希望你说的每一句话都是有证据的。"

而在随后的一段时间里,拉塞警官开始了自己的利诱,他对罗杰斯说:"听着,伙计,我个人是非常希望犯罪分子能够受到严厉惩罚的,但是现在我的职责告诉自己,你有权知道这一件事情,那就是如果选择同警方合作,你就会得到适度减刑,洛杉矶的法官历来对于犯罪者都会手下留

第四章
扰乱心智：挫败对手的心理战术

情……当然，我们也可以把你转交给密西西比州、佛罗里达州，或者是路易斯安那州，他们会对你进行怎样的审判，那我就不得而知了，但是我敢肯定，情况肯定是和现在大不相同的。"

"你愿意帮助我吗？"罗杰斯问了一句。

"我不愿意，但这是我的职责。"拉塞说。

经过一番思索之后，罗杰斯终于向警方坦白了，他杀害这些女子的原因和FBI专家推断的一模一样。罗杰斯自幼是跟随母亲长大的，他的童年极度缺乏父爱，所以这就导致了罗杰斯在长大之后依然不能摆脱自己对母亲的依恋。这种病态的心理让他对那些生过孩子的女性非常痴迷，而为了能够完全占有这些人，他就将她们逐一杀害了。

这样，拉塞成功地迫使罪犯向自己坦白了罪行。而能够取得这场"战争"最终胜利的关键因素就在于，在对罗杰斯的审讯期间，拉塞使用了胡萝卜加大棒式的交流方法。

显然，在双方的试探阶段，拉塞采取了适度拉拢对方的心理战术。他先是通过夸赞和附和来获取对方对自己的好感，这种做法很显然能够得到对方的认同——罗杰斯随后放松了自己的心理戒备，表示愿意和拉塞进行交流。在这个世界上，又有几个人不喜欢听好话呢？看到有人如此赞赏自己的才华，罗杰斯渐渐就放松了自己的警惕，开始夸夸其谈起来。而在这一过程当中，可以说拉塞是给足了对方"甜枣"。如果再深入一步去看，就可以发现，实际上罗杰斯在这个时候也是希望能够拉拢警察的，因为他同样也赞美了拉塞，并且表示愿意和对方分享好处。

随后，两人的谈话就转向了残酷的攻防阶段，拉塞在给足了对方"甜枣"之后，便将此时警方掌握的证据和盘托出，这等于是给了罗杰斯当头一棒。在猛烈的攻势之下，嫌疑人的心理防线被压得越来越低，直至崩溃，最终不得不向警方缴械投降。

在这次谈话的最后，拉塞又为对方送上了"甜枣"，他不断地向对方"透露"警方的内部消息，以便让罗杰斯对自己感恩戴德。实际上，只要和警察合作，就能够得到许多好处，这一点是所有人都知道的。但是无论

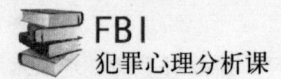

如何，只有将这些话说出来，才能使对方真切地感受到警察对自己的"关爱"。可以说，在这一点上，拉塞做得非常出色——尽管罗杰斯最后还是没能逃过一死，但是他对拉塞还是非常敬服的，以至于他在临刑之前，还专门给对方写了一封信，吐露了自己的感激之情。

给对方设定思路，利用思维惯性把握对方

思维惯性是指，当人的思想在某种情境之下进入精力集中状态时，如果环境突然发生变化，他的思想意识也不会一下子就进入新的环境状态之中，这就好比是运动员冲过终点之后，依然会向前冲一样。

在生活中，很多人常常因为思维惯性而做出一些错事、"糗事"，故而，人们就一再强调提高心理素质，警惕思维惯性，防止因惯性思维而做出错事。不过，FBI却反其道而行之，大力提倡多运用思维惯性。当然，他们提倡的是利用他人的思维惯性。换句话说，就是在与人交谈的时候，想方设法为对方设定思路，利用思维惯性来控制对方。

FBI警官威尔给他的下属们讲了这样一个故事：五金店里面来了一个哑巴，他想买一个钉子。他对着服务员左手做拿钉子状，右手做握锤状，用右手锤左手。服务员给了他一把锤子。哑巴摇摇头，用右手指左手。服务员给了他一枚钉子，哑巴很满意，就离开了。这时五金店又来了一个盲人，他想买一把剪刀。这时，威尔就问：这个盲人怎样以最快捷的方式买到剪刀呢？一个下属说，他只要用手做剪东西状就可以了。其他下属也纷纷表示赞成。威尔笑着说，你们都错了，盲人只要开口讲一声就行。下属们一想，发现自己的确是错了，因为他们都用惯性思维思考问题。

FBI通过多年的办案经验得出结论，大部分犯罪嫌疑人在接受审讯的时候，普遍会存在一种抗拒与逆反心理。这种抗拒与逆反心理表现在现实情境中就是，凡是FBI说对的东西，他们都说错，凡是FBI肯定的东西，他们都会采取否定态度。犯罪嫌疑人这样做的原因就是为了不让FBI抓住他们的犯罪证据，尽力地为自己开脱。面对犯罪嫌疑人的不合作，FBI会

第四章
扰乱心智：挫败对手的心理战术

开动脑筋，想方设法让对方从一开口就说"是"。当对方连续说出几个"是"的时候，就会形成一个固定的思路，当FBI询问犯罪事实的时候，他们也就会在不知不觉之间说出真相。这样一来，FBI就可以很好地对其实施控制了。

在审讯犯罪嫌疑人的时候，FBI经常利用这种方法。

某公司的副总裁死于一个无色无味的毒桃。FBI经过调查分析，将目标锁定在他的朋友威廉身上。

FBI传唤了威廉，问道："你是死者生前最好的朋友，我们来找你了解一些情况。我想，你不会拒绝我们吧？"

威廉面有戚容，回答说："当然不会。当听到好朋友被杀的消息之后，我犹如五雷轰顶，心里非常难过。我非常愿意配合您的工作，更希望能早日找到凶手，为我的朋友报仇。"

FBI探员问道："他在被杀的当晚，你正好去拜访他是吗？"

威廉回答说："是的。我刚从外地出差回来，就去拜访了他。两个人一块儿聊了聊家常，叙了叙旧。"

FBI探员又问："你告辞之后就再也没有回来是吗？"

威廉哽咽着说："是的。到现在我也不敢相信那竟然是我们最后一次会面。"

FBI探员说："你的朋友知道你非常喜欢吃桃子，当你去拜访他之前，他都会在客厅里为你准备很多桃子是吗？由于准备的东西很多，有不少桃子都掉到地上了是吗？"

威廉回答说："哦，是的。我在离开的时候不小心碰掉的，但是第二天我又回来把它们都捡起来了。"此时，威廉突然意识到自己说漏了，就赶紧捂上嘴巴，但一切都已经晚了。

在这个案例中，FBI事先为犯罪分子设定了思路，让其从一开始就回答"是"，接着就利用思维惯性来控制对方，从其口中得到了犯罪证据与线索。

无论是在工作还是在生活中，我们都非常希望赢得别人的信服与认

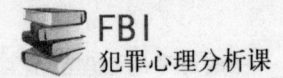

可,渴望别人能够告诉我们真实的答案。但是,由于每个人的心理都多多少少有一些抗拒心理与反抗意识,若采取直言提问的方法,很难达到目的。究竟怎么做才能让别人跟随我们的思路走呢?FBI告诉我们,这就需要引导,需要通过各种办法来让对方从一开始就肯定你的看法,让其多点头,多说"是",对方点头说"是"的次数多了,就会形成惯性思维,也就会如实回答你提问的每一个问题。这样一来,就能有效地引导对方的思维朝着自己靠近,最终得出你想要的答案。

施压时,无形与有形同时进行

在与对手对峙时,FBI特工总是喜欢通过多角度来不断地攻击对方的心理防线。FBI特工米歇尔·格里菲斯指出,在和别人交涉时,经验丰富的警察都会选择多角度攻击对手,因为手段过于单一,是很容易被化解的。从立威造势这一方面来说,我们就需要恰当地把握好无形的压力和有形的压力,双管齐下,这样往往能够得到不错的效果。

在美国德克萨斯州的厄尔巴索,理查德家诞生了一个男婴,主人给他起名为杰尔吉斯。这个男孩在25岁之后,一共犯下了13条命案。除此之外,他还犯下了盗窃、强奸、抢劫等多项罪行。第一次作案对于杰尔吉斯来说是一次转折,而从那之后,他就彻底走上了犯罪的道路。可以说,第一次他犯下的案件对于他本人的触动也是非常深刻的。

当时,杰尔吉斯趁着夜黑,溜进了一户人家,他原本是想偷点值钱的东西就走。但不幸的是,这家屋子的主人没有积蓄,也没有什么值钱的东西,这让杰尔吉斯很是生气。

这间屋子的主人是一位独居的老太太,当时已经75岁了。而没能偷到钱财的杰尔吉斯迁怒于屋主,于是将屋主人害死了。

也许这一次的经历对他震动太大,在那之后的半年多,他都没有再踏出自己的小屋一步。但是在半年之后,杰尔吉斯就变成了一个魔鬼,他不停地犯罪,在持续5个月的作案之后,他落入了法网。但是,面对这些他

第四章
扰乱心智：挫败对手的心理战术

犯下的罪行，杰尔吉斯却抵死不认。

对于多次作案，杰尔吉斯只供认了其中的一小部分。这倒不是因为他良心发现，而是由于这些案子警方已经有了有力证据，有目击证人，无论他认不认罪，警方都能定他的罪。但是还有很多案子，由于没有人能指证他，所以他根本就不招供。

对于杰尔吉斯的态度，FBI警员很气愤，这个人做了那么多坏事，却毫无悔意。对于这种犯人，FBI从不留情，因此，对他的审讯也就变得更加严厉了。为了让杰尔吉斯把自己所犯的罪行都交代出来，FBI专门设计了一间审讯室，他们将这间屋子的布局装饰得很狭小，当人们走进来的时候，马上就会感到一种窒息的感觉。

负责审讯罪犯的警官是FBI资深警员文斯拉索，他言辞冷酷、犀利，这同样对杰尔吉斯造成了极大的心理压力。

"理查德·杰尔吉斯，你一共犯下了多少罪行？"

"两件，长官。"

"你认识杰尼夫吗？"

"不认识。"

实际上，杰尔吉斯确实不知道杰尼夫是谁（杰尼夫就是那名被杰尔吉斯杀害的老太太）。接着，文斯拉索拿出了杰尼夫老太太生前的照片给他看，但是他依旧说不认识。

接下来，文斯拉索拿出了老太太受害之后的照片，并说："看看你做的好事！"而随着文斯拉索一张张地展示照片，杰尔吉斯的脸色就渐渐变了。于是，文斯拉索乘胜追击，马上把其他案件中受害者的照片都展示出来了。至此杰尔吉斯的嘴角开始颤抖，最后终于控制不住，放声大叫起来，而文斯拉索则马上大声斥责他，并要求他说出实情。

接下来，杰尔吉斯就陷入了沉默，而文斯拉索则奉命把他转移到了其他的监狱中。在走出这个警局的时候，一名受害人的家属疯狂地冲破了警察的封锁，然后咬住了杰尔吉斯的脖子。他的力气很大，以致很多警员都无法把他拉开，最后警察不得不用电棍把这名家属击晕，才把杰尔吉斯带

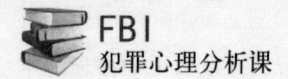

走了。在从警局出来的路上,很多人都在骂他"人渣""恶魔"……而这些都给杰尔吉斯的内心带来了很大的压力。

因为人群暴怒,他们出去很困难,所以杰尔吉斯又被送回了审讯室。接下来,文斯拉索又对他展开了第二次审讯:"看到了吧,你犯下了多少不可饶恕的罪过,现在不用警察动手,都有人来取你的性命。你觉得你供认了几个案件,然后不久之后出去被这些家属追杀好,还是把所有的案子都供出来,让警局多判你几年,然后你安安全全地待在监狱里面吃牢饭好呢?"显然,这些话对于杰尔吉斯还是产生了一些触动。文斯拉索看到他抽了一下鼻子,接着说:"照我看来,你待在监狱里,或许能活得长久一些。"

毫无意外,3天后,杰尔吉斯供认了自己的所有罪行。

美国著名犯罪心理学专家约翰·道格拉斯在看过这个案子之后认为,审讯者在这次调查当中对罪犯施加了非常大的压力,这一点是审问取得进展的重要因素。在面对类似于杰尔吉斯一样的犯人时,普通施压很可能不会产生效果,而正是由于 FBI 警员的双管齐下,才压制了罪犯,使得对方供认了自己的罪行。从这个案件中,FBI 总结出了对罪犯施压的几点技巧。

1. 通过展示证据,让罪犯感受到有形的压力

在所有罪行当中,对杰尔吉斯触动最大的就是他第一次做出的案件,可以说,当时的杰尔吉斯处于一种癫狂状态,当他清醒过来之后,对于自己的行为,连他自己都震惊了,因此他花费了半年之久的时间才调整过来自己的情绪。由于这是一个杰尔吉斯极力想要忘记的场面,所以当文斯拉索把当时的照片呈现在杰尔吉斯的面前时,给杰尔吉斯造成了一种莫大的压力。

在走出了这个心理困境之后,杰尔吉斯真正地走上了狂魔的道路。之后,他作案频率很高,经常是在犯了一个案子之后,第二天就又犯下另一个案子。在 FBI 看来,由人向魔鬼的蜕变是要经历强烈阵痛的,杰尔吉斯用了半年时间摆脱这一切,而当文斯拉索将这种压力再一次摆到杰尔吉斯面前的时候,他陷入极大的压力中,也就是很合理的事情了。

第四章
扰乱心智：挫败对手的心理战术

2. 通过现况展示，制造巨大的无形压力

在感受到巨大的压力之后，杰尔吉斯就变得沉默不语了。这时，文斯拉索开始了非常巧妙的攻心战术。他先是让罪犯了解到，自己确实是犯下了让人发指的罪行，来自受害人家属的压力让杰尔吉斯很不安，他整天都被这种负罪感包围。精神上的压力给杰尔吉斯带来了很大的苦恼，他逐渐明白，只有交代出自己的罪行，自己的负罪感才能降低。

另外，文斯拉索不光利用压力来攻击杰尔吉斯的心理防线，同时他还用了"利益诱惑"的手段来给对方制造心理矛盾。这在审问中也是很重要的，按照文斯拉索所说，如果杰尔吉斯能够与警方合作，那么他还有可能免于一死。但是，若他不与警方合作，拒不交代自己的罪行，出狱后面临的将是众人的唾骂，甚至追杀。

对于杰尔吉斯来说，现在自己面前似乎真的出现了一条更好的道路，而这个隐约可见的选择让他陷入进退维谷的境地。在强大的诱惑面前，到底是选择坚持还是举手投降，这同样也是一个让他非常痛苦的事情，而在无形之中，他自身就会产生强大的压力。有了压力，他的心理防线就会逐渐崩溃，而这就是 FBI 想要的结果。

分散对方的注意力

著名心理学家斯图特曾经说过："当两个人产生对抗的时候，要想获得最后的胜利，最好的办法就是让对手分神。"

如果一个人的注意力集中在某一点，他可以调动自己全部的精力来抵抗，这会导致很长时间的僵局。如果一个人处于分神状态，他的抵抗能力会直线下降，可以在极短的时间内提供更多的真相。

这一理论和 FBI 心理研究专家的实践如出一辙，更加证明了分散对方的注意力对 FBI 侦破案件所提供的有效帮助。

FBI 曾经审讯过一个以盗窃闻名的惯犯，他被人们称为"金钥匙狄克"，这个家伙可以打开任何一家银行金库的大门，似乎他身上有一把能

打开全世界所有锁的钥匙。

宾夕法尼亚一家银行失窃后,有人提供证据,说狄克曾经出现在这家银行附近的一间酒吧中。警方在现场得到的证据中仅有一个鞋印与狄克的鞋码是一致的,此外没有任何线索可以指向他。

作为一名惯犯,狄克接受过很多次审讯,很老到。在作案之后,他迅速清除了所有现场证据,包括自己的所有作案工具。接受警方审讯的时候,狄克有恃无恐地反问:"难道仅仅因为我也穿那个鞋码的鞋,你们就要指控我?要知道穿那个码数鞋的人很多,这不能成为我有罪的证据。至于出现在银行附近的酒吧,我也可以给出让你们满意的答案,那个酒吧当天有很多人,你们难道要怀疑每一个人都是盗贼吗?"

被嫌疑人进行反客为主的质问,警察有点手足无措,而见多识广的FBI探员自然知道狄克这么做的目的,他只是想用虚张声势这一招来增强自信心而已。这是一个狡猾的敌人,FBI知道不能使用常规的方式来让他招供,便故意开始顾左右而言他。FBI探员首先露出非常轻松的样子和狄克攀谈:"听说你养了一条狗,是吗?难道你不怕它撕咬家里的沙发?"

狄克用轻蔑的口吻回答说:"不错,我是有一条狗,但它和你们有什么关系呢?难道你怀疑它也盗窃了银行金库?"

FBI探员并没有因为狄克的话而恼怒,而是扔给他一支烟,就像朋友一样说:"当然不是,因为我也有一条狗,它总是咬烂家里的沙发。而且这个家伙对狗粮非常挑剔,只吃一个固定牌子的。对了,你家的狗吃什么牌子的狗粮?"

这一系列的谈话似乎和案件离得越来越远,狄克和FBI探员之间的聊天就像是朋友在话家常,两个人讨论了狗粮之后又开始讨论宠物服装。FBI探员说:"我喜欢给它买红色的小鞋子,非常可爱!"

狄克笑着说:"红色的太难看了,我一般都是给它买蓝色的。"

FBI探员问:"那你自己穿什么鞋?"

狄克想都没有想就说:"我穿工装鞋。"

FBI探员的口吻忽然严肃起来:"是'埃文'牌的吗?和我们找到的

那双一样?"

狄克惊慌地说:"我把它扔得很远,你们怎么找到它的?"

直到此时,FBI探员才真正露出了笑容:"狄克先生,要是我没有听错的话,你已经供认了自己的行为。"

以闲聊的方式来分散对方的注意力,让他的抵抗心理逐渐消失,顺应你的思维,从而找到他的破绽,最后找到事情的真相。这种扰乱对手的心神并分散其注意力的方法是FBI在审讯中常用的手段之一,这个过程中所进行的所有谈话都是为了使嫌疑人模糊自己所要保护的信息焦点。

日常生活中,扰乱对方的心神并使其注意力分散可以使你迅速瓦解他的心理防线,顺利占据主动。如何分散对方的注意力,FBI给我们做出如下总结。

1. 不谈论具体事情

处于竞争中的人们,他们的注意力都是为了一个具体的目标而集中。若你不希望对方的注意力过分集中于某一件事,就要避免谈论一件具体的事情。FBI心理学家提醒我们,绕开双方所关注的焦点就是你击中目标的第一步。在FBI的工作过程中,即使是审讯一个嫌疑极大的罪犯,他们也不会具体、直接地去讯问犯罪的过程和真相,因为这会导致嫌疑人集中自己全部的心智来掩盖事实的真相。最好的方式就是发散自己的思维,从细节中寻找线索,从而让嫌疑人在没有防备的情况之下供认罪行。

2. 用反对来分散注意力

几乎没有人希望别人会反对自己,就算这些反对意见非常有建设性,也会使被反对者在心理上留下阴影,让他忍不住将自己的注意力都转移到被反对的事情上来。FBI探员莫里森曾经畅谈自己的破案经验,他说:"我很喜欢通过反对意见来激怒犯罪嫌疑人从而获得信息,因为他们在听到一些反对意见的时候总是变得不那么精明。"我们在生活中也时常会遇到这样的情况:当一个人将自己引以为傲的某个想法讲出来却被别人批驳得一无是处的时候,他会在短时间内丧失理智。怒火让他无法控制自己,从而无法保守自己的秘密。

FBI
犯罪心理分析课

给对手呈上一碗"迷魂汤"

2001年5月的一个傍晚,一名蒙面劫匪闯进了美国新泽西州的一家银行,他用枪指着银行工作人员,将一摞一摞的钱装进布袋中。虽然整个抢劫过程总共不到10分钟,可还是被闻讯赶来的警察围堵在了银行内。情急之下,该劫匪将一名银行女工作人员劫为人质,并大声叫嚣,如果警察敢轻举妄动,就打爆这个女人的头。

FBI特工也闻讯赶到现场。这时,劫匪正在要挟警察,让警察在3分钟内给他准备一辆汽车,以做逃跑之用,并且说,只要警方满足了他的要求,他就会释放人质。FBI特工当然不会相信劫匪的谎言,但为了安抚他,仍然决定满足劫匪的这个要求。汽车很快准备好了,劫匪挟持着可怜的女人质钻进了汽车,却并没有释放人质的意思,他嘲笑着"上当受骗"的警察和FBI特工,开着车扬长而去。

劫匪开着这辆车狂奔了3个小时,看到后面的警车渐渐被甩掉了,心里松了一口气。他决定将车停在路边休息一下,顺便上个厕所。可就在他上完厕所准备钻进汽车里时,却被突然出现的一名FBI特工打倒在地,同时一副冰冷的手铐铐住了他的双手。劫匪被突如其来的意外镇住了,久久不能回过神来。

原来是警察为劫匪准备的那辆汽车的后备厢里,提前藏好了一位身手不凡的FBI特工,他已经准备好要在路上逮捕劫匪,同时解救人质,那些追赶劫匪的警车只不过是做做样子罢了。当劫匪以为警车已经被甩掉时,便放松了警惕,于是就为这名FBI特工提供了一个好机会。

由这个案件我们可以看出,这是一种明显的欲擒故纵的策略。FBI特工明知劫匪是在撒谎,却假装相信,满足了劫匪的要求,让劫匪放松了警惕,最后再一举将劫匪缉拿归案。

FBI特工经常执行一些危险系数很高的任务,也经常会遇到一些穷凶极恶的犯罪分子,但他们却很少动用蛮力去和对手拼个你死我活。FBI特

第四章
扰乱心智：挫败对手的心理战术

工们研究发现，对正在实施犯罪的极度穷凶极恶的歹徒来说，如果对方激怒了他们，他们实施犯罪的速度很可能会加快，同时实施犯罪的决心也会进一步增强。对此，FBI特工总是选择与对方进行谈话，尽量满足对方提出的要求，安抚对方的心理，甚至假装相信对方的谎言，给对方灌上一碗"迷魂汤"，以便争取最有利的出手机会。

无数事实证明，这种欲擒故纵的方法是非常有效的。当对方看到FBI特工"上当"后，会产生一种骄傲的情绪；而FBI特工答应对方的要求，更让对方心里多了一些振奋，由此更加放松警惕。殊不知，在他最得意的时候，往往就是FBI特工真正采取行动的时候。那么，如何给对手呈上一碗"迷魂汤"呢，FBI做出如下总结。

1. 适当出丑也有妙用

大多数人都希望自己能够比别人优越，这似乎是人的天性。FBI特工提出，如果我们在与人交往的时候，能够让对方体会到一种优越感，那么对方就有可能因为这种优越感而造成自身的疏忽，给我们阅读人心、识破谎言制造机会。

那么，怎样才能有效地让别人产生这种优越感呢？FBI特工的建议是：适当让自己出丑是一个不错的方法。大多数人在内心深处都希望自己是无人能够替代的，因为他们不想看到别人比自己强，如果别人比他们的优点多，他们就会嫉妒，从而产生抵触情绪，这样势必不利于FBI特工任务的执行。所以，我们不妨试试故意让自己出丑，也就是故意向对方暴露自己的劣势，这样对方心里的抵触情绪也许就会瞬间化解。

汤姆·盖尔是一个电脑软件公司的老板，他涉嫌贩卖毒品，也曾因此而遭到逮捕，但盖尔坚持称自己没有做过违法的事，警方也始终找不到他贩毒的有力证据，只能将其释放。

后来，FBI派出特工罗伯特对盖尔进行调查。罗伯特意识到，要想获得证据的最好办法就是能近距离接触盖尔，并设法得到他足够的信任。于是罗伯特参加了盖尔的公司的招聘，并顺利成为该公司的一员。

在工作中，罗伯特巧妙地创造出很多与盖尔接触的机会，并逐渐引起

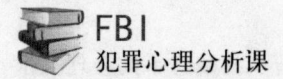

了盖尔的注意，被盖尔调去做他的秘书。后来，罗伯特了解到，盖尔非常反感比自己能力强的人，更不喜欢能说会道的人。根据盖尔的这种心理特点，罗伯特故意在他面前表现得非常低调，任何事情都先向他请示再做决定，甚至常常故意使自己出丑，以造成盖尔心理上的优越感。

几个月后，罗伯特逐渐赢得了盖尔的信任，成为盖尔最得力的助手。于是，盖尔将很多重要的事情都交给罗伯特去打理，甚至还将参与贩卖毒品的事实和毒品藏匿的地点告诉了他。掌握盖尔贩毒证据的罗伯特迅速联系了FBI总部，依法对盖尔进行了逮捕。在铁证面前，盖尔再也不能说谎了。

FBI特工认为，当一个人故意将自己的劣势暴露给对手，或者装出不小心的样子在对手面前出丑，就会使对手内心产生一种优越感，认为这个人要比自己差得多，于是也就不再对这个人多加防备。在这种情况下，对手就更容易露出破绽。

2. 共同语言拉拢关系

FBI特工认为，每个人在内心深处都喜欢和与他们有共同语言的人交往，如果能充分利用这点，就会拉近与对手之间的距离，有助于洞察对手的心理变化，达到阅读人心、识破谎言的目标。

人与人之间在家庭背景或是个人成长经历上都存在一定的差异，因此并不能完全保证每次都能找到有相同见解的人。针对这种情况，FBI特工建议人们，虽然个体之间存在一定的差异，看似不容易找到与自己有相同见解的人，可实际上可以换个思维，找到别人感兴趣的话题再围绕这个话题进行沟通，就能在一定程度上拉拢与对手的关系，起到麻痹对手的作用。

FBI特工鲍比奉命调查一个跨国走私犯罪分子，他不仅要将其抓捕，还要收集相关的犯罪证据。鲍比收到情报，知道这名走私犯要搭乘一架从纽约飞往巴黎的航班，于是他也特意买了这架航班上的机票。

在飞机上，鲍比故意坐到了走私犯的旁边，和他闲聊了起来。因为这个国际走私犯主要以走私电子产品为主，所以鲍比就假装对电子产品很感

第四章
扰乱心智：挫败对手的心理战术

兴趣，与走私犯聊得很愉快。

突然，走私犯压低声音，很神秘地对鲍比说："我在巴黎有一批电子产品，如果你感兴趣，我可以介绍给你。"

鲍比装出兴趣十足的样子，问他："真的吗？太好了，具体都是些什么东西呢？"

走私犯一开始不肯说，但经不住鲍比用"迷魂汤"一碗接一碗地灌，逐渐放松了警惕，说："是我从美国华盛顿走私来的一批电子产品，很难得的。"听罢此话，鲍比表现得更加振奋，表示一定要见识见识这批货。如果真的没问题，自己会全部买下。走私犯感到非常意外，因为他此前从没有遇到过像这位FBI特工如此痛快的人，于是对鲍比的好感更加强烈，也因此向鲍比讲述了更多关于走私的事情，双方越聊越"投机"。飞机抵达巴黎后，走私犯就将FBI特工带到那些走私物品的藏匿处。在人证和物证俱全的情况下，鲍比迅速用手铐铐住了走私犯的双手。

为了拉近与对手之间的关系，洞悉对手的心理状况，就必须要与对手在心理上产生共鸣，这需要我们围绕别人感兴趣的话题进行沟通。而围绕别人感兴趣的话题进行沟通，实际上就是以别人为"中心点"，把他的喜好作为话题的主要方向，在沟通的过程中逐渐找到双方相同的见解。

FBI特工在工作中，经常会用共同语言去拉近与对手之间的距离，使任务更加顺利地完成。这种在实战中摸索出的阅人识谎方法，能够给予人们很多有用的启示。

3. "第三人"之口

所有被审问的犯人心中都具有强烈的自我保护意识，面对FBI特工的提问，他们常常会三缄其口。这既是出于自我保护的本能心理，也是对内心秘密的一种掩饰。面对这种沉默的对抗，FBI特工会努力找出一种婉转的方式迂回前进，通过转嫁犯罪嫌疑人的责任来减轻他们的心理压力，如此一来，对方才更加容易开口说实话。

FBI特工在长期实践中发现，有的时候，当你用直接问话的方式去探知一些事情的真相时，对方很有可能会模棱两可地回应你，所以你很难得

到具有实际意义的信息，多半得到的都是"嗯""不错""好的""还行"之类的回答。如果你所提出的问题更加隐秘和深入，涉及对方的隐私和切身利益时，对方甚至会愤然离去。

此时，你应该试着换一种比较温和、迂回的方式，借用"第三人"之口。这种"第三人"的方式看似绕远，但却能够最直接、最有效地赢得对方的信任和好感，有助于缓解你与对方之间的心理对峙压力，让对方放松警惕，增加彼此的认同感，从而使对方能够慢慢透露你想知道的信息。

处处反驳不如顺水推舟

FBI能够利用反驳的博弈方式不断地让嫌疑人说出真相，而且能够识破其谎言。其实，还有一种博弈法就是不必处处紧逼和反驳，在恰当的时候来个顺水推舟，以退为进——这同样也能引出藏在谎言背后的内幕。

虽然反驳在博弈论中属于一个重要的方法，但是FBI警察通过多年的办案经历告诉我们，处处反驳对方未必是唯一的取胜之道，有时候顺水推舟更容易揭开对方的骗局、识破对方的谎言。而在这一过程中只要能找到目标，做到以退为进，往往就可以将谎言背后的大阴谋牵引出来。

FBI前局长路易斯·弗里赫经常对警员们说："要学会灵活处理案子。我们不应只会一味地去反驳，还应该要学会以退为进，顺水推舟。"一般情况下，FBI警察们往往会为了尽快地揭开谎言和骗局，总是处处反驳嫌疑人，即反驳对方的各种说法，而为了去反驳对方，还不惜一切地去寻找有力的证据，但是很多时候不仅浪费了时间，而且也没有顺利地识破对方的谎言。因此，FBI的领导人物才会提出要适当地顺水推舟，以静制动，以此来获得应有的收获，引出对方谎言背后的真相。

FBI的博弈之法并不是简单的对决，而是依靠心理战术和具体且有合理规划的行动结合而成的一种非常有效率的行为，顺水推舟之后引蛇出洞，然后一网打尽，揭露其中的骗局。

在美国拉斯维加斯这个地方，拳击业内有两名非常出名的拳击手，一

第四章
扰乱心智：挫败对手的心理战术

个叫埃蒂文，一个叫弗兰克斯。弗兰克斯是一位拳击教练，是很出名的拳击手，而埃蒂文之所以出名，不仅是因为他的拳击技术，还因为他是弗兰克斯的堂哥。他之所以到这里来，是想要买卖赃物。也就是说，埃蒂文是一个外来的陌生人，在弗兰克斯的帮助下他来到了这个娱乐之城——拉斯维加斯。他想要在这里进入拳击界，成为众人瞩目的焦点。而在弗兰克斯的帮助下，埃蒂文很快就渗透到了拳击界，并且在拳击比赛中崭露头角。令他高兴的是，他凭借自己出色的技法和强壮的体格很快就引起了人们的关注。此外，他还参加了很多由承办商举行的私人聚会和社交活动。其实在这个地方，那些家族所说的弘扬体育精神和培养人们的竞技思想全都是谎话，他们最终的目的就是赚钱。而为了赚钱，他们不会顾及比赛选手的死活，其中的残忍程度甚至是人们难以想象的。

一天，16名联邦调查局成员组成的秘密小组突然进入到了拉斯维加斯最大的拳击比赛承办商的办公室进行突击搜查——FBI们没收了所有的电脑、财务记录、合同以及录像带，一些大家族的成员和其他相关70多名嫌疑人也被FBI抓捕，而且FBI还在秘密地调查当时著名的拳击手奥斯卡·德拉霍亚的几场比赛，同时还对同是拳击高手的莫拉莱斯也展开了调查。因为FBI已经找到了相关的证据怀疑当时拳击界内的著名承办公司曾经付钱给这些著名的选手，以确保他们在比赛中赢得胜利。当时，这一系列的事情让拉斯维加斯的拳击行业陷入了混乱状态。

就在人们还没弄明白怎么回事的时候，埃蒂文竟然带着FBI的工作证在工作。原来，埃蒂文是FBI的高级特工——没错，他是个卧底。当然，弗兰克斯也是一个不错的帮手，弗兰克斯原本是拉斯维加斯的一个著名的拳击手，但是却因为犯罪被判入狱，而在狱中他想要改过自新，重新做人，就向警方透露了拳击业的很多秘密。本来FBI负责这个事情的高级特工扎克·奥齐内想要通过弗兰克斯揭穿拉斯维加斯拳击业的超级大骗局的，但是转而又一想，这样做有些鲁莽，而且如果处处反驳的话一定会引起对方的警觉，所以他就想到了一个顺水推舟的方法——让弗兰克斯帮助埃蒂文进入拳击业，并且按着他们的要求去比赛，从而从中找到证据，然

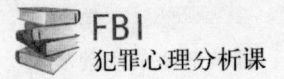

后一网打尽，揭露其背后的密谋。

FBI用这一方法也给那些大家族和真正掌控拳击业乃至娱乐业的人们设立了一个大圈套——FBI让埃蒂文在弗兰克斯的推荐和帮助下成为拉斯维加斯的焦点人物，而弗兰克斯原本是罪犯，警察给予了他假释，于是他帮助埃蒂文成为那些大家族中炙手可热的人物。这时，埃蒂文就顺着他们的想法去比赛。因为埃蒂文明白如果不顺着这些人的想法去做，而处处反驳他们的话，不但不会识破他们的诡计、揭露他们的骗局，还会功亏一篑，所以他做好了顺水推舟、以退为进的准备。无疑，在这一过程中他需要做的就是找到充分的证据，等待有利的时机。

最终，FBI成功地破获了拳击业里的这个案子，而且公开揭露了拳击业内的肮脏交易和骗局。当然，这种胜利是建立在FBI警察使用顺水推舟的博弈技法基础上得来的。在这个案子中，埃蒂文和弗兰克斯的命运也完全地发生了不同变化——埃蒂文成功地完成了FBI的工作，并且获得了荣誉，而弗兰克斯也因此被减刑。

通过这个案子可以发现，FBI警察在揭露骗局的时候，并没有处处反驳和推翻对方，而是采取了顺水推舟的博弈方式来谨慎行事。其实，只有这样才能找到更充分的证据，而找到证据后给予对方沉重的一击，真相也就会随之浮出水面。

可见，处处反驳并不能让对手屈服，还容易打草惊蛇，让对方有更加强烈的防备。FBI认为，在测试和识破谎言的时候，应该要给对方一些时间，顺水推舟，让事情有一定的缓和余地。在这样的情况下，警察们就可以以退为进，做到主动了。

FBI在审问犯人的时候，尤其是那些测谎专家往往不会像那些生硬的警察一样一开始就处处紧逼和反驳对方，而这些测谎专家大多会采取顺水推舟的博弈方法——有时候，欲擒故纵对揭穿谎言有很大的效果和作用。心理学家研究表示，相对于强硬的反驳和适当的迎合，人们都会选择后者，这是心理上的一种反射作用。没有人会拒绝甜美的赞赏，所以要想学会这种博弈方法就必须学会顺水推舟，以退为进，从心理上读懂对方的真实需求，从而顺利地识破对方的谎言。

顺水推舟的博弈方法，能够让 FBI 的警察自然而然地顺着对方的话语说下去，当然在这其中要明白自己的重任——识破谎言，所以要想办法让话题转移到对自己有利的方向和目标上。这种方式对识破谎言十分有效，然而要想取得预期的效果，FBI 认为人们应该注意以下两点。

1. 认清对方的心态，观察清楚对方的心理状况

对方的心态直接决定着 FBI 警察与之谈话的内容和方式。所以，要想顺水推舟地进行博弈就要把握住对方的心态，这样才能将接下来的事情进行得顺利。

2. 还要因势利导

很多时候，机会是需要被创造的，不能够一味地等待着机会自己降临。FBI 警察在与对手谈话的时候会很注重因势利导，尽量克服对方的抵触心理，并且会根据谈话来软化自己的立场。可以说，只有这样在顺水推舟的时候才能让对方更加信任你。而当对方对你产生信任之后，一切就都能够很好地进行下去了。在这样的情况下，FBI 会打探到更多的消息，而采取处处反驳的方式往往是不会得到这些消息的。

总之，有时候想要识破对方的谎言，需要的不仅仅是反驳他的观点，而且还需要顺水推舟，让对方说更多的话，而这样对方的谎言自然也就隐瞒不住了。

第五章
撕破伪装：狙杀罪犯的种种谎言

FBI资深心理学家研究发现，犯罪分子的种种掩饰都是针对他人的心理规律出发的，这也是犯罪分子屡屡得逞的原因之一。由于犯罪分子都具有很高的心理骗术，使得人们对一些骗局防不胜防。FBI除了要提醒人们多加防范，不让不怀好意的人利用人的心理漏洞之外，还提醒人们从自己的内心出发，建立缜密的思维逻辑，加强自身的心理防御修炼，以让自己在心理战中谋得胜利。

谎言的"开场白"

FBI 在侦破案件的过程中，面对的大多是与案情有关的牵连者。在案子尚未告破前，很难判定哪个人无辜，哪个人有罪。但可以肯定的是，没有谁愿意被案子牵涉其中。换言之，每个犯罪嫌疑人都有一个心理替身，帮助自己逃避 FBI 的审问。而这种心理对 FBI 而言，正是可以借助的弱势心理。

FBI 还发现，"经验丰富"的犯罪嫌疑人经过摸索和总结，形成了比较完整的说谎套路。他们知道如何说，更容易让 FBI 信任自己。识破犯罪嫌疑人惯用的说谎伎俩可以帮助我们迅速识别谎言。通常而言，谎言也有适合它的"开场白"。

美国加州西部发生了一起商业绑架勒索案。

阿密特集团主席费德勒的儿子劳伦斯在下班时，去大厦地下停车场取车，途中被人掳走。费德勒晚上接到绑匪电话，要他以最快速度准备2000万美元赎金。要撒谎求不许报警，否则撕票。

第二天一早，费德勒到集团第一件事就是筹集资金。但由于恰逢周末，银行结账期。银行一时之间没有这么多现金，无法周转，需要提前预约才行。这时，费德勒的妻子按捺不住了，偷偷报了警，她认为即使给了赎金，歹徒也难保不会撕票。

一接到报警电话，FBI 很快派探长奥布里带领两位探员赶到费德勒的家里，其中一名探员叫罗巴。

奥布里在费德勒家里装上监听设备，等待匪徒再次打来电话，以便通过监听找到匪徒电话的信号位置。果然，求财心切的匪徒打来电话催促快

第五章
撕破伪装：狙杀罪犯的种种谎言

点筹钱，否则就要撕票。由于通话时间太短，奥布里没有查到匪徒电话信号的位置。

费德勒夫妻俩非常担心，害怕儿子遭遇不测，想用赎金换人。

奥布里对费德勒说："千万不要给赎金！一旦交了钱，恐怕贵公子求生的希望更加渺茫，拿到钱的歹徒恐怕会很快撕票。对方现在拿不到钱，贵公子对他们来说还有用。我们是来帮你的，请相信我们可以救出你的儿子。下次匪徒来电话的时候，你尽量拖延时间。"

所有人都在耐心等待，两个小时过后，电话再次响起。

费德勒慌忙接起电话，匪徒叫他将钱准备好放在某个地点，稍后还有电话指示，费德勒和匪徒周旋了几分钟，似乎觉得声音有点耳熟。警方通过信号对接，录下了匪徒的声音，放了两遍录音，看看有没有线索。这时，FBI探员罗巴发现，费德勒有种惊讶的表情，似乎知道对方的来头。

罗巴对费德勒说："这声音你在哪里听过吗？是不是有点耳熟？"费德勒慌忙摇头："没有，没有……没听过。"

罗巴有点疑惑，问话时，支支吾吾的"开场白"回答，往往是撒谎的前奏。因此罗巴怀疑费德勒知道匪徒是谁。

于是罗巴把费德勒叫到一个拐角，对他说："你这样有所隐瞒会影响我们办案。时间已经来不及了，越往后拖延贵公子的危险就多一分，不要再浪费时间了，把你知道的一定要告诉我。这样才能尽快救出你儿子。"

此时，费德勒的妻子听见他们的谈话，哭哭啼啼地哀求费德勒："如果你知道什么线索就提供给警方，赶紧救救儿子吧！"

费德勒见已无法隐瞒，终于说了："电话里的声音有点像我一个叫伯德温的朋友。我知道他之前欠了不少赌债，亏空了公司所有的钱，近期董事会正要处理他。"

据此，罗巴推测此事与伯德温有所关联，并请求探长奥布里部署行动，让费德勒按照匪徒的指示去做。费德勒按照匪徒所说将赎金放在一个垃圾桶中，之后要他回家等电话。警方躲在隐蔽的地方紧紧盯着垃圾桶，不一会儿，一个十五六岁的少年准备取走赎金，当场被抓获。

警察将少年带到审讯室由罗巴协助审讯,少年似乎很害怕。

罗巴开门见山地问:"是你干的?"

少年战战兢兢地回答,眼神中充满了惶恐与不安:"是……是我干的。"

这样的语气,和费德勒回答"没有,没有……没听过"时如出一辙。罗巴推测,这样的"开场白"是撒谎的开始,少年并不是主谋,只是被利用,帮别人拿钱而已。

于是罗巴开始仔细询问,希望在少年口中得知匪徒的线索。少年很紧张,什么话也不说。罗巴安抚道:"别害怕,孩子,我知道这不关你的事,说说看,是什么人让你去拿钱的?"少年双手紧握,还是不说话。

罗巴继续说:"其实,你无须再隐瞒。你支支吾吾的开场白已经出卖了你。即使你现在不说,我们迟早也会将真正的犯罪嫌疑人绳之以法。到那时,恐怕你连转做污点证人的机会都没有了。况且,你不协助我们破案,我们就无法帮你,保护你的人身安全。指不定你背后的大佬正盘算着如何干掉你,杀你灭口呢。"

少年叹了口气,慢慢地放下了戒心,一点一点地说出了匪徒的外貌特征,以及拿到钱之后放在什么地方给他。套出真话后,警方立即行动,通过少年的描述以及配合,将匪徒抓获,解救了费德勒的儿子,匪徒正是伯德温。

那么,罗巴是用什么方法收集到匪徒的信息,步步紧逼,找到线索,以及用什么方法让少年与警方合作的呢?

首先,当罗巴发现费德勒神情异常,并且回答问话时的"开场白"不够流利顺畅时,他开始怀疑费德勒肯定知道什么,至少有什么线索可以提供给警方。于是,罗巴暗示费德勒,撒谎是没有用的,对破案没有任何帮助,还有可能害了他儿子,从而让费德勒说出自己所知道的信息。

警方抓住少年的时候,少年因为紧张而不知所措,有所戒备。其回答问题时的"开场白"和费德勒吞吞吐吐的表现如出一辙。罗巴据此推断少年不是主谋,并通过与少年的进一步沟通,告诉他这样做对自己没有任何

第五章
撕破伪装：狙杀罪犯的种种谎言

好处，并加以善意的言辞安慰，让少年知道自己的谎言不堪一击，从而与警方合作。

其实，在现实生活中，开场白远不止应用于商业罪案调查中。唯有及时击碎谎言者的"开场白"，才能防患未然，避免被骗。为此，FBI做出如下总结。

1. 开场白半真半假，真假话混着说

在大自然中，所有的动物都有它自己的保护色，以便不那么轻易地被自己的天敌发现。同理，谎言也有自己的"保护色"。而识别这层保护色最有效的办法就是从说谎者的"开场白"下手。谎言的"开场白"不只吞吞吐吐，而且常常半真半假，谎话里掺杂着真话。说谎高手惯用的伎俩之一就是，用真话掩饰谎话，真真假假，说半真半假的话混淆视听，让听者难以分辨，从而达到迷惑人心的目的。

举个简单的例子，在当今社会里不乏一些追求利益不择手段的医生。那些道德败坏的医生明知自己的病人得的是无药可医的绝症，却添油加醋地将病情讲给病人听，借机推销自己的药物，很可能这些药是你闻所未闻的，但医生却能举出某某病人吃了此药大病痊愈的例子来。治病心切的病人或其家属很难从中分辨哪句是真哪句是假，往往为了治病不顾一切，花再多的钱也认了，殊不知自己无形中花了冤枉钱。

2. 开场白亮出"私心"，丑话说在前头

FBI发现，那些善于说谎的高手，往往也是善于观察人心、洞察人性的心理学家。至少，他们多少都懂得点心理学。这些犯罪嫌疑人知道如何利用对方的心理。例如，他们往往在"开场白"中便直截了当地亮出自己的"私心"博取信任。事实上，这只不过是他们假的或很小一部分"私心"。开门见山地说出来只是为了掩饰自己真实的心理或更大的"私心"，有一部分，他们是不会说的。例如，导游带团到商场购物，通常会主动告诉游人，他们每买一件东西，自己都可以拿到回扣，但只有1%而已。这对游客来说，比起那些到处宰人还满口谎话的导游，眼前这名导游已再仁慈不过了，所以根本不会有抵触情绪，照常购物。游人们不知道，这位导

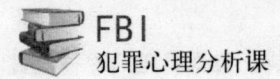

游其实每件可以拿到5%的回扣。这位导游正是利用了开场白，率先亮出了自己的小"私心"，换取了游客信任，从而获得更大的"私利"。

3. 开场白自我贬低，先抑后扬

很多人觉得，那些整天自吹自擂、口若悬河的人更容易撒谎。实则不然，高明的说谎家反而会与此相反。在开场白中故意自我贬低，目的是先抑后扬，这样可以在最初最大限度地降低对方的防范意识，更容易获得对方信任。等到博得信任后，才开始搞"大动作"。

不管是哪一种开场白，在FBI面前都没有生存的空间，因为有经验的FBI会将那些掺杂了谎言的开场白一击即中，不给犯罪嫌疑人撒谎的机会。

缜密的逻辑思维，是识别谎言的重要武器

美国联邦调查局的警官史蒂芬曾表示："犯罪分子都是非常狡猾的，即使他们知道警方怀疑自己，仍然会让自己镇定下来，因为他们总能编造出很多让人信服的理由，来掩盖自己的犯罪行迹，其目的就是减轻自己的罪行，逃脱法律的制裁。"其实，没有哪一个人会一生中完全不说一句谎话的。也就是说，这个世界上并不存在完美无缺的人，每个人一生中或多或少都会说谎。当你用"谎言"从别人那里得到自己需要的信息时，别人或许也在用"谎言"传递给你虚假的信息，让你做出错误的判断，以达到自己的目的。

虽然人们的心理变化是难以琢磨的，但是FBI却认为，人的心理活动变化是有规律可循的。对此，FBI在心理学方面投入了大量的时间和精力，对嫌疑人的谎言心理进行各种研究，目的就是识破嫌疑人的谎言，掌握其犯罪动机。而这一研究也被FBI警员运用在了工作中。很显然，FBI警员们不单单只是针对谎言，他们明白谎言背后往往是嫌疑人真实的心理状态，所以，通过谎言他们常常能察觉到嫌疑人的心理规律。

1997年夏天，FBI警员接到俄勒冈警部的信息，在俄勒冈附近的一个城镇里，发生了一起少女被害的案件，被害人是一名叫托维亚的17岁

第五章
撕破伪装：狙杀罪犯的种种谎言

少女。

案发当晚是周末，托维亚来到溜冰场消磨时光，但因为是新手，所以她溜冰的技术很差。当她一个人摇摇晃晃地拉着扶手向前走时，一不小心身子失去平衡，眼看就要倒下的时候，一名年轻的男子飞快地溜过来，扶住了她的身体，让她免受了摔倒的痛楚。

而这名给予托维亚帮助的男子不仅溜冰的技术非常好，而且长相俊美，风度翩翩，更让托维亚钦佩的是，他乐于帮助他人：他看到托维亚总是扶着溜冰场边上的栏杆，所以自告奋勇地教托维亚溜冰；他主动为托维亚做了示范，并为她讲解尽快学会溜冰的步骤。很快，托维亚就和这名年轻的男子成了朋友，她很放心地把手交给男子，并与之热情地攀谈起来。在年轻男子的言传身教之下，托维亚很快就学会了溜冰，即能够不扶扶手就简单地溜一小段了。

这时，托维亚已经把年轻男子列入懂得帮助他人、关心他人的热心人的行列了。因此，在溜冰结束后，当年轻男子提出护送托维亚回家时，她没有表示拒绝，而是欣然接受了男子的好意。于是，两人一路聊天行走，不知不觉之间，托维亚就跟着男子来到了郊外的森林边。但此时，托维亚还没有意识到危险正在向自己靠近。就在她谈论起自己的溜冰技术提高，让自己非常开心时，年轻男子左右观望，见四下无人，地点隐蔽，突然露出了狰狞的面孔。年轻男子不顾托维亚的反抗，将其暴力奸杀。

从整个案例中不难看出，不仅只是FBI对犯罪分子的心理规律有一定的了解，善于说谎的人同样对人们的普遍心理规律有一定的了解。从案例中年轻男子的做法上来看，他不仅懂得运用少女托维亚的心理变化规律，而且善于利用这一规律制造谎言，并以此来伪装自己的犯罪目的。其实，案例中的罪犯之所以能够欺骗少女，一方面是因为年少的女孩通常比较单纯，对人心的险恶不甚了解，而另一方面则是因为犯罪者能够觉察到少女的心理规律。而正是因为他能抓住这一规律，所以才能留给对方一个好人的印象，使得对方对其警惕心理有所降低，这才使他有了可乘之机。

FBI指出，在这一案件中涉及的心理规律，被心理学家们称为"第一印象效应"。也就是指，凶犯给受害者留下良好的第一印象导致了托维亚对凶犯产生了错误的思维定式，而凶犯懂得利用这一心理规律，让受害人对自己产生信任，从而达到自己的目的。在现实生活中也是如此，人们都会凭借第一印象去判断这个人的好坏。其实，很多高明的说谎者正是利用人们的这一心理规律，编造谎言，骗取他人信任的。

对此，FBI心理研究部还曾做过一个实验：FBI警员将试验者分成两组，两组成员都观看同一张照片，然后再将其分开。FBI警员告诉第一组人："你们刚才看到的照片，是一位屡教不改的凶犯。"紧接着，他们又告诉第二组人："你们刚才看到的照片，是一位著名的作家。"然后，再要求两组人按照照片上的人的特征，去分析其性格特征。

结果，第一组人运用了一些穷凶极恶的词语来描述照片上的人，并分析出照片上的人可能犯下了滔天大案；而第二组人却有着截然相反的描述，他们对照片上的人进行了赞美。面对同一张照片，两组成员看到的同样都是深陷的眼睛和高耸的鼻子，却得到了截然不同的答案——第一组成员评论道："你看他的眼睛深陷下去，说明他本身就藏着邪恶，而高耸的鼻子则代表他不思悔改的决心。"第二组成员则评论道："他眼睛深陷，说明其目光深邃，懂得深思熟虑；他高耸的鼻翼，则秉承了作家的坚强意志。"

通过这个实验，FBI得出结论：当人们在头脑中对一个人形成第一印象的时候，就会以"第一印象"为态度方向，去了解这个人，而这也是人们在人与人之间交往的过程中最基本的心理规律。也就是说，如果你抓住了这种心理规律，给别人留下良好的第一印象，那么在以后的交往过程中，对方就能以这种对你有利的心理规律去和你交往，发掘你身上更多的优点，而忽略你身上存在的缺点。与之截然相反的是，如果对方在第一印象中就给予了你否定，那么在接下来的交往过程中，对方就会忽略你的优点，而将目光投向你的缺点，并且会越来越讨厌你。

FBI指出，犯罪分子为了实行自己的犯罪活动，只能费尽心机地编造一些谎言，给他人制造良好的第一印象，让他人更加信任自己。事实上，

第五章
撕破伪装：狙杀罪犯的种种谎言

通过对很多犯罪案件的分析，FBI 指出，大部分犯罪分子给受害者留下的第一印象都是乐于助人、热心善良的正面形象，而他们的谎言也总能让人相信。这种通过谎言进行伪装的方法，在自然界中也很常见。比如，"黑寡妇"在与雄性蜘蛛交配之后，会咬死自己的伴侣；雌性萤火虫用美丽的荧光吸引到雄性萤火虫交配之后，会将其吞入腹中等。在 FBI 看来，那些高明的行骗者，也和这些动物一样，都是用谎言伪装自己，在人们面前树立正面的形象，以达到自己的犯罪目的。

在面对狡猾的凶犯时，FBI 总能戳破其"谎言"的面具——FBI 不会相信凶犯的任何推脱之词，只相信自己的逻辑思维。FBI 总能缜密严谨地对嫌疑人的每一个动作和言辞进行分析判断。而作案越多的人，往往越是说谎的高手。在 FBI 经手的所有犯罪案件当中，没有一个凶犯或骗子会忽略伪装自己的形象，而且他们往往懂得抓住别人的心理规律，用谎言刻意制造出自己正面的形象，小到穿衣打扮，大到言谈举止，没有一样不是经过精心的准备和设计的。而犯罪者这样做的目的，就是让自己显得更加可信一些。值得一提的是，他们通常会穿着华丽的外衣掩盖住"谎言"，来欺骗那些辨别能力低的人，特别是一些天真的少男少女们。

对此，FBI 认为，在社交场合中，那些所谓的一见如故、一见钟情，很多都是不可信的，而这些大多数还是因为"第一印象效应"产生的心理感受。事实上，在面对任何一个人的时候，FBI 都不会降低防范心理，FBI 警员总会用一种看似温和，实则锐利的眼光来观察面前的嫌疑人。在日常生活中，人们身边总是存在着很多不确定的因素，比如，你身边看似对你无害的人，可能是一个诈骗犯或杀人犯。因此，FBI 提醒人们，当你进行人际交往活动时，在一些社交场合中，不要轻易地相信对方。

言语难以包装真实的内心

两小时前快餐店发生一宗枪杀案，FBI 探员在慌乱中抓获一名疑犯，当时他正在厕所内，同时在水箱中搜获一支手枪。

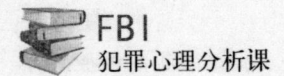
FBI
犯罪心理分析课

FBI探员:"完事儿后你在厕所藏匿凶器?"

疑犯:"没有,什么凶器啊?莫名其妙!"

FBI探员:"那你的手放在水箱上干什么?"

疑犯:"……"

疑犯:"我进去上厕所时,不小心滑倒了,手就碰到了水箱盖子……"

FBI探员:"那你进去都一分钟了,怎么还扶在水箱上?"

疑犯:"你要相信我啊,我只是拉链坏了,不小心滑倒了,腿又受伤了,想扶在水箱上按摩一下的……"

FBI探员:"你不要再解释了,我们已经对那支枪进行了检测,它射出的子弹完全跟一个小时前发生的一宗劫案的弹头吻合,所以我们怀疑你是杀人后去厕所窝藏凶器。"

疑犯顿时神色慌张,蹦起来言辞激烈地说:"没有啊,你们肯定搞错了,我没杀人啊,我真的没有杀人啊,我只是收了别人2000元,去拿那把枪啊……"

这时,FBI探员都笑了:"原来如此啊!"

FBI探员在短短几分钟内就拿到了口供,靠的就是对罪犯言辞模式的分析,让他在情急之下自己说出了真相。其实上述案例涉及我们常用来识谎的几种言语模式。

所谓言语模式,就是我们表达自我所使用的字眼儿,能够提供一个透视内心真实情感的窗口。当我们打算欺骗别人时,我们会使用自己认为可以产生真实效果的特定字句、措辞与句法结构,包括:直接引用别人的话回应、越描越黑、说溜了嘴的"真相"等。对此,FBI做出如下总结。

1. 直接引用别人的话回应

当FBI探员指控疑犯时,由于他毫无准备,惊慌错乱,来不及思考,就会套用对方的话,直接否定回答。这是为防止别人怀疑而最快速做出反应的方法。你可曾注意到,当你心不在焉时,你是如何应对一般的社交礼仪及客套话的?早上,你走进办公室,其中一个同事对你说一声"早安",你也回他一句"早安";如果那位同事对你说"嗨",你就回一声"嗨",

其实你根本没兴趣用大脑想，就照着他的话做回应。

2. 越描越黑

通常情况下，一个人如果说的是实话，那么他是不会在乎是否会被人误解的，相反，如果他竭力为自己开脱，那就是在掩饰自己内心的事实。

例如：当海伦问彼得在学生时代有没有作弊行为时，彼得可能回答：我没有。而如果他真的作过弊，却要说服对方相信他没有，他的回答可能会更明确、更斩钉截铁：我考试从不作弊。当然，确实从未作弊的人也可能会有相同的回答，所以必须考虑这个回答与当时交谈内容的前后关系，以及与其他线索之间的关联。如果某人强调他绝不会改变心意，这表示他其实摇摆不定，会受影响而动摇。他知道，只要告诉你"不会改变"，你就不会再提出要求，否则他一定会投降。

3. 说溜了嘴的"真相"

上述情境中，当 FBI 探员告诉罪犯已经证据确凿时，他急于为自己辩解，而不小心把事实真相说了出来。这就是下意识地泄露，表达了他内心的急切，真实的感受和意图。例如，苏珊原本要对老师说：我真的很用功、很努力，我花了一个晚上才把功课做完。结果由于心慌却说成了：才把功课抄完。

语言的表达方式也直接暴露了对方的内心状态，通常一句话中强调的字词不同、语速不同，往往所传达的意义也完全不同。

4. 声调速度

说谎者由于承受着极大的压力，而处于紧绷状态，声音会下意识地提高，但音调平板，缺乏抑扬顿挫。同时，反应的速度可能比平时要慢很多。尤其是涉及态度或信念等一些抽象的问题时，对方的回应速度更关键。

例如，问一个人与某些人共事、为某些人服务是否会感到不自在时，回答者花越长的时间回答"没有""不会"，那么越有可能是在说谎。因为存有偏见的人需要较长时间考虑问题之后才会说出答案，他们试图说出听起来似乎更"正确"的答案。

5. 反应过度

当你在怀疑某人的言行而直接提出自己的看法时,对方会直接挂掉电话或言辞激烈、怒气冲冲地反驳,这说明他在试图通过这种方式来掩饰自己的真实想法,才用这种有挑衅意味的表达方式来强化他的立场。

6. 我才不会做这种事

当你问某人:"关于昨天的谈话,你说的都是真的吗?"如果你得到的答复如下,可得留心了:当然都是真的,我绝对不会骗你。你知道我对说谎这种事很反感。或者如以下的对话:"你可曾盗窃或盗用公物?""没有。我认为盗用公物是最糟糕的一件事,我不会做这种事。"又或者:"你可曾骗过我?""你知道我痛恨类似欺骗这样的行径,这种行为很缺德。"

说谎者在找不到任何有力证据时,为了证明自己清白无辜,常会提出虚构的信仰理念,以使别人明白他的坚定和所谓的人品。其实则不然,坚定的外表下隐藏着一颗很有城府的心。

不经意间的动作,往往是谎言的泄密者

一个明星控诉富家子趁他醉意时强奸了自己,FBI涉入调查。

回放录像时FBI探员发现:在酒吧,女明星和富家子在近一个小时的聊天中,一直在晃动脚上的鞋子,在不经意间她还做了3次用手整理耳边头发的动作。而他们的腿靠得很近,膝盖甚至有些轻微碰撞。当他抱着她进房间时,她很抗拒,但侧边走廊的镜子照到她微笑的脸。

由此,FBI断定女明星是在有意陷害。原因是晃动鞋子是一个诱惑性行为,普通社交场合不会出现这样的行为;拨弄头发表明女明星很在意富家子对她的看法,她想给他看到最好的一面;至于镜子里的微笑,很显然那是目的达成了的得意的笑。

分析到这里,FBI毫不客气地对这名女性说道:"所有的一切都是一个圈套,不是吗?"

面对突如其来的问题,女明星有些不知所措,怔了半天后低声问道:

第五章
撕破伪装：狙杀罪犯的种种谎言

"你们是如何知道这一切的？"

"出卖你的是你的肢体语言。拨弄头发、摇动的双腿，你这一系列的动作，已经告诉我们，你控告他强奸是一个圈套而已。"

弗洛伊德说过："任何一个感官健全的人最终都会相信没有人能守得住秘密。如果他的双唇紧闭，而他的指尖会说话，甚至他身上的每个毛孔都会背叛他。"

我们不妨做个简单的实验：面对面地告诉别人一个精心编造的谎话，同时有意识地抑制所有的肢体动作。你会发现，即使你控制住了比较明显的肢体动作，但是无数细微的动作仍然会下意识地冒出来。比如身体不自然的绷紧或细微的抖动，眨眼的频率从每分钟10次增加到每分钟50次等，所有这些细微的身体反应都显示出你在撒谎。

很多人用花言巧语来欺骗别人，但是他的身体已悄无声息地暴露了自己，这就需要我们掌握更多的身体线索。为此，FBI做出如下总结。

1. 身体不会说谎

我们在跟一些朋友相处时，当需要征求他的意见或看法时，他手脚贴近身体，或是交盘着，而不是向外伸展，这说明他是有所保留的。他之所以手脚交盘是因为他有较强的防卫心态，如果对方充满自信，那手脚自然会伸展开。因为当我们缺乏安全感时，就会下意识地缩成胎儿状，以保护自己。

2. 抓挠耳朵

查尔斯王子在步入宾客满堂的房间，或者经过熙攘的人群时，常常做出抓挠耳朵和摩擦鼻子的手势。这些动作显示出他内心紧张不安的情绪。然而我们从未在照片或者是影像资料里，看到查尔斯王子在相对安全私密的车内做出这些手势。

当我们在看到别人抓挠耳朵、摩擦耳郭背后、拉扯耳垂、盖住耳洞或掏耳朵时，这都是在掩饰他们内心的紧张和不安，借此来平衡内心的情绪。

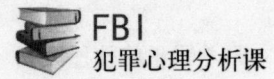

3. 快速地耸肩

西方人爱用耸肩来传递一种信息：我不知道或我不在乎。但是如果你看到对方耸肩的动作非常快，这表明他希望通过这种方式来平衡自己的语言，让别人相信自己所讲述的。其实他根本就是在掩饰自己的真实想法，所以会不自禁地快速耸肩。

4. 抓挠脖子和拉拽衣领

德斯蒙德·莫里斯研究表明，抓挠脖子和拉拽衣领是经常在说谎者身上看到的动作。因为撒谎者虽然话语平静，但是心里充满不安，就会使敏感的颈部神经组织产生刺痒的感觉，于是人们不自觉地就会抓挠脖子，拉拽衣领。同时因为他们很紧张，怕谎言被拆穿，所以也通过这个动作来"自我安抚"。

当对方口头上说"我非常理解你的感受"，同时他却在抓挠脖子，那么我们可以断定，实际上他并没有理解。因为他说的和做的手势完全不同，矛盾表现得就更明显了。

在谈话交流中，我们要善于运用上述线索来观察对方的下意识动作，进一步判断对方当时的心理状态，如果发现他说的和做的截然相反时，我们就要提高警惕了。当然了，也不必要揭穿，沉着应战，继续交谈，才会套出更多有利信息。

心理暗示掩盖下的真相

心理暗示在审讯和平时生活中都很常见。FBI为了让真正的主谋落入法网，会暗示帮凶说出实情或转为污点证人；暗恋女生的男生会时不时地找机会向女生暗示对她的爱慕之情；病人在手术前，医生会暗示他疾病不可怕、手术不会痛来鼓励对方勇敢面对……暗示每时每刻都在不同程度地影响人们的心理活动。

而在暗示那一刻，对方的潜意识往往会出卖自己的真实心理活动，这是无法被掩盖和涂抹掉的，它具有超强的记忆存储功能，就像一个巨大无

第五章
撕破伪装：狙杀罪犯的种种谎言

比的"仓库"，储藏着变化莫测的微反应和所有的思想认知。

美国底特律市的某幢购物大厦发生了一起纵火案。案发时，FBI警员唐纳德正在该栋大厦与太太购物。

唐纳德接到上级指示后，立刻冲出去寻找犯罪嫌疑人。

当他发现一名身穿蓝色牛仔裤和白色T恤的男人低着头正匆忙往出口走时，立即用手中的呼叫器提示工作人员拦截大厦的出口通道，并召集警卫来帮忙。

目前只知道此人衣着与嫌疑人相似，行为举止胆怯。唐纳德如何才能准确逮捕目标而不打草惊蛇呢？

他突然想到，可以通过语言暗示，通过对方潜意识本能的反应去判断纵火案是否与他有直接联系。

"就是你！别动！"唐纳德大声朝着嫌疑犯的方向喊。男人头也不回撒腿就跑，并且跑得更快了。正是"突然加速"这一动作使唐纳德确认，此人一定与纵火案有关。

在审讯室，唐纳德与嫌疑犯面对面坐在2000勒克斯刺眼的灯光下，似乎这高强的灯光可以照穿人心一样。唐纳德严肃地问："为什么在大厦纵火？"嫌疑人表情十分惊讶，并笃定地说自己没有纵火。但从其飘忽不定的眼神中，唐纳德看出了他的心不在焉。

3分钟后，一名警务人员走进来递给唐纳德警官一张纸条，上面写着"半小时前，在被纵火大厦的4层发现一名女死者，初步检查是被人用双手掐死的"。

唐纳德抬起头看着眼前的男子，发现他始终心不在焉地双手合十，眼神却不在自己的两只手上。唐纳德突然明白了一切事情的缘由。他立刻站起身来，迅猛地扯出男人的一只手，攥住他的手腕，并暗示："你想让我拆穿你这双手的罪行吗？"

显然，如果男人真的是罪犯。那么，这一暗示足以向男人表明其谎言已被揭穿，无法再掩饰下去了。

男人觉得事情败露，拼命挣扎，试图摆脱那铁一般的证据——掌心，

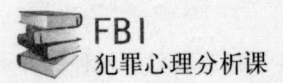

并说出了一切:"我不是有意的,我不知道我的力气太大了……我真的不是有意的!她不听话,我没想到力气这么大,我真的不是……"

唐纳德之所以能在这么短的时间戳穿犯罪嫌疑人的谎言。正是通过暗示,试探男子潜意识中的本能反应。第一个暗示是男子犯案、纵火后急欲潜逃,正巧被唐纳德撞见。唐纳德的一句"就是你,别动",如果男子和案件有关,听到这句话后的反应一定是加快脚步迅速逃跑。第二个暗示是男子在审讯室,死不承认作案,唐纳德的一句"你想让我拆穿你这双手的罪行吗?"向男子暗示出"我已经知道一切了"的信息。男子的谎言才不攻自破。

在我们的朋友圈中会有各种性格的人。想了解一个人是否在撒谎,是非常困难的一件事,因为每个人都可以控制自己的行为举止甚至细节化到表情神态,来掩饰自己内心的恐惧慌张。但是我们可以通过暗示,观察对方的潜意识是否暴露出出卖对方真实心理的微反应。对此,FBI 做出如下两点总结。

1. 透过暗示找出真相

当你想确认一个人的话是真是假时,通过语言,可以激活他的潜意识,通过它潜意识的本能微反应,可以判断他的所有心理活动。

FBI 发现,暗示会使犯罪嫌疑人的潜意识变得脆弱。由于他的潜意识在发挥作用,你可以通过一些暗示性的语言引导谈话,借以观察这个人的微反应,这是最好的判断此人是否撒谎的时机。因为潜意识不能被改变,它只会被暗示左右。

另外,当潜意识发挥作用时,人们常常有意无意地做出自己可能无法避免的行为,因为在那个时候每个人的身体动作已经不再受大脑所控制,而是被自己的潜意识控制。

2. 暗示分为自暗示和他暗示

自暗示是指自己使某种观念影响自己,对自己的心理施加某种影响,使情绪和意志发生改变。例如,一个不自信的犯罪嫌疑人在说出供词时觉得已被 FBI 识破,此时 FBI 继续盘问,那么接下去的问题如何作答(说实话还是继续隐瞒）需要犯罪嫌疑人立刻做决定。通常情况下，这时犯罪嫌疑人就会自我暗示：我说的都是真的，照这样说就不会有事。这就是为了自保的自我暗示。

他暗示是指个体与他人交往中产生的一种心理现象，别人对自己的情绪和意志发生作用。如 FBI 在审讯过程中一般会加以引导，努力劝服犯罪嫌疑人说出真相——如果你跟警方合作，说出真相，警方会在……方面帮助你；如果你还不说真话，警方会……只要暗示得当，犯罪嫌疑人就会不自觉地接受 FBI 的各种暗示。

透视空间距离，有效避免被人蒙蔽

瑞德的情人凯瑟琳被害，FBI 探员将凶犯锁定在了瑞德身上。在审问瑞德时，他矢口否认，并声称他们根本不认识。不过，警方很快就找到了一些他们二人之间曾有过接触的录像。

录像中，瑞德与凯瑟琳共乘电梯，看似陌生人，但从很多方面观察可推断他们二人有很密切的关系，于是探员就以个人空间距离为线索找到了突破口。

FBI 探员说："首先，凯瑟琳很轻松地交叉腿靠向瑞德站的那一边，这样的站姿表示旁边有一个人很值得她信赖，她觉得很自在，很安全；另外凯瑟琳的身体偏向瑞德那一边，这说明他们关系亲密，她对那个人有偏爱。

"其次，他们的站位说明他们之间有不可告人的秘密。在乘坐电梯时，如果只有两个陌生人，那么他们会尽可能地保持最大的距离。但是他们二人却靠得很近，低于 45 厘米，已经侵入了各自的私人空间：侵入亲密空间而各自都很坦然，这只有在情侣或亲朋好友之间才会出现。在电梯中，瑞德与凯瑟琳虽然装作不认识，但根据这些我们就足以断定他们之间的情人关系。"

上述情景中 FBI 探员是利用了每个人的空间心理：当一个人到了一个

陌生环境，为了找寻安全感，他往往会靠墙站立，而且会尽可能地与他人保持最大距离。

如今，有很多女孩儿哭诉，抱怨自己的闺密成了自己的情敌，当知道时却为时已晚；还有一些人在生意红红火火时，最好的朋友却背叛了自己，一直都是貌合神离。类似的事情还有很多，其实，掌握一些空间距离与心理，学会通过空间距离来透视与你交往的人们之间的关系，拆穿他们的关系谎言，那么就可能避免这种心灵的伤害。

通常情况下，当两个人拥抱时，他们的胯部距离会暴露出他们真正的亲密程度。一般情况下，情侣们在靠近彼此时，习惯紧贴着彼此的身体，以此显示对恋人的亲密。但如果是出于礼节性地拥抱问候时，我们的骨盆部位都会保持在15厘米以上。如果有人说：我跟她根本不熟悉。但在做礼貌性问候或告别时，身体毫不忌讳地紧贴着对方，那么就可以断定他在说谎，他们之间肯定有暧昧之情。

人与人之间有4种空间距离，第一种是公众距离，相距有360厘米这么远；第二种是社交距离，就好像我们隔着桌子这样的距离，从120厘米到360厘米不等；第三种是个人距离，在45厘米到120厘米之间，在条件允许的情况下，45厘米是彼此陌生的两人之间最低限度的距离，低于这个距离，那么彼此之间就会感觉不舒服；第四种是私密空间，在45厘米以下，可到达零距离。

在这几种空间中，只有与我们特别亲近的人或动物才能进入各自的私密空间，例如我们的恋人、父母、配偶、孩子、密友或宠物等。如果是陌生人，除非在人多拥挤的情况下，否则都会保持在个人距离之内，甚至更远。

拥有属于自己的一席之地是我们内心最深处的渴望之一。正是这种渴望让我们获得了我们所需要的个人空间。审讯员在审问罪犯时，就常常采用入侵个人空间的技巧来摧垮犯人的抵抗心理。他们让犯人坐在硬邦邦且没有扶手的椅子上，让他身处空荡荡的房间中央，并不断地接近他的个人空间，甚至是私密空间，直到他肯老老实实回答问题为止。

第五章
撕破伪装：狙杀罪犯的种种谎言

其实，在生活中我们也可以借用这种技巧达到自己的目的。如作为老板，我们可以偶尔侵入下属的个人空间，在气势上压过对方，从而让对方在心理上服从于你。如果是一对恋人，那么在正式确立关系之前，你不妨试探性地进入对方的私密空间，如果在你靠近时，对方急忙后退并与你保持一定距离，那就说明你的亲密试探遭到了拒绝。反之，如果对方站在原地没动，而且也尝试地靠近你，说明他（她）对你有好感。

透视别人之间的空间距离，不仅可以识破谎言及时避免被人蒙蔽，还可以了解无形无声的信息，同时，注意不断地调整自己与别人之间的空间距离，会加剧彼此间的和谐关系。

适当的语言刺激，能让你察觉谎言

如果一个人刻意隐瞒某件事，该怎样去找出其中的真相呢？FBI每天都在为这个问题而忙碌，努力寻找揭破谎言的方法。如今FBI有了一整套有效地侦破谎言的技巧，如果能够灵活地运用它们，几乎没有人能隐瞒了。特别是在一些有效的语言刺激之下，罪犯们纷纷在不知不觉中泄露着他们的秘密。

在审讯室里，FBI的特工人员正在审讯嫌疑人。这名嫌疑人是个小心的男子，他正在回答FBI的问题，每个回答都显得极为谨慎。他有充分的证据证明自己不在现场，而且他的言辞也很真诚。但是FBI仍然不停地问着问题，这些问题貌似十分随意。

FBI问："如果你参与本案，你会使用枪吗？"男子笑答道："怎么可能？"FBI说："难道你会像电影里面播放的那样，使用碎冰锥吗？"

此时，FBI看到男子的眼皮明显地耷拉了下来。这位特工立刻明白了其中的意义。从那一刻起，这名男子就成为该案件的第一嫌疑人。后来事实证明这个男子就是凶手，而碎冰锥就是这起案件当中的作案工具。

这名讯问嫌疑人的特工，就是在FBI当中以研究身体语言而享有盛誉的乔·纳瓦罗。乔·纳瓦罗认为，在侦讯的过程中，采取一些言语的刺

激,然后结合对方的微表情及微动作反应,可以识破谎言。这一观点被 FBI 作为重要的侦讯方法记录在特工训练课程当中。

适当的语言刺激,可以让说谎者产生焦虑、紧张的情绪,而这些情绪往往会通过一些细微的语言、表情及动作反映出来。

实际上,在日常生活中,也可以运用这样的技巧。比如有位先生买车时,可以这样问卖主:"关于这辆车,还有什么需要告诉我的吗?"这样的问话会让卖主内心产生一些想法:莫非他发现了什么?有时候卖主会表现得很紧张。如果你发现这辆车有点问题,而卖主没向你提起过这个问题,那么,你就有理由怀疑卖主是否诚实。

适当的语言刺激可以帮助你发现一些谎言,当然,在语言刺激的过程中,有必要观察对方其他方面的反应,对各种蛛丝马迹进行参考,这样才会让你更准确地了解对方的心理变化情况。

在语言刺激的过程中,说谎者往往会做一些小动作,比如玩弄头发、摸鼻子等。因为在一些突如其来、令其为难的语言刺激之下,会让说谎者内心感到紧张与不安,而习惯性地采用这些适应性动作,以缓解负面的情绪。

一般来说,语言刺激最好在交谈过程的中间时段进行,这样可以通过对方前后时段的语言及行为表现看出一些端倪。如果对对方进行语言刺激之后,对方的回答依然有条不紊,与之前并没有太大的差别,则对方可能并非说谎者。而如果在语言刺激之后,对方的回答较之前的表述显得更加简短,并且所述细节比之前少时,则要注意对方可能正在说谎。

通常说真话的人会说出越来越多的事情细节来支持自己的解释,而不会越来越少。在被问到难以回答的问题时,说真话的人通常会转移目光看别的地方,因为他们在集中精神思考;说谎者则很少这样看,即使转移目光也会很短暂。

在研究中,FBI 还注意到,说谎者会试图掩饰自己的反应,结果在语言刺激之下更容易露出狐狸尾巴,因为说谎者虚构故事,并且要说得令人信服,本来就让他们的大脑产生了很高的"认知负荷"。而语言刺激等于

第五章
撕破伪装：狙杀罪犯的种种谎言

进一步增加说谎者的"认知负荷"，这些突如其来的"负荷"往往会让人们的大脑难以承受，以至于内心状态出现失衡，最终让说谎者因受不了这种刺激而露馅。

关于语言刺激的提问方法，FBI指出最好从一般性问题开始，然后问需要尽可能多提供细节的开放性问题。在开始的时候，对方试图回答问题，无论说谎与否，都不要打扰，让他们尽情地自圆其说。可在交谈的中部进行语言刺激的提问，这样可以让对方出现慌乱，露出破绽。

FBI认为语言刺激是一把双刃剑，一方面它可以让你更轻松地发现谎言，另一方面它可以被别有用心的人用于做一些不道德的事情。如今越来越多的政府官员也都倾向进一步使用语言刺激来实施一些阴谋与政策。从某种意义上说，几乎所有的演讲者都在进行语言刺激，这些演讲有好有坏，不可一概而论。

语言的刺激可以让你发现谎言，而有时运用谎言还能刺激罪犯，从而帮助警方更快地破案。

某博物馆遭到盗贼的偷窃，10多件极具收藏价值的珍贵藏品不翼而飞。根据警探的现场搜索与分析之后，认为这绝不是一个人干的，而是团伙盗窃，而且这个团伙中的人必定都是行家，破坏警铃、开保险锁、车子接应，加上在中途换车，有条不紊，丝丝入扣，这样推算起来，最少有5个人参与这起博物馆盗宝行动。

警方除了推断出这是团伙盗窃案之外，并没有找到其他的线索，所以根本不知道这些人都是谁。于是，政府开始悬赏，希望民众提供有价值的线索。而博物馆的馆长也接受了电视访问，希望得到民众的帮助。

馆长面对媒体，颤抖着说："13件全是精品，尤其那枚翠玉戒指更是举世无双，爱珠宝的人千万不能收藏，迟早会被发现的！"他瞪大了眼睛说，"因为那枚戒指太好了，什么人都能一眼就看得出是价值连城的宝贝。"

博物馆馆长发表这次讲话之后，没多久警方就侦破了这起案件。原因是这个盗窃团伙内部不和，造成火并而被发现。虽然他们计划周详，没留

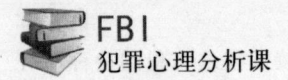

下任何线索，但没想到最终在成功逃过了警方的视线之后出了问题。

有名受伤严重的窃贼躺在床上吐露了事情发生的经过："当时由我和另外一个人进去，我们只偷了 12 幅画，根本没有什么翠玉戒指，可是外面的几个人不信，非要我们把戒指交出来，后来连我朋友都认为是我独吞了。"这名窃贼尽管伤得很严重，但仍然大声喊着："我没有拿！我真的没有拿！你们要相信我！"

在一边验收 12 幅画的博物馆馆长笑道："我相信你！感谢上天，这些画完整无缺地回来了。至于翠玉戒指，唉！我们馆里什么时候有过翠玉戒指呢？"

一众尚有知觉的窃贼听到馆长的话都傻了眼，他们疯狂地大叫："你这个魔鬼，说谎的魔鬼，上帝不会饶恕你的！"这真是应了一句古话：欺骗他人的人，必将被他人所欺骗。

仅仅依靠一句话，就可以勾动人们心中各种复杂的东西，包括欲望、情绪等，这就是语言刺激之下的威力。我们不知道在语言刺激之下，人类内心最大的变化程度会是怎样的，但是在过去的有限的研究时间里，FBI 通过大量的侦讯实践过程，得到了第一手的研究资料。

真相就埋藏在人们的心中，要怎样把这些真相挖掘出来呢？FBI 认为真相就好像埋藏在土地下的宝贵矿石，你要得到它，就必须运用一些工具，而语言刺激就是一把铲子、一辆挖掘机、一座钻井平台，它能帮你将埋藏在人们内心深处的真相挖掘出来。

刁钻的盘问让说谎者无言以对

灵活的盘问能够有效打乱说谎者的阵脚，特别是一些刁钻至极的问题，往往如同无形的匕首，能够迅速地击溃说谎者的心理防线。FBI 在培养特工时，特别注重盘问技巧的培养。要做一个好的 FBI，应该学会提出好的问题，特别要善于提刁钻的问题。

在某件严重伤人案的审理过程中，几封据称是原告女儿写给被告的信

第五章
撕破伪装：狙杀罪犯的种种谎言

引起了疑问。原告的女儿坚决否认自己写过这些信。而被告的辩护律师把盘问焦点锁定在这些信件上，并请求著名的字迹鉴定专家做证。在法庭上字迹鉴定专家宣誓证明曾仔细研究过这几封信，并比对过笔迹，证明这些信件确是原告女儿所写。被告的辩护律师见此，便想再提供一些信件作为证据，精明的检察官对字迹鉴定专家询问了若干问题。

检察官问："专家先生，据我所知，您只拿到一份这位女士的真正笔迹，而您就以这唯一的物证下结论，不是吗？"

字迹鉴定专家回答："是的，检察官先生。我只看到过这份笔迹，不过这封信很长，给了我充分的机会去比对。"

检察官问："但是如果有更多的信件让您做比对，是不是意味着结果会更准确一些呢？"

字迹鉴定专家回答："噢，那是当然！我手里的样本越多，我的结论就越有价值。"

于是检察官从纸堆里抽出一封信，遮住签名部分，交给字迹鉴定专家："那么您能否看看这封信，告诉我们它是不是出于一人的笔迹？"

字迹鉴定专家仔细地检查了几分钟："是的，检察官先生，我敢说这是同一种笔迹。"

检察官不置可否地问道："那么，一个人在不同的情况下，用不同的笔，不是会写出不同的字迹吗？"

字迹鉴定专家回答："噢，是的，先生，它多少会有所差异。"

检察官从他的资料夹中抽出第二封信，同样遮住签名部分，交给字迹鉴定专家："麻烦您看看这封信，然后和其他信件比较一下。"

字迹鉴定专家仔细查看了该信件之后，回答："是的，这是同一种笔迹的变形。"

检察官问："您愿意告诉我们说，这是出于同一人之手吗？"

字迹鉴定专家答道："是的。"

检察官从他的资料夹中抽出第三封信，同样遮住签名部分，交给字迹鉴定专家："很抱歉这样打扰您，麻烦您再看看这份样本是不是这位女士

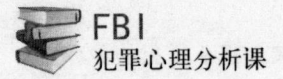

的笔迹?"

字迹鉴定专家很仔细地检查它,离开证人席,走向窗户,然后有些不自信地回答:"是的,先生,你知道我不敢说这就是事实,这只是我的意见而已。"

检察官很和蔼地说:"我当然了解。但是,就您的专业而言,您是否诚实地认为,这3封信都是同一种笔迹?"

字迹鉴定专家点点头回答:"我敢说是的,这是我诚实的意见。"

检察官说:"那么,先生,您是否可以掀开第一封信上我刚才遮住的签名部分,告诉我们的陪审团上面的签名?"

字迹鉴定专家打开信看看,很得意地念:"伊拉·罗姆(原告女儿的名字)。"

检察官说:"麻烦您打开第二封信,将名字念出来。"

字迹鉴定专家打开信看看,慢慢念道:"威利·荷迪克(原告的名字)。"

检察官说:"现在请您将第三封信作者的名字念出来。"

字迹鉴定专家打开信看看,有些犹豫,很难为情地念道:"弗瑞兰·埃迪森(被告的名字)。"

检察官通过巧妙的盘问,证实字迹鉴定专家的证词不可信。自此被告的辩护律师便绝口不提这几封作为证据的信件了。

刁钻巧妙的盘问能够最快地戳破谎言。但要做到这一点,需要多方面的能力与素质结合起来。FBI认为,杰出的盘问者需要出众的天赋、逻辑思考的习惯、清晰的常识判断、无穷的耐心和自制力、透视人心的直觉能力、从表情判断他人个性的能力、察觉他人动机的能力、强而准确的行动力、和主题有关的丰富知识以及一丝不苟的细心,还有最重要的是必须具备通过盘问发现对方证词弱点的本能。特别是在取证的过程中,高明的盘问技巧能够帮助FBI从各种杂乱无章的讯息中找出最可信的证词。

在1920年著名犯罪学家沃·里斯特教授就在其课堂上安排了一场试验。一个高年级的学生和一个低年级的学生发生了争吵,高年级的学生突

第五章
撕破伪装：狙杀罪犯的种种谎言

然取出手枪要射击对方，低年级的学生奋力抢夺手枪。突然，枪走火了，所幸的是没有人中枪。几分钟后，沃·里斯特告诉受惊的学生们，他们有义务向警方提供证词。结果沃·里斯特发现，学生的证词平均发生80%的错误，最好的一位有26%的重点细节发生错误。沃·里斯特导演的试验告诉我们，即便是目击证人，其证词的可靠性也有待于检验。

FBI认为，证言的真实程度往往受其道德品质、正义精神、所处环境、情况来源、辨识能力、文化程度、年龄大小以及与被证人有无利害关系等多种因素左右。即使是最诚实、最善良、最有正义感的证人，他的证言也可能与事实不吻合，因为人是通过自己的感觉器官来感受一定的事实，并将其保留在记忆中，然后才能回忆和反映出来。而证人的视觉、听觉、味觉、嗅觉、触觉、敏感性、观察力、感受力、辨别力、记忆力等生理和心理特性，都不可避免地影响其证言的可靠性。因此，在侦讯过程中，FBI要有敏锐的质疑能力，甚至要进行多番盘问来验证证词的可靠性。

在盘问过程中，要善于发现对方的异常表现，还要注意揭露对方陈述中的逻辑矛盾。不能等待对方陈述出现错误，而应该主动出击，围绕着诸如何时、何地、何职、何人、何因、何事、何果、何种行为方式、有何特别细节以及证据来源可靠性等问题展开连番不断的询问。面对这种狂轰滥炸式的盘问，笨拙的人在做伪证时常会以不同的方式露出马脚：特别的声音变化，茫然的眼神，紧张扭动的身躯，尤其是一些与其身份不符的语言的使用。

通过连番盘问之后，有些说谎者往往会陷于自相矛盾的困境，还事实本来面目。而巧妙又有力的发问可以直接影响侦讯的气氛，使对方压力大增，使你更主动地把握争议点，这将有利于更进一步了解事实真相。

当然，盘问不能乱问，每个问题都需要经过理性思考，这样才能保证收集到有效的信息和证词。对不同的证人要使用不同的询问方法，根据不同证人的性格、职业、习惯、爱好、修养、意识偏好、政治主张、年龄、出生地等因素实施有针对性的询问策略。

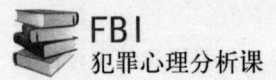

说谎时,表现出异常的语言行为

　　一名年轻女子临时被公司要求加班,加班结束后,她走出公司没多远就遭到了一名男子的非礼。男子企图非礼她,可是由于女子大声呼救引来了路人,所以他没有得手。女子报警后,FBI 从女子和当时的目击者口中得知,这名男子穿着西装,个子很高,身材偏瘦。由于男子从后方抱住了女子,女子没能看见他的脸,但女子告诉警方一个重要信息,该名男子的身上有一种男士古龙水的香味,她似乎在哪里闻到过,但一时想不起来了。根据女子提供的线索,FBI 推测男子与女子相识,而当天女子临时加班到很晚,这名男子既然知道她下班的时间,那么应该是与她同公司的人。

　　第二天,FBI 来到女子所在的公司,首先对与女子同一天加班的 5 名男子进行了调查,先排除了两名个子比较矮的,又排除了一名身材比较胖的,剩下的两名从离开公司的时间上来看,都与女子遇到非礼的时间有很大出入。但是 FBI 注意到,其中一名男子经过身边时,他隐约闻到他的身上有古龙水的香味,于是试探道:"你喜欢用古龙水?"男子点头承认。FBI 又对男子提了几个问题,每一个提问都表示他非常怀疑该男子,该男子显得有些不耐烦,于是故作轻佻地说:"开什么玩笑,我怎么可能对那种既没身材又没长相的女人有兴趣呢?"

　　FBI 在调查时并不曾说出受害人的身份,只提到昨夜附近有一名年轻的女子受到了非礼,希望附近的单位配合调查,男子又是如何得知受害人身份的呢?很明显,他就是非礼女子的人。

　　在 FBI 的咄咄逼问下,他终于承认非礼女子的人确实是他。那天他故意留下与女子一同加班,并比她提前一小段时间离开,之后一直躲在一个角落里。等女子走出公司大楼后,他便尾随其后,然后实施非礼。

　　在很长一段时间里,FBI 想要得到一些人们在说谎时最直接的语言证据。根据大量的研究分析,FBI 认为最有价值的、能直接证明对方在说谎

第五章
撕破伪装：狙杀罪犯的种种谎言

的语言证据，就是一些异常的语言行为表现。然而，实际上这些语言证据因为比较直接和明显，对极为精明的说谎高手而言，通常能够轻而易举地做出掩饰。但是，在大量的侦讯过程中，FBI发现这样的说谎高手只占极少数，大多数的罪犯都没有想到这些语言上的异常表现正在泄露他们的秘密。

根据一些研究，FBI发现很大一部分说谎的人，在说谎时总是会不自觉地扯开嗓门，慢条斯理地讲话。尽管他们讲话的速度并不是很快，似乎有条不紊，但他们总免不了出现一些口误。为了尽量帮助自己整理谎言的条理性，弥补谎话的漏洞，他们通常会利用一些语言上的小技巧，比如重复句子帮助自己回忆之前说过的话，或者改变话题以混淆倾听者的耳目。有些人在说谎时还会反复地说"嗯、啊、哼、哈"之类的词。在说谎的时候，人们还经常会在谈话中卖关子，以减少露馅的可能性。

说话的速度也可以提供一些有关说谎的线索，通常是以不同于这个人平常说话的方式出现的。一般来说，着急的、说话快的人在说谎时，由于着急的程度会加剧，往往会放慢说话的速度。然而，那些通常不着急的人在说谎时，一般会说得比平时更快一些。

经过大量的研究分析，FBI认为在说谎时有一些语言上的异常行为具有共性。似乎所有的说谎者都选择这样做，以降低谎言被揭破的风险。对此，FBI做出如下总结。

1. 与自己无关

说谎者在叙述的过程中，很少提及自己的事情，似乎想尽力地将自己从事件发生的过程描述中剔除，而他们基本上不提自己或别人的姓名。有心理学家特别指出这一点，人们在说谎时会自然地感到不舒服，他们会本能地把自己从他们所说的谎言中剔除。事实上，很多犯罪嫌疑人在还没有被指控之前，描述虚假的案件发生经过的时候，也会在话语中淡化自己的形象。

在日常生活中，你也可以感受到说谎者的这一特点。如果你向某人提问时，他总是反复地省略"我"，他就有被怀疑的理由了。当你问朋友，

昨晚为什么不来参加约定好的聚会,他或许会抱怨说:"唉,汽车抛锚了,因此不得不等着把它修好,等车子修好之后,却发现时间已经来不及了。"他会用"汽车抛锚"代替"我的车坏了"。撒谎者往往较少使用第一人称,比如我、我们等代词,而较多地使用第三人称,如他、他们等。这可能是撒谎者让自己和谎话保持距离的下意识手段。

撒谎者也很少在谎言中使用事主的姓名。在叙述中不直呼其名,而使用代词,如"他""那个人"等,在语言上拉开距离,通常是厌恶、试图隐瞒的表现。比如莱温斯基丑闻事件发生之后,浪漫多情的比尔·克林顿在向全国讲话的时候,几乎没有使用"莫妮卡"这个名字,而是这样说:"我跟那个女人没有发生性关系。"

2. 重复之前说过的话

在回答问题的过程中,说谎者的回答往往是对问题生硬的重复,或者在描述虚构事件时,不时地重复一些之前说过的话。比如妻子问丈夫:"你去过她家吗?"丈夫回答:"我没有去过她家。"这样的回答是对问题的生硬重复,妻子不知道其实这就是丈夫心虚的语言表现。

在描述虚构的事件时,说谎者为了不被他人识破谎言,不得不加深自己的印象,以免在不经意间遗忘之前说过的事情。因为没有真正经历过而仅凭思想虚构的事情,很容易被遗忘或者出现逻辑混乱、不合理的问题。重复一些情节的描述,有助于说谎者巩固自己对谎言的记忆,同时,也有助于弥补谎言的漏洞和破绽。

3. 注重细节

说谎者叙述谎言从不忘记细节,他们往往会将一些细节描述得淋漓尽致。FBI认为,事先预备好的谎言,一旦碰到机会,就会被详细完整且迫不及待地表达出来;而实话常常带有对细节的修正。

如果你问与自己共同生活的人,两天前的晚上从下班回家到上床睡觉这段时间内,他们都做了些什么事情。你会发现他们在叙述过程中总是会犯一些细节上的错误。这是因为人们要记住一个时间段的所有细节是很困难的。

第五章
撕破伪装：狙杀罪犯的种种谎言

人们很少能记住所有发生的事，而人们会努力将所有发生的事情描述出来，为了理顺思路，通常会反复纠正自己。人们会说："我回家，然后坐在电视前——噢，不是，我先给同事打了个电话，然后才坐在电视前面的。"这样的情况才应该是比较正常的事件描述过程。

但是，说谎者在陈述时往往不会有这样的表现，因为他们已经在头脑的假定情景中把一切都想好了，他们只要将编好的故事背出来就可以了。他们绝不会说："等一下，或许有个地方我记错了。"然而，恰恰是在陈述时不愿承认自己有错误，暴露了他们在说谎。

4. 说话停顿或不正面回答

从回答问题时的停顿时间，或者不肯正面回答问题的反问回答方式，有时可以判断对方是否在说谎。面对讯问，说谎者开始通常会拐弯抹角。当你提出一个问题时，他一般都不会立刻作答，而会停顿几秒钟之后，再说出他的答案。注意，这停顿的几秒钟，事实上往往是一番权衡较量的时间，也可能是编造谎言的时间。他的心中或许不只有一个答案，因此他在比较，该说哪个更合适。当你向某人索要一个答案，如果对方迟疑3秒钟以上，往往他最终给出的那个答案不是心里真实的答案，而是为了应付和取悦你而刻意描绘过的答案。

有些说谎高手懂得运用交流技巧，规避迟疑、思虑的时间，让人不会对他的回答产生怀疑。有个女人问男友："你真的爱我吗？"男友笑着反问："你说呢？"女人娇嗔道："不是问我，我是问你！"这时男友想好了令女人愉快的回答："当然。你就是我的唯一。"于是女人感动万分，却不知道在一问一答之间，男友实际上有一个迟疑和思虑的过程，很有可能对她说的只是一个美丽动人的谎言而已。

当说谎者不愿第一时间直面某些问题时，往往会通过"你说呢"这类反问的方式来掩饰自己犹疑、思虑的心理变化过程，并为自己争取到能够更加完美地回答问题的时间。说谎者可以通过这几秒钟的时间来观察讯问者的情绪变化，以便编造出最符合对方心意的答案。所以，对于不肯给出正面答案的人所说的话应该多加注意，也许他内心真正的意思与所说的话恰恰相反。

5. 轻易说出的承诺与秘密几乎都是谎言

人们总喜欢承诺一些事情，其目的主要是为了得到对方的信任，进而获取一些利益。他们之所以敢许下未来的承诺，则是认为来日方长的缘故。如果你要求他们提前一些时间兑现承诺，你就会发现绝大部分许诺者都会立刻打退堂鼓。

同轻易许诺一样，脱口而出的秘密往往都是谎言。有的人常常对别人郑重而神秘地说："我告诉你一个秘密，你不要告诉别人。"然而，事实上这个秘密也许已经被他告诉给了无数个人，而他之所以如此神秘和郑重其事，是因为他想要让你重视他说的话。

实际上，对于秘密，人是很难守口如瓶的。除了极少数的人能够长久地将秘密埋藏心中，绝大多数人都不会让秘密在心中藏得太久，如果他知道别人不知道的秘密，通常都有"告诉别人"的冲动，因为自己一个人保守秘密，负担太重，泄密可以卸下心中的重担，同时讲出独家秘密可以满足炫耀的心理，并可以引起听者的好奇，博得听者的欢心。当然，这里的秘密是指与他人有关的，而不是与自己有关的，人们很忌讳提到自己的隐秘，而总是乐于说别人的秘密。

上面所述的几点语言异常表现，是生活中比较常见的一些现象，除了这些之外，语言异常还包括说话声音、音调、语速等变化，这些异常的语言表现都在一定程度上反映出人们说谎的征兆。FBI 在多次侦讯的过程中发现，语言异常表现对揭示罪犯的真实心理状况具有特殊的价值和意义。

利用不同的方式，反复问同样的问题

有一次，某名身负要职的政府官员被人告发是间谍，有泄露国家机密的嫌疑，总统要求 FBI 的局长胡佛调查事情的真相。但 FBI 的局长认为这可能是陷害他人的诬告，因为从过去掌握的资料来看，那名要员并没有任何泄露国家机密的行为。

第五章
撕破伪装：狙杀罪犯的种种谎言

这位被认为FBI史上任期最长、最有权势，也最为专制的局长相信自己的情报没有错，所以他要证明那名告密者在诬陷政府要员，危害国家安全。但他没有证据，于是他就想了一个办法。

胡佛找到告密者说总统要彻查此事，要求他为此提供更多的证据，由于一些复杂的缘故，原来告密者的那封检举信丢失了。

胡佛装出事情很棘手的样子，对告密者说："这该怎么办呢？总统先生把这样一件重要的事情交给我来督办，却没想到丢失了最重要的证据，我可真的难辞其咎！"说着，他便发起怒来，当即开除了负责此事的一名下属，这使告密者确信原来的那封检举信已经丢失了。胡佛无奈地对告密者说："事已至此，希望你能再写一封检举信，否则，我必定会受到总统严厉的训斥，而你的检举也会因为一些原因得不到查证。"

告密者听了连忙答应重新写一封检举信。他认为上封信已经丢失，就不管自己早已记不清当时是怎样写的，根据想象，凭空又编出一封信来。

胡佛接到这封检举信，拿出原信一比较，只见其中的描述大有出入：除了告那名政府要员的间谍罪、泄露国家机密的罪名一样，所举的证据已经全变了，细节问题更是大相径庭，出自同一人之手、检举同一人的两封检举信，时间、人物根本对不上。这位机智的FBI局长立刻吩咐把告密者关押起来，随后他将此事对总统做了汇报。

在这起事件的调查当中，胡佛巧妙地找到说谎者的破绽，成功地揭穿了诬告谎言，惩治了撒谎者。尽管他的手段和方法是违法的，事实上他有很多做法都为人所诟病，但我们却从这个案例当中发现了说谎者的一个特点：他们往往会忘记自己说过的谎言的细节。

FBI对大量的事实进行研究，发现说谎者确实存在这一特点。过一段时间，如果让说谎者复述一遍他们描述的话，他们多半会丢三落四、含糊不清，甚至出现自相矛盾的地方。

在侦讯的过程中利用说谎者这样的特点，FBI往往会采用反复讯问对方的方式，很快地找出犯罪嫌疑人的话语破绽。即使那些事先有很充裕的时间做准备，并且很谨慎地编造了台词的说谎者，如果他不够机灵，在无法预期对方反问所有问题的情况下,也会露出破绽。就算说谎的人很机警,也无法记住自己所说谎言的所有细节。

有时 FBI 会换一些调查员,再次让嫌疑人复述一下案件发生的情节,这样往往能看到一些破绽。

当你问一个人某个问题时,对方第一次往往会十分认真地回答你。而当你以同样的问题问第二次:"我刚才没有听清楚,请你再说一遍好吗?"对方仍然会比较仔细地回答你。这个时候,你可以停顿一段时间,让他的身体平静下来,他就会以为自己已经蒙混过关了,内心也会放松警惕。这个时候,你再次就原问题问第三次。

由于他已经不在说谎的状态中,脑子里面有些东西不太清楚,此时他不是恼羞成怒,就是会倾向于坦白。在侦讯过程中突然再次问起以前的问题,对方通常都会说:"我不是已经说过这件事了吗?你同事早就问过了这件事。你们到底想要怎么样?"然后他或是勃然大怒,或是镇定从容,十分有耐心地再次叙述一遍谎言,这两种情况都值得注意。

此时,不耐烦才是一种正常的情绪反应,大怒或镇定的情绪就有些过火了。而如果对方承认之前撒谎,这样对你说:"事情是这样的,我还是对你直说了吧。"则要注意对方可能会再一次撒谎。那些从一开始就说谎的人,如果没有见到实际的证据,通常都不会服软。

因此,FBI 不会轻易相信罪犯的坦白,而只相信线索、证据,以及对方语言和动作中流露出来的破绽。

当一个人感到愤怒或者遭遇挫败时,也会用力将衣领拽离自己的脖子,好让凉爽的空气传进衣服里,冷却心头的火气。当你看到有人做这个动作时,你不妨对他说,"麻烦你再说一遍,好吗?"或者"请你有话就直说吧,行吗?"这样会让这个企图撒谎的人露出马脚。

在运用反复提问的技巧时,调查员不会针对一个问题一遍遍地去问,而是这样做的:开始时按照问题的顺序讯问对方一遍,让对方逐个回答完这些问题,接着调查员会将所有的问题打乱顺序,随意发问。在打乱顺序的问讯中,有些问题是已经问过的,有些则是新的。

第五章
撕破伪装：狙杀罪犯的种种谎言

当然，调查员再次讯问同样的问题时，不会用一模一样的原问题去提问，而是会用不同的方式去问同样的问题，这样做常会得到一些意想不到的收获。

比如，在前面调查员已经问过了这样的问题："你昨天晚上在哪里？"之后在合适的时段，可以换一种提问方式，再次问类似的问题："你昨天晚上离开家了吗？""昨天晚上你去过什么地方呢？"这些问题所问的事情其实是一致的，只是换了一种说法，这样就好像是一个新问题。对方很容易在这样的提问方式之下露出马脚。

根据心理学家的研究，人们要准确地重复自己编造的谎言是很困难的。比如有个病人患了绝症，医生想掩盖实情，就得另想办法解释病人的症状，当然这些解释是假的。这样一来，医生就得时时牢记虚构的解释，但是这些虚构的解释是没有事实根基的，很容易与内心所知的事实真相冲突，从而在日常的言行当中露出一些端倪。

如果这种掩饰事情的谎言行为是长期的，那么医生还能通过不断地强化来弥补谎言。而如果这个谎言只是即兴的，就很容易忘却。一旦病人某日再次问起，医生很容易吐露一些实情。所以，对一些毫无准备、即兴说谎的人而言，让他复述自己的谎言是非常困难的。

过去有些人认为，只要让说谎者复述自己编造的谎言，就能让对方露出端倪。这种想法未免太过简单了。实际上，对那些有所准备的说谎者而言，复述谎言并非难事，他们可以很流畅地将自己所编造的故事讲出来，在这个过程中甚至会表现出绘声绘色、活灵活现的表情动作。

有些经验丰富的探员就知道，在侦讯过程中，对事件描述越流畅的人往往是在说谎。所以，在侦讯的时候，有经验的探员会让那些流畅的叙述者将自己所说的事情倒着说一遍，如果是自己经历过的事实，对方可以按部就班地从后往前说，而如果对方所说的是谎言，这种突如其来的问题通常会让他的头脑陷入混乱之中，不知道怎样回答，或者在其倒叙时会出现混乱、含糊不清的情况。

比如讯问对方："你昨天都干什么了？"对方很快地回答："我去洗车，

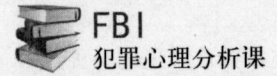

然后吃了午饭,去给一个朋友送东西。"这个时候,探员可以对他说:"好,现在我们整理一下你说的事情,但这次你要从事情的结尾往回说。"如果是自己实际经历过的事情,他往往会比较顺畅地说:"给朋友送东西,吃午饭,洗车。"而没有经历过的事情,他就会支支吾吾,在心里想一会儿。在他揣摩的过程中,探员可以观察他的动作与眼神,找出其说谎的破绽。

第六章
沉着应对：在博弈中击垮对方

人们在与别人竞争的过程中，都会产生一种博弈的心理，希望自己的利益在所有人中是最大的，这就导致了一场双雄博弈的局面，其中的胜利者一定是能够掌握对方心理的人。每一个FBI警员都是高明的博弈心理专家，他们知道怎样看穿对方的心理，怎样影响对方的心理，知道怎样引导对方按照自己制定的路线走下去。

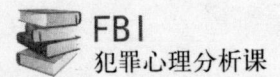

隐藏自己的真实意图

FBI 指出,从心理学的角度而言,每个人都具有强烈的自我保护意识。当一个人的问题对他人可能带来隐私的泄露、名誉的损坏或是相关利益的丧失时,出于对自我保护的需要和避免承担责任的心理,人往往就会选择三缄其口。因此,在某些时候,为了更好地生存下去,我们要学会使用"烟幕弹"来隐藏自己的动机,以防被"攻心"。

在审讯犯罪嫌疑人和侦破案件的过程中,FBI 探员们经常采用这种方式。他们会做出一些和侦破案件无关的举动,用以松懈犯罪分子的警惕性,等到恰当的时候,再迅速出击。

或者在审讯的时候,FBI 探员们会突然说一些和案件无关的话,用来消磨犯罪嫌疑人的抵抗心理,甚至讲一些有趣的事情给犯罪嫌疑人听,用来迷惑他们,让他们不知道自己的真实用意是什么。

1998 年的冬天,FBI 探员接到命令前往阿富汗拘捕一个大毒枭,这个大毒枭为美国多个州的毒贩子提供货源,而他又利用阿富汗动荡的局势隐匿在那里,让 FBI 四处搜索都无法将其抓捕归案。

领队的 FBI 探员来到阿富汗之后,与当地部落取得了联系,他们认为自己的拘捕计划与阿富汗当地部落的领导者之间并无任何瓜葛,所以就说出了自己的计划,告诉对方将要拘捕的人是一个大毒枭。在接下来的抓捕过程中,虽然总部为 FBI 探员们提供了非常详尽的线索,甚至将大毒枭所在的具体位置都告知了他们,但 FBI 探员却屡屡失手。

在经历了大半个月的抓捕之后,当地部落对 FBI 的行动提出抗议,认为他们是在无理取闹,最后禁止 FBI 探员踏入他们的土地。落败而归的

第六章
沉着应对：在博弈中击垮对方

FBI探员们回到美国总部后才知道那个大毒枭是当地部落领导者资金的主要提供者，他们之所以一再失败，就是因为当地部落对大毒枭暗中进行保护，所有情报总是在第一时间就被泄露，自然无法成功抓捕他了。吸取教训之后，FBI总部派出了一支潜伏分队，他们以游客的身份进入阿富汗，在短短3天之内就暗中拘捕了大毒枭，并隐秘地将他运送出阿富汗，完成了任务。

著名心理学家里奇·蒙得洛曾经说过："隐藏自己的真实意图不被别人发现，是我们在这个社会生存下去的关键所在，而隐藏和欺骗之间有本质差别，隐藏并不是欺骗，只是人们不将自己暴露在不安全环境之下的自保手段而已。"这一说法为隐藏自己真实意图的行为找到了最合理的解释，因为在当前的社会环境中，我们越是显得高深莫测，将自己的真实意图遮掩起来，就越能在交往过程中掌握主动权，成为占据优势地位的主导者。对此，FBI做出如下总结。

1. 真实意图是重要的隐私

正如里奇·蒙得洛所说的，我们都希望自己的真实意图不被他人发现，之所以会有这样的心理诉求，其中一个重要原因是真实意图是一个人的隐私，而隐私所代表的则是人们难言的痛楚记忆以及那些牵扯巨大利益的信息。这样的信息一旦被他人发现，会对我们的生活造成不可想象的影响，它会成为别人的武器，像匕首一样直刺我们的心脏。保护自己的真实意图不仅是保护自己的隐私，更是对自身长远利益的保护。

对于脾气暴躁的人来说，保护好自己的真实意图是一件很困难的事，他们总是在情绪受到巨大刺激的时候忘记坚守，从而将自己的真实意图袒露在他人面前。为求一时之快，人们会毫无顾忌地发泄，但在发泄之后又忍不住懊悔，因为主动的泄露让自己的隐私变成人尽皆知的事情。因此，保护真实意图并不是人人都可以做到的，它需要人们主动控制情绪，在自己的心中加上一把锁。

2. 防止底牌外露

FBI高级探员奥斯丁有一句名言："你的底牌就是你的底气，是你与别

人进行博弈时一切力量的源泉。"这句话深刻地解释了底牌对于一个人而言有多么重要。在这个复杂的社会中，人人都处于激烈的竞争漩涡中。让别人对你敬畏的缘由有很多，而你的底牌绝对是其中最重要的一点。一个人摸不透你的底牌时，会时刻忌惮，若他明白了你究竟有几斤几两，自然会肆无忌惮。奥斯丁根据自己多年与犯罪分子做斗争的经验，对所有人提出了这一忠告："防止你的底牌外露就是你获胜的根本所在。"在博弈的过程中，一个人没有了底气，只能成为任人宰割的鱼肉。

3. 控制自己的情绪

著名心理学大师弗洛伊德曾说过："每一个人都是情绪的奴隶。"在日常生活中，几乎每一个人每时每刻都被情绪所掌控着。而"控制情绪"，则是每一位 FBI 警员的必修课。试想，如果一个人的性格非常急躁，动不动就火冒三丈，往往很小的一点事情都会触动他敏感的神经，那么，这样的人不仅不会隐藏自己，反而还很容易被他人操控。FBI 是当今世界最强的刑侦机构之一，FBI 的每一位警员都是训练有素的"隐身"高手，他们不会轻易让犯罪嫌疑人看到他们的喜、怒、哀、乐，即使偶尔表现出来了一些，也是他们故意在犯罪嫌疑人面前做的秀。总而言之，在 FBI 面前，犯罪嫌疑人永远在明处，而 FBI 警员则永远待在暗处。

4. 假借第三人身份，让对方开口说真话

有时候，当你千方百计去探知一些事情的真相时，对方很有可能会模棱两可地回应你，所以你很难得到具有实际意义的信息。这种不轻易开口讲话的人，往往都极度缺乏安全感，遇人遇事的时候，总是有着强烈的自我保护意识，所以用直接的方式询问，并不会得到什么满意的结果。

如果你所提出的问题非常深入，比如涉及对方的隐私和切身利益时，对方甚至会愤然离去，不做任何配合。而假借第三人的身份，温和、迂回地问讯，就等于是你向对方传达了这样一种信息：发表了这种观点的当事人并不在场，或者你现在所说的话并不一定是你的观点，可能是你的朋友、同事的观点，所以你大可无所顾忌地说出来。这样对方就会卸下"承担责任"和"心理对峙"的压力，你也可以轻易地让他"知无不言，言

第六章
沉着应对：在博弈中击垮对方

无不尽"了。

过分镇静最容易引起怀疑

做过亏心事的人由于心虚，很容易在接受审讯时流露出不安的神情，或者说话没有底气，无意识地做一些缓解内心紧张的小动作等。在FBI接触到的以往案例中，探员们就曾根据嫌疑人的这些表现轻而易举地发现他们有问题。

表露出不安的人容易被FBI识破他们心中有鬼，一直保持镇静的人是否就能够不被FBI怀疑，从而逃脱法律的制裁？当然不是。在FBI眼中，所有与案件相关的人都有嫌疑，他们不会因为表面现象而忽略对任何一个人进行调查。而且在某些场合下，过分镇静的人更容易引起他们的怀疑。

一所别墅里发生了死亡案件，死者是一名漂亮的年轻女子。据别墅的管家说，别墅的主人是名富商，死去的女子是富商的情人，经常来别墅与富商私会。案发当天下午，女子独自来到别墅，说与富商约好在这里等他，说完就独自上楼了。天快黑的时候，富商还没有出现，管家上楼敲门想问女子是否需要准备晚饭，可是屋里无人应答。管家以为女子睡了，就没有继续敲门。第二天一早，富商还是没有来，女子也仍然没有出过房间。管家再次上楼敲门，可是屋内仍无人应答。管家担心有事，推门进入房间，发现女子已经死了，于是马上报了警。

警察在死者手边发现一个空的安眠药瓶，又在死者手机里查到最后一个通话记录是打给富商的，于是向富商求证。富商听到死者的死讯后表示很惊讶，他说案发当天死者给他打电话，威胁他如果一定要分手就死在他的别墅里，他当时很忙，没有当真，没想到她竟然会真的寻短见。

似乎一切证据都表明死者是自杀，可是负责案件的警察却总觉得这个案件中有些可疑的地方。他仔细回想了从接到报案到着手调查的过程，终于发现问题出在那名管家身上。管家报案时的语气听起来很慌乱，而当警察见到他时，他却神情镇静，并且能够将案发当天发生的所有事情有条理

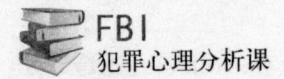

地讲述出来。从警局到达案发现场只需要一个小时，警察认为，对于一个刚刚在自己的工作场所发现有人意外死亡的人来说，仅用一个小时就能够让心情如此平静未免太不合常理。

法医对死者的尸体进行检验后，证实死者并非死于安眠药，而是死于窒息。法医发现死者生前曾被人捂住口鼻，但是按压的位置却没有采集到指纹，说明凶手事后曾清洗过死者的面部。另外，他们在死者的衣服上采集到一些指纹，经过比对，这些指纹与管家的指纹一致。

警察请管家到警局接受审讯，管家表示愿意全力配合，只是对自己杀害死者一事完全否认，他很平静地表示，死者衣服上会有他的指纹是因为他曾推过死者的身体试图唤醒她。当警方提出将管家的手与死者面部的压痕进行比对时，管家的镇定终于出现了一丝动摇，他缓缓伸出手，配合警方的比对，并在铁证面前承认了自己的罪行：他听到死者与富商在电话中争吵后，本想试图侵犯死者，不想死者极力反抗，情急之下他失手捂住死者口鼻，使她窒息而死。他以为只有指纹才能成为指证他有罪的证据，所以清理了死者的面部，又将现场处理后才报的案。装安眠药的瓶子本来就是空的，放在死者手中只是为了制造出自杀的假象。

镇静不是一般人能够伪装出来的。FBI认为，一个人镇静的程度与他的人生经历有关，也与他长期所处的环境有关，经历的起伏越多，所处的环境越恶劣，就越容易在突发事件面前保持镇静；经历的起伏越少，所处的环境越优越，就越容易在突发事件面前感到恐惧和慌乱。对于一名从事过多次手术，看过太多生离死别的医生来说，生活中的磕磕碰碰、擦伤甚至骨折都不足以令他感到慌乱，他会在看到有人受伤时第一时间做出正确的判断，帮助伤者进行紧急处理，同时告诉周围的人应该做些什么；而对于一名养尊处优的大小姐来说，如果有人在她面前突然受伤流血不止，她除了大声尖叫之外什么都不会做，还有可能因为见到流血而晕过去。

惊讶是人在遇到意外时正常的生理反应，可能同时伴随惊讶产生的反应还有恐惧、狂怒或失神。对于绝症患者的家人来说，他们知道他不久后会离开人世，提前做好了心理准备，所以当他真正去世时，他的家人会悲

第六章
沉着应对：在博弈中击垮对方

痛万分但不会震惊，因为这是一场预料之中的死亡。对于车祸身亡者的家人来说，他们不但会悲痛，也会感到震惊，因为这是一场意外的死亡，没有人能够料到事情的突然发生。

如果一个人在一件惊人的突发事件面前能保持镇静，说明他早已预料到这个结果。由于普通人不可能凭空产生对事情的预知能力，所以，只能说明这个人与这个结果有密切关系，或者这结果本来就是他一手造成的。所以，FBI一旦发现有人面对突发事件时表现出异常的镇静，他们就会格外关注这个人，直至找到充分的证据证明他与事件有关。

从"可疑"点中寻找突破口

凌晨4点，美国加州某市郊区的某制药厂发生了爆炸，熊熊的大火迅速吞没了厂房。经过消防员近两个小时的奋战，大火终于被扑灭了。事后，FBI警员在火灾现场发现了人为引爆炸药的痕迹。经过多方调查，他们将目标锁定在制药厂一位名叫马丁的科研人员身上，因为发生爆炸的药房是他负责的。而此前不久，他和制药厂领导因为薪水问题闹得很僵。此外，一位拾荒老人在爆炸发生前看到了一个貌似马丁的人鬼鬼祟祟地在药厂附近转悠。但由于天黑，拾荒老人年龄又大，所以看得不是很清楚。但无论如何，药厂爆炸一定是有人故意为之，这点毋庸置疑。至于是不是马丁，还有待调查。

当FBI警长敲开马丁家的门时，站在他们面前的是一个斯斯文文的中年人，戴着一副眼镜，身穿白色衬衫，黑色西裤。无论是谁，都不会把眼前的这个中年人与那个丧心病狂的爆炸案主犯联系在一起。但外表总归是外表，FBI警员从来不会被外表所迷惑。

"您好，马丁先生，很抱歉大清早就来打扰您。您所在的制药厂凌晨4点钟发生了爆炸，我们是来调查的，请您不要介意。"

马丁不慌不忙地回答："这我已经听说了。这实在是太不幸了。"

"请问今天凌晨4点钟，您在做什么？"

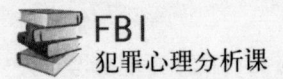

"凌晨4点？当然是在家休息了。"

"您家离制药厂很近，爆炸时，不知道您有没有听见。"

"哦，听见了，很大的一声。当时我正在给我养的昙花拍照。"说着，马丁拿出了照片。

警长仔细一看，确实是一张昙花的照片，而且照片上标记的日期和时间确实是4点多。

"昙花开一次很不容易，这两天它的花骨朵越来越大，我这两天每天晚上都起来看一遍。今天凌晨4点左右，昙花真的开了，我很兴奋，于是赶紧拿照相机把它盛开的过程给拍了下来。你看这张，这是花谢时的样子。"

警长看了看那张照片，上面标记的时间是4点45分。显然，马丁有不在场证据。警长临走前，看了看那盆窗台上的昙花。这一看不要紧，他竟然看出了端倪。之后他在马丁家足足待了两个小时。最后，他和警员一起逮捕了马丁，因为马丁就是引燃炸药的罪犯。

既然马丁肯主动提供照片，那么他一定是做足了准备。而那组照片上的拍摄时间也证明了在凌晨4点至4点45分之间，马丁确实在家拍照，所以，马丁有不在场证据。但是这个不在场证据充不充分、真不真实呢？

在FBI的眼中，从"可疑"点中寻找突破口，在本案中，可以成为"可疑"点的就是时间。确切地说，是照片上面显示的时间和照相机自身设定的时间。昙花在晚上盛开，而且时间很有限，这点毋庸置疑，可是，昙花不一定就非要在凌晨4点开，它有可能在3点15分开，也可能是5点零7分开，为什么马丁家的昙花偏偏那么巧，竟然在凌晨4点整，也就是制药厂爆炸时开呢？时间也太精确了，这点很可疑。

因为照片上的时间是人为可以操控的，马丁只需要将照相机默认的时间调快或调慢点，那么照片的成像上就会显示出他所希望得到的时间了。所以，警长在看完马丁的照片后，就检查了相机。只不过，马丁比较聪明，他在拍完照后，又将时间给调了回来，所以警长一无所获。但是，临行前，警长看到了那盆已经枯萎的昙花，他突然想到，其实花的开放也可

第六章
沉着应对：在博弈中击垮对方

以由人来操纵。因为一位花农曾经告诉过他，只要用密封纸罩套住花蕾，就可以将开花的时间往后延迟了。凭借这一点，警长决定在马丁家中多待一会儿，看看能否搜出点蛛丝马迹。结果，他不仅搜出了密封纸罩，还搜出了雷管。

铁证如山，马丁不得不对自己的罪行供认不讳。而一切也正如警长所料，马丁基本上确定昙花会在那天晚上开放，所以，他用纸罩将花蕾罩住，然后出门炸了制药厂，接着回家后调好相机，等待昙花开放。当然，也等着FBI警员上门调查。

通过做"局"达到目的

真相只有一个，但是找到真相的方法可以有很多种。当案情陷入泥淖中时，如果固执地使用一种方法侦破案件，那么，只会让案情更加复杂难解。在世界各国的案件中，令办案人员感到寸步难移、捉襟见肘的案件屡见不鲜。美国的FBI也不例外，但是他们并不会为此而感到苦恼。在碰到难解的案件或是难以应付的罪犯时，他们总能通过转变思路、巧妙做"局"来达到目的。而"换位思考"，即站在罪犯的位置上，揣摩犯罪心理和犯罪动机，然后将揣摩推测出的结论用于审讯过程中，就是美国FBI常用的做"局"模式。

在一次侦破行动中，FBI根据掌握的证据，抓获了一名叫约瑟夫的嫌疑人。约瑟夫身高6英尺左右，年龄是30岁。从他刮得干干净净的胡子、全身干净整洁的穿着以及言谈举止来看，此人是一个有修养且阅历丰富的人。而这样的嫌疑人，也是最难审讯的，因为他们比一般的嫌疑人更加善于隐藏自己，也更加狡猾。

FBI警员审讯约瑟夫的时候，他十分配合，但他并没有说出什么实质性的东西，审讯持续了整整一个小时，他始终在和FBI警员兜圈子。当然，这也完全在警员的意料之内。10分钟休息过后，FBI警员决定转变思路，将计就计地进行审问。

"现在看来,你比我们有优势,因为我们并不知道你做了些什么。"FBI警员先开了口。约瑟夫十分得意地说:"你们不是说我杀了5个人吗?怎么你们又不知道我做了些什么呢?这听起来显得很矛盾啊,警官。事实上,我并没有杀他们。"

"你是一个真正的高手,你深谙侦查过程中的很多细节。我在想,如果你不是罪犯,而是一名警察,你一定会比我们出色。"FBI警员说。

"事实上,我的父亲曾担任过美国CIA的中尉。"约瑟夫显得更加得意了。说罢,他又陈述了一遍他没有杀人。这时,警员哈里森突然调转了话锋,对约瑟夫说:"先生,你在与女性的交往上存在问题。你第一次作案的时候,也是你个人财务出现危机的时候。当时你还不到30岁,你对生活和工作充满了抵触情绪,因为你觉得你的生活并没有达到你理想的高度,而你的工作也并不是你内心真正向往的。"

"说得没错,但是我不明白,这和我有没有杀人有什么关系。不得志的人在美国太常见了,难道他们都有杀人动机?"约瑟夫的情绪稍稍有点激动。而这正是FBI警员希望看到的。

哈里森接着说:"当时的你欠下了高额债务,并且你那时和你的女朋友经常发生激烈的争吵。之后,你与她分手了。再之后,你的邻居被你奸杀了。她是多么善良的一个人,她经常帮你取报纸、收信件。而你却对她如此残暴,让她的尸体赤裸裸地躺在她家的阳台上。"说到这里,哈里森发现约瑟夫的身体有点颤抖。于是,哈里森凭借自己已经掌握的情况,继续推断说:"但是,你在最后一次作案的时候,你的手法变了,因为你给她穿上了衣服,还蒙住了她的脸。"此时,哈里森注意到,约瑟夫在仔细倾听他的话。于是,哈里森趁热打铁问道:"她看到了什么,让你最终决定这样做?"霎时间,约瑟夫的脸变得通红,并且斩钉截铁地说:"你们没有证据!"

显然,约瑟夫已经入了"局"。而哈里森也故作激动地对约瑟夫说:"不,我们有证据!如果我们没有证据,就不会把你请到这里来;如果我们没有证据,就不会那么肯定地做出刚才那些分析。事实上,我们掌握的

第六章
沉着应对：在博弈中击垮对方

证据比你想的还要多。我们之所以在这里和你浪费时间，完全是在履行工作流程，应付上级领导。你懂吗？既然你从一开始就不打算主动承认，那么我们只能这样一分一秒地和你耗时间。其实最终的结果都是一样的。"

"最终的结果就是：我没有罪。因为你们没有证据，一点证据也没有。"约瑟夫的情绪更加激动了。

"好吧，我的下一个问题是，哦，不，它已经不是问题了，因为我们已经知道它的原委了。最后一名死者在死前其实并没有对你说什么，她只不过看到了你的相貌，而相貌，正是你所在意的，也是最能刺激到你神经的东西。因为你的相貌很丑陋，所以你并不想在强奸的时候被对方看到你的相貌。但是在我看来，比相貌更丑陋的是你的内心，你居然因为最后一名死者看到了你的'尊容'，就把她杀死。你的心真是丑陋、肮脏到了极点。但你事后为什么要给她穿上衣服呢？之前几位死者，她们可没有得到你的如此'优待'。为什么？因为你爱她。哦，不，是偷偷地暗恋她、欣赏她。就是这么简单！这也就是为什么你之后会去她的墓地祭拜她。"

"你们没有证据，这完全是你们的猜测。"约瑟夫几乎是怒吼着说出了这句话。当他说完后，才意识到自己的情绪太激动。这时，哈里森抓住机会补充了一句："我想我们已经破案了。这次审讯到此结束。我很为那些善良、无辜的死者感到惋惜，她们竟然死在了一个丑陋的且不得志的男人手中。那个男人在良心上难道没有一丝愧疚吗？我要是他，我根本没脸见上帝。麦克、杰瑞，请把约瑟夫先生带回牢房。"

其实，哈里森在说以上这些话的时候，心里并没有底。关于约瑟夫的犯罪动机，他完全是根据经验和少量的证据推测出来的，并没有十足的证据。而这也正是约瑟夫一直胸有成竹地说自己无罪的理由。面对约瑟夫这样的罪犯时，有时候必须要绕个弯、做个局、使点诈才行。因为罪犯本来就"做贼心虚"，不肯承认只是一时嘴硬罢了。如果警员将推测用肯定的口吻说出来，一方面，可以通过罪犯的面部表情、情绪反应、肢体语言来判断虚实，另一方面，也可以起到打击、操控罪犯内心的作用。

本案中，哈里森就很好地利用了这点。而哈里森最后的陈述语，更是

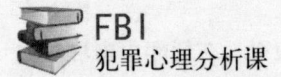
FBI
犯罪心理分析课

锦上添花，他所用的善良、无辜、惋惜、丑陋、不得志、愧疚这些词，每个词都深深地戳入了约瑟夫的心中。这是哈里森使出的最后一招，他想让约瑟夫自己从内心感到愧疚，最后主动承认自己的罪行。

最后，这一招真的奏效了。在第二次审讯约瑟夫的时候，还没等警员开始审讯，约瑟夫就主动招认了一切。

对付矢口否认的人

众所周知，许多犯人在面对警察时都会对自己做过的事矢口否认，无论警察怎么反复审问，都一口咬定自己不曾犯下罪行。这些人各怀心思，一些人并不认为自己犯下的罪有多么严重，他们否认罪行只是因为不想受到法律的制裁；而另一些人能够意识到自己做的事情是在犯罪，却打心底不愿意承认自己是这样的人。这些人会在接受审讯时显得很激动，从一开始就极力否认，特别是在听到有人点破了他们心中隐藏的事情时，他们就会突然变得非常激动，非常慌张。

通常情况下，喜欢否认的人中有许多是平日里被人们认为非常优秀，并且在生活中非常受欢迎的人。这些人有着较高的身份和地位，对自我要求比较高，追求完美，非常讨厌对自己不利的事和评价，所以在生活和工作中都时刻注意自己的形象，做什么事都非常小心，以免给别人留下话柄。这种人的童年中一般充满了称赞或严格的管束，周围人的称赞令他们认为自己应该是完美的化身，一切指责和否定都不应该与他们有关，家人的严格管束令他们的心中产生了一种一旦做了错事就不可被原谅的感觉，他们不敢承担任何责任，如果必须承担，他们就会选择逃避。这样的人会拒绝所有可能破坏自己形象的指认，即使确实是他们做过的事，他们也不会承认。

越是坚决否认，表现越激动的人，越有可能在故意隐瞒一些真相。特别是那些一被问及与案情相关内容就否认，并且不断进行否认的人，往往正是凶手或与案情有最大关联的人。这一点在 FBI 经手的许多案例中

第六章
沉着应对：在博弈中击垮对方

都得到了证实。

在一起公司内部投毒案中，FBI 对公司的所有员工进行了调查，最后将怀疑目光落在公司里的一名主管身上。这名主管在公司内部的口碑极好，在同事之间人缘也非常好。据说他在就职的 5 年里一直工作认真，谨慎负责，从来没有出过错，公司上下所有人对他的评价都非常好，说他是一个关心下属、有亲和力、性格极好的人。公司里的同事有什么问题向他请教，他都会耐心地为大家解答，下属在工作中出了错，他也从来没有责骂过。

公司有几名员工曾见过他在案发之前去过茶水间，但他们都非常肯定地对警方说投毒的人一定不可能是他。然而 FBI 向他询问当天的事情时，他却表现出一问三不知的态度，无论问到他当日是否去过茶水间，还是问到他是否记得还有其他人出入，他都说不记得了，这令警方感到非常可疑。为了证实推测，FBI 又一次找到这名主管，向他询问当天发生的事情。这一次主管看起来很烦躁，完全不像他的同事们口中描述的那样温和可亲，于是 FBI 对他的怀疑更重了。

FBI 开始对他身边的其他人展开调查，几天后，他们终于发现了一些线索，以及能够证明主管曾购买过毒药的人。当 FBI 集齐了证据，将主管从公司带走时，公司所有的人都感到非常惊讶，没有人想得到如此完美的一个人竟然能做出这样的事情。后来，主管终于在证据确凿的情况下承认了自己的罪行。

喜欢否定的人也不排除其他可能性，比如一些没有道德观念的人或犯罪成瘾的人。这些人并不认为自己所做的是犯罪，他们面对警方时会显得很镇定、很轻松，他们心里打定了主意，除非警方有足够的证据证明，否则他们绝不承认自己所做过的事。想要让这种人认罪，最好的方式是努力寻找证据，将所有证据摆在他们面前，否则很难让他们承认。

还有一部分从一开始就极力否定的人内心其实非常胆小，他们害怕受到惩罚，却又没有太深的心计，所以只懂得不停否认，却不知道这样反而更容易引起警方的怀疑。对于这样的人，想让他们坦白是件相对容易的事

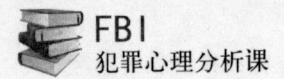

情,只要对他们施加适当的压力,令他们感到恐惧,他们就会吐露真相。

想让那些性格懦弱,又一直否认的人承认罪行,首先要在气势上压倒他们。虽然同样属于性格懦弱的人,这类人却不同于那些已经有了深刻反省而沉默的人。那些有了反省的人虽然不说话,但内心已经认了罪,只是在寻找一种承认的方式,所以警方对待他们时会选择"软语言"。那些一直在否认的人则不同,他们虽然意识到自己犯了罪,却仍然抱有一丝侥幸心理,希望能够推卸责任,逃脱法律的制裁。他们不想认错,并不断给自己强化,说服自己当一切都没有发生过。对待这样的人,只有采取相对强势的态度,令他们意识到罪行已经产生,否认也没有用。其次,还可以采用虚张声势的办法,在证据并不十分确凿时表现出充分的自信,让对方以为证据已经完全被掌握,意识到自己已经成了一条网中鱼,怎么挣扎都没有用,这样他们就会渐渐屈服,试图用坦白来获得宽容的对待。

人在受到冤枉时也会变得激动,如何根据一个人的激动判断出他是受到了冤枉还是被说中了心事?FBI有他们的一套办法。只要对审讯者进行调查,了解这个人平日的性格特点,以及他在平常状态下的表情和语气,然后对他产生的激动状态进行仔细观察,就能够判断出他究竟是受了冤枉,还是被说中了心事。

很多人在受到冤枉时会表达出气愤,这种气愤的表达往往不是通过语气的加重,而是通过眼神之类的细微表情和小动作,比如目光凌厉、咬紧嘴唇、握紧拳头等。如果仅仅提高声音的分贝,同时眼中出现慌乱的神情,那就很明显地说明这个人很心虚,在努力用声音掩饰内心隐藏着的东西。真正的气愤和委屈是装不出来的,人在真正气愤时,声音里会透出一种镇定和强硬,伪装气愤时,声音里则会有一些颤抖和焦急。

任何事情都有度,一旦超出了正常的程度,就有作假的嫌疑。比如正常人在受惊后会立刻出现惊恐的表情,并且这种反应只会持续几秒钟;而故意装出来的惊恐表情则会在受到惊吓几秒钟后才出现,并且持续的时间较长。愤怒的反应也是一样,当一个人受到委屈感到愤怒时,那种表情会随着对方的指责立刻出现在脸上;而假装出来的愤怒会迟缓许多,即使面

第六章
沉着应对：在博弈中击垮对方

部表情非常丰富，非常夸张，也不能说明他是真的因此愤怒了。

"主观"变成"客观"的交叉变幻

一名流窜作案犯终于落入了FBI探员的手中。在对这个犯人的审问中，特工实在难以压制自己个人的愤怒情绪，不停地刁难、羞辱他，犯人自然是非常恼火，于是双方的对峙越来越严重。

过了一会儿，犯人突然提出抽烟的要求。FBI探员不但拒绝了这个要求，还大声训斥他说："给我老老实实地坐着，继续回答我的每一个问题！"这一次，犯人倒没有和他争执，顺从地坐了下来。

虽然FBI探员恨不得马上让这个趾高气扬、毫无人性的罪犯受到应有的制裁，但根据程序，他们仍然要把审讯工作完成。为了缓和刚才的紧张气氛，FBI探员换了个其他话题，慢慢和他交谈起来。

"你小时候的梦想是什么？如果没有走上犯罪这条路，那么你有可能去做什么呢？"FBI探员问他。

犯人想了想，深吸了一口气说："我小时候的梦想是做一名宇航员，因为我喜欢星星。"

这时，经验丰富的老特工雷克斯来了。他听说了这个情况后，主动要求接下了这个烫手的山芋。

雷克斯单独走进审问室，犯人用一双凶狠的眼睛盯着他。雷克斯冲着犯人微微一笑说："很久之前我就听说过你的大名了，你在田纳西州，把那里的警察耍得团团转。"

这是犯人引以为傲的"战绩"，他看到有人提起，显出兴奋的样子，说："想抓住我哪有这么容易，有一回我被七八个警察围堵，还不是一样逃掉了。"

雷克斯迎合着他说："的确很了不起，这样的情况还有多少？"

犯人显然很喜欢这个话题，他滔滔不绝地讲了起来，将自己的很多犯罪经历都历数了一遍，有时候还得意地哈哈大笑。雷克斯都做了录音。

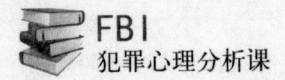

就这样，雷克斯很轻松地完成了审讯任务，使案件顺利终结，犯人也终于得到了应有的惩罚。

FBI探员通过参与国内的刑事案件调查，发现在审讯的过程中能否取得嫌疑人的信任，对审讯的进度有着十分重要的影响。FBI探员通过对实践经验的总结认为，能否取得对方的信任主要取决于是否能够站在对方的角度看待问题。

如今，随着社会的日益进步，人们的自我意识也开始日益突出，尤其是一些孩子从小就养成了以自我为中心的习惯。久而久之，他们对外界的认知也开始变得个体化、主观化。尤其是那些心理极度扭曲的罪犯，基本上都有着极端的以自我为中心的心理，因此，在很多重大的刑事案件中，警方一开始总是很难找到罪犯作案的目的，更何谈识破骗局、操控这些人的心理了。所以，FBI探员认识到，想要得到对方的信任，让对方说实话，就要站在对方的角度，将他们眼中的"主观世界"客观化。也就是说，当嫌疑人在讲述自己的主观世界的时候，FBI探员绝对不能轻易地反驳他。最好的办法就是，在一定程度上附和嫌疑人的个人观点，并且将其观点客观化，从而得到嫌疑人的认可。

FBI探员们认为，由于嫌疑人会具有强烈的自我保护意识，所以他们在接受审讯的过程中，往往就会显得十分的消极和被动，当然说不上会主动交代什么事情。这个时候，FBI探员的主要任务就是激发对方的参与意识，变"被动"为"主动"。

这种方法说起来容易，但是真的要这么做却并不容易。因为你很难想象，当一个心中存有正义和同情心的人在面对这些心理扭曲变态的嫌疑人的时候，要刻意掩饰自己的真实想法，将他们那些充满邪恶、暴力甚至是变态的思想做到"合理化"有多么困难。也正因为如此，即便是最为专业、经验最为丰富的FBI探员也有过失手的时候。所以，对于"主观"与"客观"之间的转换，是FBI探员们要经常训练强化的一项心理技能。同时，经过实践，FBI探员们也总结出了令对方变"被动"为"主动"的方法和途径。

第六章
沉着应对：在博弈中击垮对方

1. 先认真倾听，然后再提出相应的问题

对于大多数人来说，当面前的人表现出一副认真倾听的样子时，他们的内心就会感到十分愉悦，诉说的内容也会越来越多，若是在这个时候对方能够顺势提出几个问题，表示出兴趣的时候，对于诉说人来说，会更加乐意继续说下去的。这种做法就达到了刺激对方参与意识的目的，并在一定程度上变诉说人的"被动"为"主动"了。

对于一名经验丰富的 FBI 探员来说，用心听嫌疑人所说的话，是其必备的素质，尤其是在面对那些敏感，甚至是有些疯狂的暴徒的时候，更要用心听对方的言谈话语，并从中找到合适的切入点，进行巧妙的提问，这才是了解嫌疑人的最佳途径。对于 FBI 探员来说，在审讯的时候，想要有所结果或是线索，一个说起话来没完没了的人总是会比一个沉默不语的人要容易对付得多。因为言多必失，他说得越多，透露的信息也就会越多。

拜尔德是联邦调查局反间谍中心的一名工作人员。一次，联邦调查局抓获了一名在美国从事间谍和破坏活动的嫌疑人，拜尔德负责审讯。在审讯过程中，拜尔德发现这个嫌疑人从进来刚一坐到凳子上，就开始没完没了地说个不停，陪同审讯的另一名特工皱起了眉头，表现出了一副十分不耐烦的样子。但是拜尔德却恰恰相反，并没有对此表现出厌倦，反而表现出一副兴致勃勃的样子倾听着。当听到对方说起自己曾经玩过篮球，并在全国的高中联赛上威风八面的时候，拜尔德便由此切入，对身材高大的嫌疑人说道："我以前念书的时候也在校队打过篮球，不幸的是，我当时只是一个替补。你当时都打什么位置呢，前锋还是中锋？"

"我当然是中锋！我把他们玩得团团转，那些矮个子！"嫌疑人兴奋地说道。

"的确，篮球本来就是一项巨人运动，矮个子的人并不适合，除非他们的技术很好。"拜尔德赞同地说道。

"你说得对，别看我个子高点，其实我也很灵活，对付那些矮个子简直就像是玩一样，根本就不够刺激！"

"这么说来，你总是喜欢对付那些看上去比较厉害、对你有挑战性的

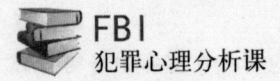

家伙,是吗?"

"是的,我一般都会选择一些不怎么好对付的目标,可能他们在其他人眼里很强壮,但是在我看来,这些人和那些球场上的矮个子没有什么区别。"嫌疑人开始兴奋起来,"你不知道,当看见那些警察被我玩得团团转的时候,感觉有多么爽!就算他们手里拿着枪又怎么样,当爆炸声响起的时候,他们还不是手足无措!"

就这样,拜尔德通过几个简单的问题成功地套出了自己需要的内容,在没有令对方感到厌恶的情况下,就顺利完成了自己的任务。

2. 把自己当成一个"知情人"

FBI探员华莱士在审讯涉嫌替国际犯罪组织做内线的曼森时,没有急于发问,但是曼森却主动开口,说个不停,不过涉及关键的实际内容不是被轻描淡写地带过,便是说得很隐晦,既让华莱士找不到借口,却又无可奈何,只能继续听下去。当听到曼森说了这样一句话:"当时艾伦带我去见几个毒枭······"还没听完这句话,华莱士就故意插了一句说:"就是那个艾伦·比奥索来吗?"

曼森听了,愣了一下。显然他没有料到华莱士竟然会知道艾伦·比奥索来这个人。华莱士后来解释说:"正是因为我说出了这个人名,令曼森认为我是有备而来的,对他很了解,也就是说,他若是继续说谎的话,对我是没有用的。"

就这样,华莱士将自己当成一个"知情者"和曼森进行交流,在接下来的审讯中,这一做法直接抑制了曼森胡编乱造的想法,但也使得曼森对之后的交谈更加小心谨慎。也就是说,如果当时华莱士没有把自己当作一个"知情者",不去暗示自己已经掌握了他们的信息的话,那么曼森可能会说很多毫无根据的话来混淆事实。

FBI探员通过长时间对审讯嫌疑人的了解认为,在通常情况下,一些老奸巨猾的嫌疑人为了避免反复被提审,或者是为了表现自己积极主动配合以减免罪责,会在接受审讯的时候口若悬河,夸夸其谈,表面上看来,他们很配合工作,参与意识也很强烈,但实际上,他们根本就没有参与到调查中来。对这样的人，就必须表现出一种你已经知道一切的姿态，令对方乖乖将事情交代出来。

识别供词中的真伪

许多犯人很狡猾，会给出不真实的供词，或用一种虚虚实实的方式扰乱FBI的判断。FBI掌握许多判断证词真伪的方式，比如表情、动作、语言等，还有被称为"神器"的测谎仪。测谎仪的原理是通过测量人在说话时心理参量发生的变化，从而推断出这个人是否在说谎。测谎仪上有传感器，一旦与人接触，就会迅速读取人体的一些生理反应，被测人只要回答"是"或"不是"，FBI就可以根据数据判断出他的回答是否真实。然而，测谎仪的使用受到一定的限制，并且有时也会失效。面对一些老练的、心理素质非常好的犯人，测谎仪不但无法准确测出他们的谎言，有时还会反被他们利用。

犯人面对审讯时的花样层出不穷，面对他们的各种供词，FBI根据什么来识别它们的真伪？分析对方的语言是FBI常用的方式。人只有在心虚状态下才会产生防卫性的回答，如果只是单纯的恐惧或委屈，则会主动对提问者展开攻势，以展示自己的清白。

一些人在面对追问时喜欢用发誓，类似"我发誓我没有做过""我发誓不是我"之类的话进行辩解，甚至用一些"我对……发誓"的字眼儿，以为这样就可以令听者感到他们是清白的。事实上，这些都不能减轻他们的嫌疑，反而能够使他们的嫌疑变得更大。FBI认为，发誓从某个角度来看反而是心虚的表现，真正清白的人反而不会这样靠发誓证明自己。对于真正清白的人来说，他们会尽可能地提供足够的证据证明自己的清白，而不是只靠不可信的语言，因为他们知道自己没有罪，事实如此，惩罚就不会凭空落到他们身上。

在相信鬼神的年代里，人们认为鬼神会替天行道，惩罚说谎的人。出于对鬼神的忌惮，人们会用发誓来表示一个人是否真诚。如果一个人敢于发誓，他就一定是诚实的。如今，几乎再没人相信鬼神之说，发誓也就不再具有当时的影响力，因为人们都知道，即使真的违背了誓言，也不会有鬼神惩罚他们。换个角度思考，真正看重誓言的人是不可能轻易发誓的，因为他们忌惮誓言无法兑现所带来的压力以及违背誓言后可能会接受的惩罚，只有那些不在乎誓言和报应的人才会把发誓当成一种随口说说的事情。

一个总将"我发誓"挂在嘴边的人往往是最不被大家所信任的人。现实生活中，越是喜欢发誓的人越喜欢骗人。虽然并不是所有喜欢发誓的人都是骗子，但所有的骗子都喜欢发誓这一点却是事实。骗子希望听者相信他时，会用非常肯定的誓言来佐证，但事实上，真相是不需要佐证的。当FBI向一群人询问他们是否参与吸毒时，那些发誓自己不曾碰过毒品的人往往都吸过毒，只有那些淡定地说自己没有参与吸毒的人才真的没有参与过。

同样，那些在听说某件不道德的事情后，立刻用坚决的语气强调自己态度的人也会招来FBI的怀疑。一个心中坦荡的人在面对FBI的提问时只要回答"是"或"不是"就可以了，如果FBI继续问一些细节方面的事，他们才会加以讲解和描述。在FBI面前，类似"我最讨厌这样做的人""这样做实在太可耻了""你知道我最恨说谎"这样的话是多余的，如果回答者一再强调自己的态度，即使他们确实是这样的人，他们的态度也会令FBI对他们多些怀疑。

市中心发生了一起刑事案，受害人是一名年轻女子。当时她正在路口等红灯，突然感到身后有人用力推了她一下，将她推入了马路当中。所幸驶来的汽车速度不是太快，并且及时刹住了车，她才没有丧命。等她回头去看，推她的人早已没了踪影。由于当时等待过马路的人很多，FBI向他们一一做了询问，并将疑点锁定在几名案发后立刻离开现场的人身上。

在对一名女人进行调查时，FBI发现了一些可疑之处。FBI刚向她讲述了来意，女人就发出了尖叫："天！这怎么可能！你们怎么会认为这是我做的！我怎么可能做这么恶毒的事！"FBI请她不要激动，并表示这只是

第六章
沉着应对：在博弈中击垮对方

一次例行的调查，女人的态度却仍然很激烈。至于当时她为什么会立刻离开，她给出的解释是她一看见有人受伤就会非常难过，所以才会立刻离开。

在调查过程中，女人一直显得愤愤不平："这个人实在太过分了，如果有什么私人恩怨完全可以单独解决，怎么可以在公众场合做这样的事，难道他就没有想过这样可能造成一连串的车祸，导致更多的人伤亡吗？"FBI离开时，她还请FBI快些抓到凶手，并声称她最看不起这样的人，抓到后一定要好好惩罚。

FBI离开后将女人的反应综合分析了一遍，发现其中有太多不真实的成分。FBI对女人进行进一步调查，发现受害人恰好是她丈夫公司的员工，而她本人也并不像她所说的，是一名道德感极强的女人。随着调查越来越深入，案情也越来越清晰，受害人正在交往的男朋友正是女人的丈夫，如此看来，女人有非常大的作案动机。FBI又对女人进行了几次审讯，起初女人还在拼命抵抗，几轮审讯后，她不得不承认事情是她干的。她得知两人的关系后曾找到受害人，用了很多办法想让她离开自己的丈夫，但是受害人不肯。她的丈夫得知她去找受害人之后与她大吵了一架，并说一切都是她的错。那天她偶然在街上见到受害人，突然萌发了让她消失的念头，才做出这样的事。

越是刻意强调一些事，就越会引起别人的怀疑。虽然每一个人都是生活中的演员，但并不是每一个人都能成为完美的演员。过于极端或强烈的语气和用词都能表现出一个人的心虚，一旦掌握不好尺度，必然弄巧成拙。

一些犯人在被FBI带走时会大声喊"凭什么抓我""不是我干的""我什么都不知道"之类的话，这种反应很明显是一种虚张声势，没有其他的作用。有经验的FBI能够轻易从他们流露出的慌张中推断出他们就是犯人或与犯人有密切关系。一个心中无愧的人被FBI带走调查时，会紧张而不会慌张，他们知道FBI不会逮捕无辜的人，所以他们相信自己能够平安地回来。

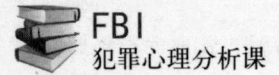

运用囚徒效应，让对方供出自己想要的信息

囚徒困境是博弈论中的经典案例，它的精髓就在于，在特定条件下，嫌疑人之间的合作会产生间隙，即便当时彼此合作才是最好的选择。而FBI对于这种理论的运用是非常频繁的，因为这种技巧的可操作性很强，只要保证囚徒之间不存在任何联系，再设定一套严格的赏罚政策就可以了。

1996年，一群情绪异常激动的美国民众在密西西比州警察局外进行抗议示威活动，原因是密西西比州警察至今都没有破获发生在他们居住的小区里的多起盗窃案，这令他们人心惶惶。的确，密西西比州警察花费了半年的时间也没有找出任何有价值的线索，所以盗窃犯一直逍遥法外。而在重重压力之下，密西西比州的警察只得向FBI求助。

FBI接手案件后，首先找到了被盗的户主，并让他们仔细描述了被盗的物品以及一些相关信息。根据这些户主的描述，几乎所有被盗的户主周末都在外地旅游或探亲，只有工作日的时间才会回到家中。FBI了解到这个情况后，立即派人在这个小区外暗地蹲守，并且由FBI 24小时对这个小区进行监视，特别是周末时候的监视。7天过去了，没有丝毫发现的FBI依旧没有松懈下来，而直到第8天的夜里，两个身影进入了FBI监视的范围。FBI发现两个人进了这个小区，通过多年的经验判断，这两个人极有可能就是盗窃嫌疑犯。果然，这两个人在环顾四周之后，用随身携带的工具打开了一家住户的房门，一个进入其中，另一个在门口把风。FBI立即出动，抓住了这两个人。

回到警局之后，FBI把这两个人分别关在单独的审讯间里进行审问。在FBI审问时，这两个人显然是已经对好了口供——他们坚决不承认自己是在盗窃，一直说自己是受朋友之托，在帮助朋友修理房门。两个人的口供很一致，这让FBI感到有些不知所措，后来，FBI运用囚徒效应，向这两个嫌疑人许诺，如果他们能说出对方的犯罪实情，就会被无罪释放，并

第六章
沉着应对：在博弈中击垮对方

且给他们一笔奖金，而对方将会被判刑10年；如果两个人都沉默，就一起服刑3年；如果两个人相互指证，会一起服刑8年。

这样的诱惑一抛出，两名犯罪嫌疑人都有些犹豫，不一会儿，在他们身上开始出现搓手掌、抓耳朵等小动作。无疑，这都显示了嫌疑人内心的不安与挣扎。随着时间的推移，再加上FBI的诱惑与威胁，两个人先后都坦白了对方的犯罪事实。最终，两个人都被判入狱，得到了应有的制裁。

负责这起盗窃案件的是FBI的联邦调查员古伊·霍特尔。古伊·霍特尔是FBI的一名很优秀的探员，曾经侦破多起入室盗窃、抢劫以及谋杀命案等。他一直认为，在调查过程中，面对犯罪嫌疑人，不仅要有一身过硬的破案本领，还需要从心理学角度出发，仔细研究和揣摩嫌疑人的内心世界。而囚徒效应就是根据嫌疑人的心理制定出来的一种对付嫌疑人的有效方法。

就像博弈论中的其他效应，都是从人们趋利避害的本能出发一样，囚徒效应中的每个人都是在寻求自身利益的最大化。他们到底该如何选择，才能把自己的刑期减到最小呢？而因为这两个犯罪嫌疑人被隔离，所以他们都不知道对方的选择，而且他们都担心对方出卖自己。其实即使他们能交谈，也未必会相信对方不会背叛自己。从人们趋利避害的心理来说，出卖对方所得到的，要比保持沉默来得低。因为谁都不能保证对方是不是与他一样保持沉默，如果没有，那么他将承受最重的惩罚。如果他出卖了对方，而对方也刚好保持沉默，那么他不仅会被释放，还会有奖金。显然，这样的选择是最有利的。由于两个人面对的情况是一样的，所以两个人的内心思想也是一样的，而最终两个人都会选择背叛对方。无疑，他们也都选择了对自己最有利的方式，这就是说这场博弈达到了纳什均衡。

纳什均衡是指参加博弈的每个人都选择对自己最有利的方式，从而最大化自己的利益。在这个案件中，显然最佳结果是两个人都保持沉默，然后一起服刑3年。但是事实上，这样的案件的最终结果几乎全是两个人都背叛对方，一起被判刑8年。那么，FBI是怎样让囚徒效应发挥作用的呢？

简单地说，就是设置了两个条件，一个是隔离两个嫌疑人，让他们不

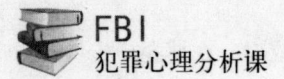

能清楚地知道对方的行为；二是提出"坦白从宽，抗拒从严"的赏罚措施。

囚徒效应反映了个人与集体的矛盾，无论对方怎样选择，每个人都会考虑到自己坦白是最有利的选择，从而形成一种纳什均衡，形成一种对所有人都不利的结果。如果想要让自己的利益最大化，就要首先替对方着想，但是一般人都是做不到这一点的。而以下就是FBI资深探员史密斯·威尔逊结合人性与心理学总结出的囚徒困境之所以会有效果的主要原因。

（1）从某些方面来说，人生性自私，而犯罪分子总是通过伤害别人来成全自己，甚至他们的自私比其他人的还要多一些。由于自私的人对别人都不会有太高的信任，所以他们很难与别人合作，容易相信别人会背叛自己。

（2）所有的犯罪嫌疑人都缺少安全感。从心理学的角度来说，这样的人会本能地怀疑周围的一切，而如果FBI暗示他的同伴有可能会背叛他，他就会很容易相信，并采取相应的自救措施。

在威尔逊看来，虽然这是一种很抽象的理论，但是在现实生活中，它还是有着广泛的应用范围的。在我们的生活或工作中，很多人都不能做到真正相信别人，也就是说，在每一个人的心中都存在的囚徒博弈中，一旦有利益竞争，一定会有人以牺牲别人利益的方式来保全自己。因此，FBI提醒人们，在生活中，面对这种囚徒困境时，一定要加强沟通，这样才能达成一致，实现利益最大化。

威尔逊认为，每个人在陷入这种困境中时，首先想到的应该是对方，而不是自己，即要想怎样才能不让对方的利益受损。如果一个人在陷入囚徒困境的时候还能想着别人，那么就一定能从不利的境地中走出来。可以说，在这个过程中，诚信显得极为重要。由此而言，我们要想在囚徒困境中保全自己，首先要让自己成为一个诚信的人，还要相信对方也是个诚信的人，并且要有坚定不移的决心，但是事实上，很少有人能做到这一点。

而正是因为这样，FBI认为囚徒效应用在那些缺乏安全感的人身上会更加有效。在实战中，FBI警员会对犯罪嫌疑人说："你不说，会有人说

第六章
沉着应对：在博弈中击垮对方

的，谁会不为自己考虑呢？"这样的话往往会引出犯罪嫌疑人的怀疑，让他觉得自己的同伴已经交代了罪行。一旦哪个嫌疑人有了这样的想法，他的心理防线就已经基本崩溃，再稍微加上一些诱导与诱惑，犯罪嫌疑人多半就会认罪，并供出自己同伙的罪行。而 FBI 还善于利用人们自私的本性在审讯过程中加以诱惑，从而加快审讯步调。

在重复博弈中，寻找制胜的技巧和时机

在和犯罪嫌疑人展开交流的时候，FBI 有一个比较常用的手法就是"重复博弈"。这种心理战术在很多时候看上去都显得单调无趣，但是它最后发挥出来的实际效果却是非常强大的。对 FBI 来说，他们对付顽固分子的做法就是，一次又一次地重复此前的工作，因为时间久了，对方一定会露出马脚的。

1985 年，美国康斯威星州弗农县的富兰克林小镇地方警署抓获了一名叫弗克利的年轻人。根据警方掌握的资料显示，弗克利是一名贩毒集团成员，他在当地早已是声名狼藉。将弗克利带回警局之后，富兰克林警察局马上就和州立警署取得了联系，试图一举端掉弗克利所在的毒窝。

但是，他们所要面对的问题也是很棘手的，因为按照弗克利被捕时所犯的罪行来说，警方并不能对他施以过重的惩罚——当时，嫌疑人只不过犯了"非法携带枪支"和"私藏大麻"这两个比较轻的罪名而已。在这样的情况下，警方想要顺利地从他嘴里挖掘出一些有价值的信息，也就非常困难了。

实际上，在面对弗克利这样的年轻人时，经验丰富的 FBI 还是颇有心得的。负责审讯弗克利的大卫警官在事后这样对记者说道："在面对一些顽固分子的时候，我们一边需要不断地重复自己的问题，同时还要仔细观察对方，看看他是不是在说真话，内心是不是真的很平静。"

事实证明，大卫的做法是正确的——他通过不断地重复，一遍又一遍地攻击对方的心理防线，在经历了长达 4 个小时的审讯之后，弗克利终于

对警方坦白了自己以往的犯罪事实。这件案子在当时引起了不小的轰动,有媒体怀疑警方在审讯犯人的过程当中使用了非法手段,因为嫌疑人没有必要将自己从前的违法行为一一交代出来,使得自己陷入一个更加糟糕的地步。为了摒除质疑,富兰克林地方警署随后曝光了他们的审讯过程。

可以看到,在这次审讯过程中,大卫并没有使用任何逼供、欺诈的行为,而是通过重复简单的问题来审讯弗克利的。

在开始看到弗克利的时候,大卫就问道:"嫌疑人弗克利,今年的9月3日你参与了一次和墨西哥毒贩的毒品交易,并在此过程中打伤了一名警察,我说得对吧?!"

"这是说的哪里的话,警官,你总不能看到我车里有一点大麻就说我是一个令人发指的毒贩吧?"

大卫没有将这个问题继续深入,而是一本正经地将对方的话记录了下来,继而又展开了下一个话题:"请说出你这次携带大麻的数量,以及获得这批大麻的渠道和用途。"

弗克利做出了一个非常勉强的表情,极不情愿地回答说:"这样说您可能不相信,但我可以保证这就是事实——我需要一点药物刺激才能使自己兴奋起来,我是个做音乐的人,所以我常常用它来找灵感。"

"这些大麻是谁给你的?"

"我不记得了,真的,我向您发誓,这是我第一次购买大麻,那个街道弯弯拐拐的,"弗克利狡猾地回答说,"我都不知道自己最后是怎么从那个地方走出来的。"

"你刚刚说自己是搞音乐的,常常借助药物来寻找灵感,但是现在又说自己是第一次购买大麻。现在可不是聊天时间,你说的每一句话都将被作为法院证词,所以不要试图欺骗警察!弗克利,你在今年9月3日和墨西哥的毒贩有过一次交易,并且打伤了一名警察,你承认吗?"

弗克利马上露出笑脸,说自己是一时说错了话,自己确实是第一次购买大麻,并没有欺骗警官的意图。这时,大卫加大了提问力度,他严厉地说道:"保持严肃!现在是警察审讯时间,请你坐好!回答这个问题,你

第六章
沉着应对：在博弈中击垮对方

是不是在1985年9月3日与墨西哥贩毒集团进行过一次交易，并且打伤了一名警察？"

弗克利尴尬地笑了笑，轻声地回答："没有，长官，我没有做过那些事。"

大卫将这句话也记录了下来，然后继续自己的提问："那么你是从什么时候染上大麻的？"

"我对您说过，这是我第一次购买大麻，所以我说自己刚刚接触毒品，这个回答可以吗？"

面对这样一个顽固分子，大卫有意让自己显得非常强硬，他大声命令对方说："现在是我在提问，你只能说'是'或者'不是'，不要再向我提出问题，明白吗？"

碰了钉子的弗克利开始安稳下来，而且他开始严肃地回答警方的问话。在随后的一段时间里，那个关于墨西哥贩毒集团和袭警的问题一再被提起，而在这个问题一次又一次地被重复之后，弗克利开始变得暴躁不安，甚至还向审讯者发了脾气，直至大吼大叫。这时，大卫开始转变了自己的态度，他将自己的语气缓和下来，开始引导嫌疑人的思维："好吧，年轻人。我们可以确定的是，主动认罪和被动认罪是两个不同的概念，我看到你的个人资料上面显示，你现在只有17岁，考虑到你还没有成年，法院对于你肯定是会做出宽大处理的。以我们掌握的资料来看，如果你主动坦白，法院最多判你一年。当然，这是在你没有其他案子的情况下。"

听到这样的话语之后，大卫注意到，嫌疑人的脚尖开始不由自主地动了起来。当时，弗克利穿的是一双质地柔软的布鞋，所以警方很容易就观察到，他的脚趾在不停地移动着，这种意味明显的肢体语言给了大卫很大的信心，于是他加大了攻势，开始不断地向对方施压，而在这样的情况下，弗克利终于放弃了抵抗，交代了自己所有的罪行。

经过调查，弗克利所在的贩毒集团确实劣迹斑斑，而他本人的投诚也带给了警方非常大的帮助。最后，法官对这个年轻人采取了宽大处理，结果真的就像大卫说的那样，他的刑罚被判得很轻。

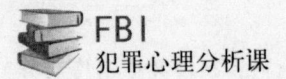

在本次案件审理当中，大卫在把握嫌疑人心理状态这一点上做得非常好，他成功地运用自己的交流技巧，通过恰到好处的重复式提问，成功地从嫌疑人口中得到了自己想要的信息。当然，FBI 的重复博弈也是讲求技巧和时机的，用得不好，也有可能屈打成招，那样就适得其反了。

重复博弈中第一个需要注意的问题是，在集中审问之前，需要有确定的信息表明这个人就是真正的罪犯。美国著名私人侦探、素有"神秘之狼"美誉的泰德·甘德森就曾表示，警方在刑讯过程当中使用的证词、实物，以及审讯方式，都会给嫌疑人带来很大的影响。

甘德森说："如果警方一直保持着高调的姿态，嫌疑人在自己的潜意识当中就会产生一种'服从才是正确选择'的错觉。也就是说，嫌疑人的主观判断受到了警方的主导，他们最后交代的事情很可能会是虚假的。"

在弗克利的案子上，如果大卫从一开始就不断地重复一个错误信息，比如"罪犯是一个变态的连环纵火犯"，那么随着时间的推移，弗克利承认自己是纵火犯的可能性也就会非常大。因此，在使用重复博弈这一种心理战术的时候，一定要有确切的把握。如果在证据不足的情况下刻意使用这一战术，那么到最后嫌疑人受到诱导的可能性也就非常大。

重复博弈中第二个需要注意的问题就是，在运用这一技巧的时候，要懂得"刚柔并济"。所谓的刚柔并济，实际上就是一个提问的强度的问题。根据以往的实战经验，FBI 表示："比较稳妥的策略就是，警方在最开始的时候展开相对舒缓的问话，随后再逐渐加强审讯的力度。"

在审讯弗克利的时候，大卫就做得非常好，"携带大麻"和"非法持枪"本来就不是他留意的重点。大卫想要知道的核心在于，在这起案件中，弗克利能够交代出几个同伙？几个月前发生的相关案件，是不是能够得到他的亲口承认？在审讯刚刚开始的时候，大卫有意将这个问题提出了一遍，但是随后马上就将方向扭转开来，直到 10 多分钟之后，他才又将这个问题提了出来。可以说，在双方交手的初始阶段，大卫是没有对对方展示出强大压力的。

随着时间的推移，大卫发现嫌疑人已经逐渐丧失了自信，并且开始默

第六章
沉着应对：在博弈中击垮对方

认自己的犯罪事实。这时，大卫抓住时机，向对方发动了疯狂的反攻。在这一阶段，大卫的问题重复率是非常高的，他几乎不间断地重复"墨西哥毒贩"和"袭警"这两个问题，致使嫌疑人脆弱的心理防线在强大的外界压力之下终于崩溃，而最后嫌疑人交代出自己的罪行，也就是理所当然的了。

从点滴中窥探对方心理变化

1962年8月4日，美国好莱坞著名影星玛丽莲·梦露在洛杉矶的公寓中身亡，年仅36岁。法医发现，梦露服食了过量的安眠药，并以此断定她为"自杀身亡"。

而美国联邦调查局的办案人员很清楚，梦露并非自愿自杀，而是因为她知道美国前总统约翰·肯尼迪和其弟弟罗伯特·肯尼迪的许多内幕，被迫自杀。

1962年5月，已经成为好莱坞一线女星的梦露做出了一个非常出格的举动，她抛下了刚参与不久的电影剧组《双凤奇缘》的演出，转而为约翰总统唱"生日快乐"歌。

这在很多人看来都很反常的举动，在她看来却应该这么做，她要利用好约翰总统这个"贵人"。然而，让她没有想到的是，使她走上不归路的人正是这位总统。

有着史上最性感女人之称的梦露，当时并不仅仅和约翰总统有密切的关系，还跟其弟弟罗伯特的关系很暧昧。梦露因为给约翰总统唱生日歌，成了当时媒体大写特写的头条新闻，这让肯尼迪的弟弟大为反感。

当发现肯尼迪兄弟对自己的不满后，不甘心受冷落的梦露偷偷写了一本秘密日记，在日记里，她记录了肯尼迪兄弟告诉她的许多重要国家机密。她写这本日记的目的非常明确，就是让肯尼迪兄弟重新回到自己的身边。

但是，单纯的梦露根本没有想到，她这样做的结果会将自己引向万劫不复的境地。她所记录的那本日记，就像一只在热带雨林中震动了几下翅

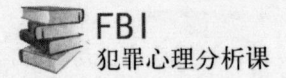

膀的蝴蝶一样,扇来的不仅仅是暴风雨,还有肯尼迪兄弟的仇视。

就在肯尼迪兄弟远离梦露的时候,一个叫菲尔德的人走进了梦露的世界,他是美国联邦调查局一直严密监控的特殊人物,当时由于他建立了"亲苏"组织,所以被 FBI 怀疑为苏联特工。因此,当梦露和他有了交往之后,便立即引起了美国联邦调查局的高度关注。

之后,FBI 意外发现了一个爆炸性情况:梦露向菲尔德透露了有关肯尼迪兄弟的内幕。于是,联邦调查局下令对梦露进行 24 小时全天候监视。

8 月初,肯尼迪兄弟做出了最终决定,彻底和梦露断绝联系。为了阻止梦露泄露国家机密,FBI 对其展开了一系列的攻心术。首先,FBI 在媒体上揭露了她以往的感情经历,并将与其交往过的男友名字公布于众,这让梦露颜面扫地,心理上产生了极大的震动;接着,FBI 给梦露打电话说:"你写的那本日记关系着整个美国的命运,所以,你务必交出!"

面对这一巨变,梦露绝望到了极点,但她仍然没有将日记交给 FBI。就在接过电话的那个晚上,梦露洗澡后,服用了安眠药,结果因巴比妥酸盐过量而中毒身亡。次日清晨,女管家发现梦露一丝不挂地死在卧室的床上,那本日记也随着她的香消玉殒而神秘地消失了……

从梦露的死亡过程我们可以看出:美国联邦调查局就是利用了"蝴蝶效应"这一心理操控术,先是让梦露感到恐惧,然后彻底扰乱她的心神,以达到获取信息机密的目的。

在这场博弈中,FBI 总是处于上风,这是因为他们对目标人物的心理变化把握得非常准确和及时。

所以,FBI 心理专家认为,当你想让对方帮助自己办成某件事或是想搞清楚某个事情的真相时,都应该从细微处做起,从点滴中窥探对方的心理变化。

点滴的细节就能成为"侦破案件"的入口,"从点滴的细节中去发现对方心理上的破绽,从而在较量中占据上风",这点不仅对每一个 FBI 特工来说极其重要,而且对每个人的人际交往也起着举足轻重的作用。

第七章
灵活应变：在较量中挖出真相

犯罪嫌疑人为了掩盖犯罪的真相，他们通常会百般狡辩，尽量摆脱法律的制裁。FBI在与犯罪嫌疑人的较量过程中，会采取各种方式，最终还原真相，让犯罪分子得到应有的惩罚。然而，有些犯罪嫌疑人非常顽固，拒不交代所犯的罪行，FBI会针对不同的人、不同的心理特征，利用灵活应变的方式，将犯罪嫌疑人绳之以法。

从证人的爱好入手,"撬开"沉默的嘴

一个寒冷的冬季夜晚,在纽约曼哈顿街头发生了一起恶性的抢劫杀人案,死者是一个年轻的姑娘——琳娜。案件发生的地段人比较少,又恰逢电子摄像头坏了,所以纽约警方对凶手的情况一无所知,甚至连他是男是女都无从知晓。

可是,因为案件造成的恶劣影响,纽约警方必须尽快破案,在苦于没有任何线索的情况下,纽约警方思前想后,决定公开寻找案发当晚的目击证人,而目击证人是他们破案的唯一希望了。

很快,根据诸多线索,这起案件中唯一的目击证人——凯特进入了纽约警方的视线。据悉,凯特和被害人琳娜是一对好朋友,并且在案发的时候,有人曾经见过她们在一起。

经过详细调查之后,纽约警方证实了凯特是目击证人的事实。据说,案发的当晚,琳娜和凯特两人刚刚参加完另一个好姐妹的派对正赶回家,经过便利店门口的时候,由于琳娜执意要进去买一包烟,于是遇上了抢劫犯并丧了命,而凯特侥幸逃过了一劫,但是当时的场面很血腥,凯特几乎是头也没回地落荒而逃。

掌握了目击证人的线索之后,纽约警方急忙赶往凯特的住处,可是因为案发当晚的场景太血腥了,凯特受到了严重的精神刺激,她不愿意再次回忆痛苦的场景。不管纽约警方如何劝说,凯特就是不愿意开口。

无奈之下,纽约警方只好求助于FBI探员,希望他们能想到尽快让凯特开口的办法。很快,FBI派来了一名叫作皮特的特工,皮特是一个熟知人们心理的专家,有他的协助,再难缠的人都会痛痛快快地开口。

第七章
灵活应变：在较量中挖出真相

了解了这起抢劫杀人案件的基本情况之后，皮特并没有着急去见凯特，而是先去见了熟悉凯特的人，了解了凯特的个人爱好和行为习惯等。皮特了解得很细致，哪怕凯特喝水是用左手还是右手，皮特也要了如指掌。

一切准备就绪后，在一个周末的下午，皮特脱下了自己的制服，换上了一身简约舒适的休闲装，朝着凯特的家出发了。听到门铃的响声，凯特不情愿地过来开门。

当谨慎的凯特透过猫眼看到门外面站着一个自己根本不认识的人，她立马警觉起来。凯特知道这又是一个过来打听案子情况的人，凯特故意装作家中没人，既没有吭声，也没有开门。

看到凯特并不欢迎自己，甚至连门都没有开，皮特没有灰心，而是兴高采烈地挥舞着手里的光碟，自言自语地说道："哎呀，真可惜，看来这么经典的乡村音乐是没有人陪我一起倾听了，周末一个人待着无所事事，我多么希望找个朋友一起听音乐啊！"

原来，皮特在了解凯特的过程中得知，凯特是一个十分喜欢乡村音乐的人，她经常托朋友从各个城市给自己收集好听的乡村音乐，有的时候，因为一首罕见的经典音乐，凯特不惜穿越几个城市去寻找。

一听到"经典乡村音乐"几个字，凯特的神经立马跳跃了一下，她的脸上浮现出了很多天都不曾有过的笑容。不容置疑，皮特的自言自语起了作用，凯特立马给皮特打开了房门。皮特谎称自己是凯特朋友介绍来的，知道凯特也是乡村音乐迷，所以希望能与她一起分享。

皮特进入房间之后，闭口不谈有关案子的事情，他从一个乡村音乐女歌手的生平故事说起，紧接着又聊了最近几年乡村音乐发展的方向，最后还讲了自己喜欢的乡村音乐有哪些。总之，那是一个愉快的周末下午，皮特和凯特围绕乡村音乐的话题聊得很投机，他们一起度过了愉快的周末。

其实，皮特只是音乐的门外汉，可是为了能和目击证人——凯特产生共鸣，他找来了大量有关经典乡村音乐的书籍和资料进行学习，并在最短的时间内和凯特成了知音。

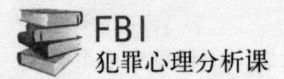

皮特仅仅和凯特进行了初次接触,案子的事情皮特并没有什么收获,第二天,皮特邀请凯特在一家咖啡馆见面的时候,凯特毫不犹豫地答应了。

在咖啡馆里,皮特和凯特两人再次围绕乡村音乐聊了起来,他们一起讨论最近有哪些好一点的音乐会,哪首曲子受人欢迎。在闲谈之间,皮特一直留意凯特的情绪变化,他还装作非常随意地将自己的咖啡杯向凯特身旁挪了挪。

挪完杯子后,皮特一直仔细观察着凯特的表情,似乎他的举动并没有引起凯特的反感,她依旧自顾自地继续着他们有关乡村音乐的话题。皮特知道,他的第一步试探已经成功了。

就这样,在随后聊天的过程中,皮特在假装无意地聊起某个著名歌手的时候,突然说了一句:"听说琳娜也十分喜欢他!可是……哎!太可惜了。"

听到"琳娜"这个名字,兴致勃勃的凯特瞬间愣住了,她陷入了沉默和抽泣。但是很明显,凯特的反应已经没有之前那么抗拒和激动了,皮特知道自己的机会来了,他一边拍着凯特的肩膀安慰她,一边对她进行耐心的劝说。

"我知道琳娜是你的好朋友,她的遭遇对你打击很大,可是只有你先勇敢地走出来,指认到底是谁伤害了琳娜,这样,琳娜才能走得安心,你也才能走出这片阴影。"

就这样,在皮特的劝说下,凯特控制住自己的情绪,说出了在琳娜遇害的那天晚上,她亲眼看见的情形以及凶手的模样。

按照凯特对凶手的描述,纽约警方立马对整个纽约市进行了地毯式的搜索,与凯特描述相似的人都受到了严格的调查。很快,真正的凶手浮出了水面,琳娜被杀的案件水落石出。

在这起案件中,我们可以看到,FBI探员皮特是一个非常善于观察的人。初次接触这起抢劫杀人案的时候,皮特并没有像其他人一样,着急去见目击证人凯特,而是先从凯特身边的人入手,即在还没有见到凯特的时

第七章
灵活应变：在较量中挖出真相

候，皮特就已经做足了功课。他清楚地掌握了凯特的喜好，即乡村音乐，并且尽自己所能，最大限度地去了解乡村音乐，做到了知己知彼。

紧接着，皮特选择了一个适合休闲的周末下午去见凯特，同时他没有穿自己的职业装，而是选择了舒适的便服。这样就弱化了自己作为调查案件的联邦探员的身份，而是以一个普通人，有着共同爱好的朋友的身份接近对方，这有助于取得凯特的信任。

最后，皮特对她进行了进一步的试探，他邀请凯特喝咖啡，并将自己的咖啡杯挪到凯特的跟前，这一切都没有引起凯特的反感。由此可见，凯特已经对他完全放下了戒心，皮特知道自己的机会来了，在谈话的时候不经意地提起受害人琳娜的名字，这时候凯特自然而然地说出了她所知道的一切。

由此可见，这起恶性抢劫杀人案的破获与皮特特工周密细致的观察分不开。正是因为了解了证人的爱好，皮特才能轻松"撬开"证人的嘴巴，得到自己想要的信息。

从谈话中发掘对方的优势

20世纪80年代初，由于内外环境的复杂变革，美国洛杉矶的治安非常混乱，尤其是城内的贩毒集团十分猖狂，他们由最初的地下操作，到之后的明火执仗，最后竟然发展到了集体联盟，洛杉矶几乎变成了一个巨大的贩毒网络。

在这个贩毒网络中，有一个叫洛克的贩毒老大，据悉，洛克所掌握的贩毒集团在整个洛杉矶属于最大的一个。根据线人提供的消息，洛克不但贩卖，还参与制造毒品，从洛克制毒的工厂中流出的毒品占了洛杉矶毒品市场将近一半的份额。

由于毒品给社会带来的危害，洛杉矶警方开始严厉打击毒品犯罪，他们邀请FBI来调查这个叫洛克的人，此次全权负责调查的FBI特工是一位叫蒙特的长官，他服务FBI将近20年，是一个有勇有谋的资深探员。

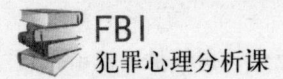

接手调查洛克的工作之后,蒙特根据已经掌握的信息详细了解了洛克这个人。蒙特发现,洛克是一只十分狡猾的老狐狸,他办事细心谨慎,虽然多年从事毒品生意,但是洛克没有一次亲自出面,行内几乎没有人知道洛克的真容。

为了尽快完成上级交给的任务,蒙特只能采取引蛇出洞的方式来诱使洛克露面,就在这时,根据线人汇报的消息,最近洛克的货仓将有价值一亿美元的毒品出仓。根据这个消息,蒙特推测,洛克可能已经得知了政府全面查毒的消息,他这次之所以要做出如此大宗的交易,就是想在出货后逃之夭夭。而根据洛克谨慎小心的性格,蒙特推测,这次的交易,洛克肯定会亲自负责。

为了抓住这个洛杉矶的最大毒贩,蒙特探员安排了4队人马负责洛克的案子。他们悄悄潜藏在洛克地下制毒工厂的周围,严密监视着里面的一举一动,很多天过去了,仍然没有任何动静。

就在所有人质疑蒙特的情报和猜测是否属实的时候,洛克开始悄悄行动了。那一天,洛克故意将自己的车停在了路边,不久,从洛克的车里下来3个人,他们分别上了另外3辆车。

不一会儿,洛克的车以及另外3辆车开始启动了,这4辆车起初并排行驶,可是走到一个交叉路口的时候,这4辆车分别朝着不同的方向驶去。

看到洛克如此动作,蒙特立刻派3队人马跟着其中的3辆车,自己带另一队人悄悄跟着另一辆。行驶了没多久,分开的另外3辆车开始慢慢朝着同一个方向驶去,在一个比较偏僻的木材加工厂停下后,3辆车上的人同时走下来,进了一间办公室。

这个木材厂四周的门窗都被封闭了,从外面根本看不见里面的情况,尾随3辆汽车而来的FBI探员感到很可疑,经过请示之后,这些探员迅速冲了进去。他们发现,这个所谓的木材加工厂就像一个化学实验室,而且桌子上还有类似毒品的白色粉末。

眼前的一幕让尾随而来的探员兴奋起来,他们立马呼叫蒙特进行汇

第七章
灵活应变：在较量中挖出真相

报，说他们已经发现毒品制造工厂，请求马上支援。听到呼叫之后，蒙特也振奋起来，就在他准备调转车头的方向，前往木材加工厂时，蒙特猛地顿住了：以洛克的谨慎和小心，他怎么会那么容易让我们找到啊。

这样想的时候，蒙特没有着急返回去，而是指示其他探员找来化学专家去化验木材加工厂中发现的那堆白色粉末，结果很快出来了，那堆白色粉末根本就不是毒品，而是普通的面粉。看来，FBI特工中了洛克的诡计。

这下，蒙特更加寸步不离地紧盯自己尾随的这辆车了，果然，这辆车经过兜兜转转之后，最后停在了一片树林旁边。车上的人下车之后就立马朝树林深处走去，蒙特紧跟在后面，随后，蒙特发现了树林深处的大型制毒工厂。

在这个制毒工厂里，有十几个身穿白色防护服的人正在忙碌着，洛克在边上指挥和验货。看到这一切，蒙特心里有了把握，他悄悄发出了请求支援的信息，等到几队人马全部到位之后，蒙特指挥大家冲进了房间，一举拿下了洛克以及他的秘密毒品制造工厂。

本以为人赃俱获，洛克也没有什么可抵赖的，可是在对洛克进行审讯的时候，狡猾的洛克却坚称自己是无辜的，他说自己是被人利用了，有人在他的水里下了药，趁他晕厥的时候将他带到工厂，至于什么制毒技术，他通通不懂。

看到拒不认罪的洛克，蒙特一改审讯的口气，突然问道："你上学时候的化学学得怎么样啊？我上学的时候其他功课都不好，唯有化学学得很好。现在我邀请你和我去一下实验室，我亲自给你演示一下制毒的过程。"

说完，蒙特带着莫名其妙的洛克来到了地下制毒工厂，到了桌子前，蒙特毫不犹豫地拿起桌子上的蒸馏瓶，有模有样地摆弄着，洛克站在一边轻蔑地观望着。

只见，蒙特一边将一些莫名的液体倒入蒸馏瓶里搅拌，一边嘴里嘟囔着："真奇怪，这个为什么不溶解？"看着蒙特的神情和动作，站在一旁的洛克冷笑着。过了一会儿，蒙特又对洛克说道："对的啊，应该是这样弄，怎么弄不出来？你等一下，我重新来，刚才一定是加的分量太多了。"

这时,一旁的洛克显然不耐烦了,他突然大声说道:"傻瓜,你这样弄永远都弄不出来,因为你的步骤错了,这样怎么溶解?只要将步骤反过来就可以溶解了,你以为自己有多么高明啊!"

洛克的话音刚落,蒙特神秘地笑了,他指着自己兜里的录音笔对洛克说:"你刚才说的话我已经录下来了,它将作为呈堂证供来起诉你,这下你可跑不掉了。"这时,只见洛克的脸色大变,差点栽倒下去。

就这样,通过蒙特的机智和巧妙布局,最终将毒枭洛克捉拿归案。从蒙特将洛克抓捕归案的过程中,我们可以发现如下两点:

第一,经过对洛克长时间的追踪和调查,蒙特对他有了全方位的了解,他认定洛克是一个谨慎小心的人,尤其是作为贩毒集团的首脑,蒙特认定洛克肯定掌握了制毒的技术。所以在审问的时候,蒙特采取的是从制毒技术着手的策略,引诱洛克坦白罪行。

第二,在审讯过程中,通过洛克的临场表现,蒙特又发现了他身上自以为是的一面,所以蒙特才将他领到实验室,并故意弄错制毒的步骤,引得不耐烦的洛克说出真正的制毒方法,并录下这一证据,最终使得洛克乖乖认罪。

由此可见,对洛克的顺利拘捕和审讯离不开蒙特对其信息的全面掌握以及他出色的审讯技巧,即在谈话中掌握对方的优势方面,并借此让对方说出真话。

犯罪心理学家指出,每个人都有自我表现的欲望和习惯,当我们询问对方最擅长的事情时,对方会感觉良好,这时候是接近对方以及拉近彼此关系的最佳时机。此时,如果我们放下身段向对方请教,对方就会为了彰显自己的才能而极力配合我们。

在日常交流的过程中,想要迅速赢得对方的信任,并让对方配合我们的行动,就要细心发现对方身上与众不同的地方,或者通过简单的交谈迅速了解他人的优势。其中包含两种途径。

1. 通过谈话发掘别人身上最突出的地方

毫无疑问,每个人身上都有自己优于别人、表现突出的地方。了解别

第七章
灵活应变：在较量中挖出真相

人最擅长的事情，可以帮助我们冷静、客观地认识一个人，让他人对我们充满好感，还可以通过与他人的交流取长补短，实现自己需要的成长。

比如对一个人事经理来说，如果他能准确地掌握公司员工的特点和潜力，那么他就能将每名员工都安排在最适合的岗位上，假如员工甲沉默寡言，但是精通技术，人事经理可以将其安排在公司的技术岗位上；而员工乙虽说技术一般，但是能说会道、善于表达，人事经理可将其安排在外联部门工作。

总之，通过短暂的交流或者接触掌握对方的优势和长处，可以创造"双赢"的局面。那么，怎么挖掘对方身上的优势呢？

首先，在和他人正面交流的过程中，要站在客观、公正的立场上看待对方，不能凭借自己的喜好简单地下结论。同时，要从不同的角度认识对方，发掘对方身上不为人知的一面，这能帮助你更加准确地识人。

其次，在和别人进行沟通的时候，要采取坦诚的态度，坦诚可以得到对方的信任。同时要多关注对方的行为表现和身体语言，正是因为语言具有局限性和欺骗性，而人的无意识行为才会暴露一个人的真正秉性。

最后，在和别人交流的时候，要满足对方自我肯定的欲望，有些人自以为是，这些人不等别人问，就会主动告诉对方自己擅长什么，并且非常喜欢吹嘘；而有些人自信心不足，他们难以正面承认自己的本领，这个时候你要学会多肯定和鼓励对方，一旦他们认可你的肯定和鼓励，就会把自己的优势慢慢表现出来。

2. 直接向对方提问并给予积极的回应

以提问的方式，直接询问对方最擅长的事情，可以创造让对方表现的机会，一般没有人会拒绝。但是值得注意的是，在提问的过程中，要注意以下问题：

第一，虚心和诚恳，让对方感受到你的诚意。虚心和诚恳是指你能放低身段去请教别人，相信没有人愿意和一个趾高气扬的人交流，比如，你想向一个技术熟练的同事请教技术方面的问题，那么在交流中就要体现出对方的能力比你强，你十分想学习对方的某种特长。一旦你表达出对对方

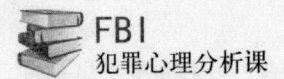

能力的认可,对方会很乐意帮助你解决难题。

第二,在对方对自己的长处和优点进行了描述之后,要记得给予积极的回应。一旦认可了对方身上的某项优点和长处,就要赞美这些优点,并指出对方和别人不一样的地方,这样可以增强其内心的成就感,让对方的自我表达欲望更强烈。比如"你真棒!""他们都不懂,只有你能帮我!""你真的好专业啊!"但是要注意,在赞美的时候要把握分寸,要不然会让人觉得虚伪和另有所图。

利用假设切断罪犯的退路

在审讯中,FBI 总有办法将犯人全部的路堵死,不给犯人留下任何一条退路,让对方最终弃械投降。一个人在没有了退路时可能产生的行为有两种,与现实争个鱼死网破,或彻底放弃抵抗。鱼死网破自然不是 FBI 想要的结果,所以他们在审讯时多数采用综合性的方式,随着对方的反应适时调整审讯态度和方式,以免一些犯人在被激怒的情况下与警方拼命,或产生更强烈的抵触情绪。

想要切断犯人的退路,最好的办法就是掌握所有的证据,让犯人百口莫辩。当证据不足时,FBI 会根据已有的证据进行合理假设,并带着这些假设与犯人进行对质。通常情况下,他们的假设都是正确的,并且成功帮助他们破获了许多案件。

如果不是真的掌握了足够证据,想要让一名犯人认罪并不是一件容易的事。在审讯过程中,FBI 会向犯人表明,他们完全理解对方为什么要这么做。对于一名自认处事高明得无懈可击、事事谨慎的犯人来说,没有什么比这更能令他感到震慑的了。

有时,有凭有据的假设刚好暴露了真实,而这种通过假设不小心触及的真实最容易令当事人感到恐慌。日常生活中,有许多人会因为一句玩笑出现异常的反应,往往也是因为这个原因。做了亏心事的人心中总会有一些不安,他们想要避免提起那件令他们感到亏心的事;心中有事不想为人

第七章
灵活应变：在较量中挖出真相

所知的人，会极力远离与那件事相关的人和事。比如出轨的丈夫非常排斥妻子问他"你是不是在外面有了别的女人"，即使妻子真的完全没有往那方面想，只是单纯与他开玩笑，他也会突然之间感到烦躁、大怒或者想躲避。

对于FBI来说，根据证据做出的假设大多都是真的。FBI清楚地说出了案件发生的经过以及凶手犯罪时的心理，虽然这一切都是他们根据证据假设出的，但这些也刚好是事实，所以凶手才会感到恐惧，感到慌乱。他不明白为什么FBI能够在他丝毫没有坦白的情况下得到这么多的信息。虽然假设中也有一些猜测的成分，但是有那些完全符合事实的推断为掩护，所有假设都变得肯定了。

假设得到的结果在被充分证实之前永远是假设，不能作为真正的证据。而只有真正的证据才能让犯人认罪。如何才能使这些假设看起来像真正的证据？在使用这些假设结果时，FBI表现出的是一种"我们说的就是已经确定的事实"的态度。虽然他们对于整个案件中的一些细节还不够了解，但他们也不会让犯人觉察出他们的不确定，因为一旦被犯人发现他们所说的一切都只是假设出来的，犯人就会立刻感到放松、得意，甚至有可能反过来攻击他们。

讲述者只有在讲述假设时表现出完全的自信，才能让听者感到自己确实被洞悉了。只有让听者感到自己确实被洞悉了，他们才会相信自己再也不存在任何侥幸，除了顺从，没有其他的选择。

打断对方发言，但别让自己的发言被打断

在和他人的对话中，我们在倾听对方的同时，也会不断地思考自己的问题。当人们的思考必须要表达出来的时候，就会不自觉地打断别人的发言。他们希望能够快速地表达出自己的想法，但说话者却很可能因为这个突然的干扰，慌了阵脚。

乔伊第一次给FBI探员讲战略部署的时候，心情非常紧张。他的语速

很快,他害怕一停顿就忘记了自己讲到哪里了。但人的思维是活跃的,总是不断有FBI探员向乔伊询问具体的战略部署。每次乔伊回答完他们的问题之后,都要思考很久才能继续开始讲授。

乔伊把这个情况向负责人汇报了,他非常沮丧地认为自己没有能力接受讲师这个工作。负责人在听了他的讲授过程后,总结出了他上课断断续续不连贯的根本原因,他送给了乔伊一句话:"千万不要让对方打断你的发言。"

连贯的语句就是一系列连贯的思想,专家指出,人们的记忆是有限的,而且随着时间的不断延长,能够记忆的内容会越来越少。因此,很多发言人都会选择一气呵成的方式向观众叙述自己的观点或理论,当他讲完一部分或是全部内容之后,才会允许他人打断他的话语,做出相应的提问和互动。

有经验的FBI探员告诉我们,当一些年轻的FBI探员初次和他人对话的时候,自己的思想很容易因为他人的干扰而受到影响。他们在自己陈述的内容被打断之后,需要很长一段时间才能重新整理出思路,继续发言。

因此,FBI探员在面对他人的时候,会尽量保持自己的发言内容的连贯,不轻易让人打断,继而影响自己的思考。但是他们却很喜欢打断犯罪分子的讲话,他们发现这种方法可以让对方的思路混乱,从而获取到他们需要的信息。

在审讯犯罪分子的过程中,FBI探员凯文就曾经使用过打断他们发言的方法,让他们的思维变混乱,自发地说出凯文想要的信息。

例如,当他们在陈述一件事情时,凯文会时不时地将他们打断。很多犯罪分子的供词都是编造的,在被打断后,他们就会忘记自己编造的故事。反复地打断和提问,会让他们渐渐忘记自己即将要说的谎话,在一种高度紧张的情况下,他们为了更好地理清自己的思路,会不由自主地说出事情的真相。而真实发生的事情,在讲述中是不害怕被突然打断的。

当然,当你想要扰乱对方思维的时候,可以采用打断对方发言的方法。但在平时的沟通和交流中,最好不要打断对方的发言,这样做不仅会

第七章
灵活应变：在较量中挖出真相

让人感觉你不礼貌，同时也会让对方厌烦你，认为你是一个不配合的人。

几乎所有人都有被另一个人打断说话的经历，有些时候我们可以提醒对方，请他们允许自己先把想说的话说完。但有时候对方忽然的提问，你并不能直接拒绝掉，因为那样的话，对方会认为你在抗拒他的互动，在之后的对话中，他会不愿意再继续和你沟通。

那么要怎么做才能尽量地保证自己的话语不被他人打断，或者怎样做才能保持思维的连贯呢？凯文分别针对这两种情况，给出了一些小诀窍。

1. 熟悉自己所要说的内容

当你对自己想要叙述的内容记忆深刻，并且十分熟悉的时候，他人的干扰和打断是不会对你造成太大影响的。通常来讲，在一些名师的课堂上，学生们的发言是非常活跃的，但讲师并没有因为学生的提问而慌了阵脚。相反，无论学生提出怎样的疑问，他都能够应用本节课的内容做出解答，在解释问题的同时，也让学生更深刻地了解了他讲授的内容。

当你对自己想要说的内容足够熟悉的时候，无论对方怎样打断你，你都能够快速地整理出自己的思路，并且知道下一句应该说什么。很多被打断之后，不知道说什么的人，都是因为对内容不熟悉。彼此之间的对话是随机的，想说什么就说什么了，所以一旦打断，就不知道怎样回忆起原来的内容。

2. 连贯的话语即使被打断也能够快速连接

当你对你所要叙述的内容不熟悉时，尽量将它们连贯起来，方便思考记忆。非常杂乱和复杂的内容，被打断之后是很难想起来的。而简单和相关的内容，则很容易被记起来。

例如，当你和一个人聊天气的时候，你们先是聊到了自己的城市，然后是自己国家的天气，然后是国际的大气候。这个由近及远的顺序，可以方便你记忆你们随机的谈话内容。当对方问到相关的问题时，你也能够快速回答，然后继续自己之前的话题。但如果一开始，你们聊的就毫无章法，想到什么国家的天气就说什么国家的天气，被打断之后，自己也很难再回忆起来之前说到哪个国家了。

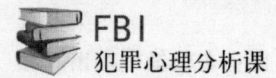

当然，不让对方打断自己的方法还有很多。但凯文特别提醒我们注意的一点——坚持自己的话语，尽量让每一句都说得完整。当你的话只说到半句就被打断是最糟糕的情况。

以彼之道还施彼身

对于一些看似荒谬的理论，我们可以选择当场反驳，也可以稍等片刻。在FBI的驳谬技巧中，也有这样一种"以彼之道还施彼身"的招数，当审讯遇到阻碍时，FBI会暂时假装相信对方的理论，并顺着对方的理论去想，然后再利用对方的理论将对方驳倒，或直接用一些事实来让他们哑口无言。运用他们所陈述过的事实将他们驳倒，其力度要远远大于我们用一听就与他们相反的理论去反驳他们。

在一次审讯中，嫌疑人声称自己是一名足球爱好者，案发当天和死者约好在一家常去的酒吧看球，可是等了很久死者都没有去，最后他只好一个人看完了球赛。"你们经常约在那家酒吧看球吗？"FBI探员问。"是的，我们就是在那家酒吧认识的，我们第一次见面是在去年世界杯期间，当时酒吧里正在直播一场小组赛，我们差点因为支持的球队不同吵起来，不过后来我们成为很要好的朋友。"嫌疑人说。

"我也很喜欢看足球。"提到足球比赛，FBI探员表现得非常有兴趣，他似乎忘记了自己正在审讯，和嫌疑人聊起了最近的几场足球比赛。嫌疑人也放下了防备，与FBI探员欢快地聊了起来。突然，FBI探员说："你们一定也一起看了巴西对荷兰的那场比赛吧，那一场的点球实在太精彩了。""那倒没有，那时我还不认识他。"嫌疑人随口回答。FBI探员听到这句回答后，突然收起了脸上的笑容，严厉地问："你之前说你与死者是去年世界杯期间认识的，那么你们认识应该已经有一年多了。"嫌疑人被FBI探员这样的表情震住了，他犹豫了一下，回答道："是的。""可是我刚才说的那场比赛是5个月前的，既然比赛时你还不认识受害者，你怎么可能认识他长达一年？"

第七章
灵活应变：在较量中挖出真相

嫌疑人本以为FBI探员与他只是闲聊，却没想到自己一不小心说出了自相矛盾的话，一时间不知道怎么收场。他想说自己不小心记错了，可是之前他已经用非常确定的语气说过他与死者相识的时间。在FBI探员的再三审问下，他只得承认，他与死者刚刚认识一个月，是因为赌球认识的。因为赌球，他欠了死者许多钱，死者逼他一个月内还钱，否则就打断他的腿。于是去酒吧之前，他约死者见了面，假意请求对方再宽限自己几天，然后将有毒的烤鸡送给了死者。与死者分开后他便去了酒吧，为的是给自己制造不在场的证明。

在另一起案件中，报案人声称他在晨跑时亲眼见到一名穿黑色大衣的女子杀害了死者后逃走了。他追了一段路，可是没有追上，于是回到现场报了警。FBI探员感谢他的报案，又向他询问了一些嫌疑人的细节，他说，嫌疑人是一名个子很高的女人，穿着高跟鞋，短发，其他的他就想不起来了。FBI探员请他再想起什么线索时及时和警方联系，便让他回去了。

报案人在回家的路上遇到了抢劫，他拼命追赶，终于追上了抢他东西的人。那人回过头后报案人吓了一跳，因为这个人正是之前审讯他的FBI探员。FBI探员看着他说："先生，我很佩服你能够跑得这么快，连我这个警局的短跑冠军都追得上。可是我很好奇，凭你的速度怎么会追不上一名穿着高跟鞋逃跑的女人呢？"FBI探员又一次将报案人带回了警局，经审问，根本没有什么穿黑色大衣的女人，报案人自己就是凶手。

这种用对方的理论反驳对方的方法在生活和教学中也同样适用。当一个人向我们强调他的理论有多么正确，但事实上存在许多漏洞时，我们可以暂时不反驳他。因为当一个人的心中认定了某件事是对的时，即使我们能够列举出许多足以反驳他的证据，他仍然不会低头认错，并且态度会变得更加强硬。此时，我们可以假装相信他的话，不去与他辩论，一段时间后，再用相同的理论去说一些听上去就很荒谬的话，做一些看上去就很荒谬的事，令对方来反驳我们，到那时，他才会真正明白自己的理论是错误的。

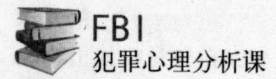

给对方设下层层圈套

圈套和陷阱类似，一开始都是人们用来捕捉猎物的工具。下圈套，设陷阱，都能让猎户们更容易捕捉到猎物，也容易让他们捕捉到更多的猎物。后来，人类学会将这些工具化为无形，使用的对象也从动物变为人。在生活中，提到圈套，人们脑中最先浮现的词往往是陷害、欺骗、邪恶、不正当等贬义词。如果说一个人善于设圈套，人们也大多会认为他是一个狡诈之人。事实上，给别人设圈套的人并非都是有邪恶目的的人。很多时候，正义的人同样可以用这种方式来对付那些狡猾的恶人，特别是那些狡猾且善于逃脱法律制裁的人。

当假设推理无法通过正常审讯途径得到验证时，FBI 们有时也会耍一些小花招，这是他们常用的手段之一。犯人很狡猾，想要使他们出现漏洞，就要比他们还狡猾。如果将警匪关系看成一场比赛，设圈套就是这个游戏中非常重要的一个内容。圈套设得好，所进行的假设就能够从嫌疑人自己的口中得到证实。

给人设圈套不是一件容易的事情，如果设得不好，一时失误，反而会令自己陷入困境。对于一个视财如命的人来说，最好的圈套就是让他有利可得；对于一个喜欢美色的人来说，最好的圈套就是让他有美女相伴；对于一个权力至上的人而言，最好的圈套就是让他拥有一定的权力。FBI 在给犯人设圈套时会先掌握对方的弱点，摸清他们心里的欲望，然后针对不同人的不同喜好设下不同的圈套。

某市出现了一名专偷名画和古董的小偷，已经有许多户人家失窃，可是小偷非常谨慎，从未在现场留下过任何线索。为了引出这名小偷，警方在报纸上刊登了一则新闻，新闻中说市里一位富翁最近在院子里挖出了一件古董，经鉴定，这件古董有近千年的历史，价值连城。新闻中还说，富翁本人对古董并无爱好，也没有研究，他希望能够将这件古董拍卖出去，让真正喜欢它的人拥有它。为了增加新闻的可信度，警方还在新闻中刊登

第七章
灵活应变：在较量中挖出真相

了一幅照片，照片上是一位老人手中捧着一个铜像。小偷看到照片后心中一动，他偷了那么多古董，没有一件比这个铜像值钱。虽然最近风声很紧，可是一想到这东西能卖个好价钱，他就顾不上那么多了。

富翁在市里很有名气，打听到他的住所并不困难，困难的是如何混进去，毕竟这样的人家通常都安有安保系统。小偷仔细考虑后，决定先假装成维修工人混进富翁的家，摸一摸里面的情况。一切都进展得很顺利，小偷暗自欢喜，决定晚上就动手，将铜像偷出来。天黑以后，小偷蹑手蹑脚地溜进富翁家，悄悄地来到放着铜像的书房，当他拿起铜像正准备离开时，周围的灯突然亮了，晃得他睁不开眼睛。等小偷能够看清周围时，他见到的是一群警察，每个人的手里都拿着枪。第一次在偷窃时遇到警察，小偷吓得呆站在那里，什么也做不了，他就这样被警察带走了。

圈套能够套出一个人的实话，也能套出一件事的真相。想要将圈套进展得顺利，除了事先要做足准备工作，打探好对方的盲点和弱点，在对方没有防备的情况下进行也是一种优势。FBI 提示，最好不要先对方一步暴露自己的真正意图，否则对方一旦产生了心理防备，圈套就有可能失去它的效果。

不附和对方，让对方心里没底

FBI 特工哈鲁是个另类，他从来不会附和对方，所有人都说哈鲁是最猜不透的人。久而久之，大家都不敢和哈鲁沟通了，他们都说原本自信满满的自己，和哈鲁聊上一阵子，就会立刻变得很沮丧。

一次出于好奇，杰尼也想会会这个哈鲁。杰尼和哈鲁聊起了天："亲爱的哈鲁，今天的天气很好。""嗯，一般。""亲爱的哈鲁，组织分配任务，我觉得使用 A 计划更加符合情况。""不一定。"杰尼发现，哈鲁的每句话回答得都很中立，完全没有附和自己的地方。他在想哈鲁是不是自己心里有自己的套数，自己的意见是不是相比之下很拙劣？于是，他越想越害怕，最后杰尼匆忙逃开了。

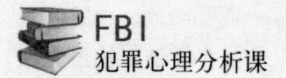

但哈鲁的心里到底打的是什么算盘呢？大家都不知道，他们只知道哈鲁是个厉害的人。知道如何回复对方，对方和他一对话立刻就会觉得很失败。但人们也在暗地里称赞哈鲁是个聪明人，能够看到别人看不到的问题。

心理学家进行过这样一项实验，他们把参加实验的人员分为人数相同的甲乙两组，让他们面对面坐着，互相阐述彼此的观点。参与实验的人被提前发到了讲话的内容，在实验过程中，他们要尽可能地让对方相信自己的话。

研究人员将自己选出的作为干扰的人安排在甲组中，并且提前在隐蔽处安放了摄像头，对整个过程进行了录像。实验的结果让人吃惊。数据表明，甲组的演讲内容几乎全部被乙组人肯定。而乙组的内容则被指出有问题，而且几乎都是乙组的人自己承认这个信息是不符合实际情况的。

很显然，作为干扰的人混杂在甲组人中，当乙组的人向他们阐述内容时，他们不会附和和支持。渐渐地乙组的人开始怀疑自己的说服力，继而怀疑对方揭穿了自己的谎言，在心底没有答案的时候，他们会被自己的答案吓倒，并且主动说出讲话内容的问题。

通过这一实验，研究人员还发现，在甲组那些成功的撒谎者中，支持和附和他们的人越多，他们说的就会更生动真实。他们会显得信心满满，让听众相信这个信息的准确性从而避免被识破。

在现实生活中，虽然很多人都觉得这个方法很不礼貌，容易得罪别人。但这的确是一个好方法，可以让对方信服自己。其实这点策略的高端之处，是让对方自己被自己打败。人们在产生一个想法的时候，都会去向别人咨询这个想法的可用性。如果别人肯定了自己的观点，那么他就会很自信地投入到实践中。但如果对方说这个观点很荒谬，不可信，那么他也就会改正或者抛弃这个想法。

关注细节找破绽，让对方"弃甲投降"

一个星期天的早上，21岁的妮可曼·西哥在厨房里发现一把尖刀正放

第七章
灵活应变：在较量中挖出真相

在水槽附近，她担心伤到两岁的女儿，于是就想把刀拿起放进抽屉里。但就在她拿刀时，这把刀从手中滑落了，将她的手掌划出了一道口子。伤口虽然不深，但是流了不少血。于是这位年轻的母亲让她的女儿去起居室，自己去浴室处理伤口。

当她处理完伤口时，却惊恐地发现女儿不见了，便赶紧打911报警。警察很快到了现场，并展开了大规模搜索，但没有找到任何蛛丝马迹。

由于案子棘手，联邦调查局开始参与此案。特工们对这位年轻母亲进行了测谎试验，但她顺利通过测试。之后又过了一段时间，年轻的母亲妮可曼收到了一个用褐色纸包的小包裹，上面没有寄件人的地址。

妮可曼打开包裹，发现了女儿的一只小手套。妮可曼确信这只手套就是女儿的，因为上面的手腕处有一个她早就想补上去的窟窿。

包裹里除了手套外什么也没有。特工们陷入了沉思。

这些经验丰富的特工们经过缜密分析，开始怀疑这并不是一起绑架案，而是一起凶杀案，而凶手就是小女孩的母亲妮可曼，因为其中有几个细节引起了他们的怀疑。

首先，一位母亲不大可能把一个只有两岁的孩子留在一个不安全的地方。其次，当她打电话的时候，她直接告诉接线员自己的女儿被绑架了。但实际上，对大多数母亲来说，她们会在孩子失踪的时候在潜意识里忽略或回避孩子已出事的事实。在一般情况下，她们可能会说自己的孩子不见了或找不到了之类的话，或者自己急得快要疯掉了等等。但她们不会说或避免说绑架。再次，这只手套的突然出现很值得怀疑。通常，一个孩子被陌生人拐走，不是为了钱就是因为各种目的而要伤害孩子，或者是为了不正常的性满足，或是为了报复等。除了在极少数情况下，才能看到这种只寄物品没有交谈的情况。在包裹里只装有一只手套，没有附带其他要求比如赎金之类的。

虽然这位母亲已通过了测谎仪的测试，但测谎仪仍是一个不够完美的设备，也有可能出错。如果这位母亲坚信自己做的事是正确的或必要的，那么她就有可能通过测试。

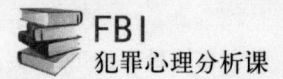

测谎仪曾测到她感到"内疚",她的解释是她对自己将孩子单独放在房间里而感到内疚。实际上,她可能是对伤害自己的孩子感到内疚。

另外,妮可曼是一个年轻的单身母亲,由于孩子的拖累错过了许多快乐的时光。现在,妮可曼认识了一位有可能跟她结婚的男友,便感觉到这个孩子会成为他们的负担。她想开始新生活,孩子便成了"多余"的。

特工们考虑到了这几点之后,便对这位母亲进行了第二次谎言测试。这一次的结果与上次完全不同。当被告知没有通过测试时,这位母亲脸色顿时大变。

之后,特工们将调查得来的资料放在她面前,并从细节处指出了破绽,年轻的母亲刹那间崩溃了。她终于承认自己亲手害死了女儿,还承认用刀伤到自己只是计划的一部分。

这起扑朔迷离的"绑架案"在细心的特工们的参与下很快就侦破了。

FBI心理专家们认为,破绽往往存在于细微的细节中,无论多么难破的案子,只要注重细节,往往就能顺利破案。在破案过程中如此,在生活中也一样。如果能注意交际细节,我们将能获得交际成功的良好机遇,使自己事半功倍。

某天,小刘给办公室主任老张送了一包味道鲜美的腌制特产。小刘笑着对老张说:"我昨天刚从老家回来,把曾经答应过送您的家乡特产带过来了。"

经他一提醒,老张才想起来,几个月前两人一起喝酒时,小刘夸奖了一下自己家乡的特产。老张当时开玩笑似的说:"真这么好吗?那等你什么时候回老家时也给我带上一点吧。"

"没问题。您老开这个口了,我一定办到。"小刘当时拍着胸脯说道。

老张只是呵呵笑着,并未接话,因为觉得这只是彼此间的玩笑话。事后他把这事抛到了脑后,谁想几个月后,小刘真的送来了家乡特产。老张很感动,两人的心理距离因此大大地缩短了。

从此,老张对小刘很器重,多次在会议上夸奖小刘。老张后来调到了另一个部门,便向上级举荐小刘做了原部门的办公室主任。

第七章
灵活应变：在较量中挖出真相

FBI的专家们建议，在日常生活中，人们总会遇到各种各样的对手，如果对手具有高超的心理素质，几乎"无坚不摧"的话，只需从细节处着手，便能找出破绽，瞬间攻破其心理防线。

仔细倾听与研究，沉着巧妙地应对

约翰·道格拉斯是FBI的高级警官，破过不少大案奇案，是FBI赫赫有名的高级特工之一。但是在漫长的办案过程中，他也曾遭到过排斥和反对意见，法官不让他出庭做证，被告方不接受他提出的案情解释，还把他称为"伏都教巫师"等。这事究竟是怎么发生的呢？道格拉斯又是如何处理的？这件案子的最终结果又如何呢？

事情还得从1986年发生的一桩命案说起。8月，宾夕法尼亚州威尔克斯巴里市的警方接到报警，一位名叫沃尔西弗的牙医遭到了袭击，其妻子被人掐死在了楼上的卧室里，5岁的女儿还在熟睡。

道格拉斯对幸运生还的医生进行了询问，并认真倾听，医生说："那时天快亮了，我被一种仿佛是有人破门而入的声音惊醒，便摸出了手枪，独自出去看看。我尾随一个身形魁梧的男子到了楼下，过了一会儿，他突然不见了。这时突然有人从背后袭击我，一条绳子从后面套住了我的脖子，我立刻朝后面猛踹了一脚，正中他的腹股沟，他便松开了手。然而我还没来得及转身，后脑就遭到了袭击，便昏了过去。醒来后，我就立刻给我的哥哥打了电话。"

道格拉斯并不相信牙医的这套说辞，将自己的询问状况做了一份详细的分析报告，但苦于没有证据，此案陷入了僵局。

之后，警方对沃尔西弗进行了起诉，呈上了道格拉斯的分析报告。但被告方认为证据不足，并反对道格拉斯提出的案情解释，还将他称为"伏都教巫师"，言下之意就是不相信他做出的分析。而法官们与被告方的意见相近，最后裁定道格拉斯不能做证。没有了道格拉斯的法庭陈词，控方变得有些被动。

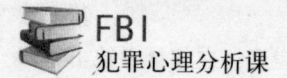

面对这些反对与质疑的声音,道格拉斯并未放弃自己的想法,而是沉着应对,仔细研究被告的漏洞。然后他将沃尔西弗的种种言辞漏洞做了一个分析研究,并将这些统统告诉了起诉方。之后,起诉方在法庭上对沃尔西弗进行有计划的发问,使他说话时漏洞百出,引起了陪审团的怀疑。

起诉方问道:"您曾承认过与前任助理有染,并断绝了关系,对吗?"

"这个……"看着起诉方的眼睛,沃尔西弗有些胆战,"不,我们在案发前几天还约会过。"接着,他又说了一大堆的解释,起诉方保持着沉默,直到他说完,才又说道:"能再说说您那天晚上做了什么吗?"

他说道:"那天晚上我很晚才回家,入睡前还与贝蒂说过几句话。"

起诉方心中一动,之前他对警方说他根本没有叫醒妻子,而这一点在呈交的起诉材料上写得明明白白,于是将这个疑问提了出来。他自然又是一番长篇大论的解释。

起诉方听完后,又抓住了其中的一个漏洞,问道:"你认为当时有几个人闯入呢?"

"两个人。"

"您之前不是认为只有一个人吗?"

"不,是两个人。"

最后,经过起诉方的努力,之前对道格拉斯持怀疑态度的法官终判被告三级谋杀罪。

在很多人对自己表示质疑、持反对意见的时候,道格拉斯采用了细心倾听、沉着应对、利用被告的语言漏洞进行反攻的方法,成功地将形势逆转。他沉着的态度,他的临危不乱,是处理反对意见的最佳方法。

FBI攻心专家建议,当遇到多方反对意见或质疑的时候,头脑要保持冷静,心态一定要放稳,并抓住疑点或漏洞,一举攻击,便能取得胜利。此外,还可以假意相信对方的谎言,然后让对方跟着自己的思维走,用这种方法,最容易套出对方言语中的漏洞。所谓将计就计,就是顺着对方的话说,然后给对方下一个套,成功地将对方绕入自己的圈子。但给对方下套并不是那么容易,因为对方对你总是很警觉,这时需要摆出特别相信对方的模样，使其警惕性慢慢降低，才能使对方慢慢上钩。

做对方抱怨的"垃圾桶"

美国尼米兹航空母舰上曾发生过这样一起事件。当时 FBI 特工威尔斯·邦德正好在这艘船舰上。那天下午天气非常炎热，绝大多数士兵正在午睡。

这时，威尔斯·邦德忽然发现一个士兵情绪非常激动，正用枪指着一个厨师的脑袋，厨师已吓得几乎说不出话来。

威尔斯·邦德并未急于指责那个拿着枪、情绪异常激动的士兵，而是采用安抚的态度，和蔼地问道："兄弟，你为什么不开心？"

士兵显得急躁而烦恼，说道："我恨这里，我不喜欢做任何无谓的牺牲。"

邦德仍安慰他道："告诉我，我的兄弟，你是不是遇到什么麻烦了？"

这名士兵仍然激动，怒道："我恨战争，非常非常痛恨战争。这该死的战争使我和我的亲人们无法生活在一起！"

邦德此时已经完全明白了，士兵出于对战争的抵制，对亲人们的思念，才会做出用枪指着厨师的事情。于是，他决定倾听这个士兵的抱怨，做他情绪的"垃圾桶"。

士兵在邦德的有意引导下，喋喋不休地说了自己的烦恼和痛苦，对战争的痛恨和厌恶等等。邦德有时倾听，有时安慰两句。

一个多小时后，士兵的情绪明显缓和。邦德知道时机到了，立刻道："兄弟，你知道吗？你是个极有责任感的人，你的父母一定以你为荣，他们一定非常爱你。"

这名士兵听着流下眼泪。

邦德又说道："我很理解你的痛苦。你现在无法与家人团聚，内心非常烦恼，这些令你感到不满。但这种不满不会持续太久的，如果你现在做下抱憾终生的事情，你的亲人们一定会感到很难过。"

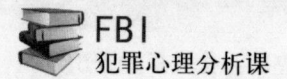

士兵听后，哭得越发厉害，然后丢掉了手中的枪。

每个人的心中都有极为脆弱的地方，这种脆弱性一旦展现或爆发，就会让其行动变得非常危险。威尔斯·邦德非常聪明地对士兵的激动情绪进行了安抚，使其脆弱的心灵获得了安慰，避免了悲剧的发生。

FBI的特工们都清楚，当一个对手正处于激动的情绪状态时，如果与之对抗，就会刺激对手，激起他更多的过激行为。只有给予一定的安慰，并运用适当的解决办法，才能化解险境。

FBI行为科学调查组的罗伯特·雷斯勒说："要想赢得对方的好感，就需要掌握一定的技巧。而这个技巧就是要耐心听取对方发表的意见，然后再与对方展开沟通。只有这样，才能拉近与对方之间的心理距离，从而赢得对方的信任。"耐心倾听别人的抱怨，并适时地抚慰对方，就容易使其心理获得一丝安慰，从而对我们产生信赖感。

倾听抱怨并非仅仅只是听，而是要从中找出对方怨声载道的原因。一旦将原因找出，就能迅速制定解决方案。

从社会学的角度看，人们之间的关系是由某种程度上的利益关系所决定的，这层利益关系一旦有了不足之处，自然会有抱怨。如果懂得倾听抱怨，就能从利益链上获得更为丰硕的成果。

第八章
心理抚慰：以柔克刚的取胜之道

FBI认为，在交谈中"以硬碰硬"的方式不足取，以柔克刚更有效。这是因为，采取强硬的方式与之交流，只会加剧对方的强烈反抗，不能让他放弃个人的主张，甚至容易造成矛盾冲突的升级，还有可能造成双方的决裂。为了避免出现这种情况，应该使用心理柔化法，用真诚、宽容、善意来感动对方。

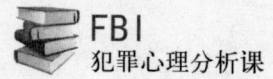

建立融洽的对话关系

心理学家通过对日常生活中人们的语言和行为进行观察分析之后发现，不管两个人之间发生了什么事，其本质都是相同的——人们所进行的一切行为都是一种情绪的"互惠"。当一个人对别人恶言相向的时候，他就会获得因恶言而带来的负面反馈，而当他以善意的心态来看待这个世界的时候，所获得的反馈自然也是善意的。这种"互惠"的过程在本质上是一种类似于反射的互动。在发现了这一规律之后，FBI 极力倡导要以和谐融洽的关系与人相处，不管对方是你的同事、亲人还是敌人，当你向他们发出善意的信号时，得到的反馈必然也会是令人愉悦的。就算 FBI 所面对的是罪犯，他们也会仔细甄别。对于一些情节较轻、态度较配合的罪犯施以和蔼的态度，他们发现这远比凶神恶煞的态度所起到的效果要好。

在日常人际交往过程中，建立起融洽的对话关系是每一个向往和谐、美好生活的人所抱有的期望。为了达到这个目的，FBI 提醒人们要主动、友好地发出信号，争取在情绪互惠的过程中给对方更多积极的反馈，多运用鼓励的方式来赢取别人的好感，同时也可以通过真诚的态度来获得别人的信任。为了达到融洽的对话关系，FBI 做出如下两点总结。

1. 宽容之心

融洽的对话关系可以为我们的工作和生活带来许多意想不到的便利。身边的那些人不仅可以成为我们前进的绊脚石，更有可能成为我们的垫脚石。以一种宽容的心态来对待周围的人并与之互动，所产生的必然也会是更加融洽的相处，而愉悦的心情也就从中产生。

FBI 所面临的对抗多是高强度的，他们与罪犯的斗争常常是你死我活

第八章
心理抚慰：以柔克刚的取胜之道

的，而人们日常生活中的摩擦和对抗，便显得不足挂齿。同时，FBI 通过对罪犯的多年研究发现，人们之所以会互相充满怨恨，多是因为生活中的一些小事积累了怨气，将那些不可避免的磕绊都看开一些，以宽容平和的心态来促成一次开诚布公的交流对话，可以避免很多悲剧的发生，从小处看可以为我们带来好心情，从大处看也许会改变我们的人生观。

古希腊神话对怨恨之心有过形象的描述，大力士海格力斯与怨恨袋之间产生了对抗，当他以更大的力气来对付这个怨恨袋的时候，反而会让怨恨袋变得更强大。这就是怨恨的可怕之处，它会阻塞我们前行的道路，遮挡我们的双眼，最后令我们在无限的愤恨之中自取灭亡。如果我们退后一步，多给对方一些理解和支持，也许换得的就不是怨恨而是感激。如果我们能够做到这一点，那么在人际交往中，我们可以实现一次积极情感的"互惠"。

2. 不要让语言变成刀子

语言在人们的生活中是不可或缺的，而它也是一把双刃剑，有时候可以带来欢乐，有时候却会带来灾难。要想达成一个融洽平等的对话气氛，就要在语言使用的过程中多加注意，人们所发出的每一个语言信号都有可能换来相应的回馈，而在不断回馈的过程中，人们的行为也不断得到加强，喜悦者会因此而更喜悦，颓丧者会因此而走向毁灭。这不仅是 FBI 在攻心战术研究的过程中印证过的真理，也是心理学家反复强调和倡导的为人处世之道。

在 FBI 犯罪心理研究领域占据重要地位的心理学家贺洛克曾经进行过一个经典的"心理反馈实验"，参与这个实验的 FBI 探员被分为 4 个不同的小组，分别去执行难度相同的侦破任务。在提交任务报告的时候，第一组被不断夸奖赞誉，他们的工作得到了很高的肯定。而第二组则受到了严厉的批评，不管他们获得了多么大的进展都无法令上司满意。第三组虽然也取得了类似的调查结果，但他们所得到的待遇却令人无奈，不管他们做对了什么或者做错了什么，上司都不闻不问，似乎从来没有注意到他们的工作。而第四组探员的遭遇则更加离奇，他们在工作中完全和其他小组隔

离,不能接触到自己的同事,也无法获得上司的反馈。

这4个小组的测试成绩在经过一段时间的实验之后呈现出一个有趣的趋势,第一组进步神速,其他组的成绩稍逊于第一组,第四组的成绩最差。

贺洛克实验虽然是由FBI心理研究机构所进行的,但它所得出的结论对于每一个人都具有指导意义。它告诉我们获得反馈的信息是多么重要,而在所有反馈中,积极正面的赞许则可以起到更好的作用,更利于促成一件事情的成功。

语言的运用是否得当是直接决定对话关系的重要因素,而很多人在运用语言的时候还容易走向另一个极端——沉默。当人们遭遇到自己无法表达或不愿意直接表达的情况时,往往会选择沉默,这对于形成融洽的对话关系是一种严重的伤害。沉默所代表的含义是生疏与冷漠,当一个人希望与他人增进彼此的了解时,遭遇沉默就像是碰到一堵冰冷的墙,对于交往毫无益处。虽然很多人将"沉默是金"作为自己的信条,但无数事实证明适当地表达自己的意见,给予别人更多的反馈信息,才是促成双方更通畅交流的最佳选择。

善于巧妙利用情感攻势

在美国旧金山的一所学校中发生了一起严重的暴力袭击事件,死者是一名美丽的女生,她的头部被钝器砸了个大洞,校园上下陷入了恐慌之中。

受命赶来的FBI探员查理对这起案件进行了详细的调查。他从现场找到一枚戒指,上面沾染了死者的鲜血。同时查理还了解到,这个女生有一个男朋友,名字叫杰森,而杰森是个脾气暴躁的家伙。自从这个女生出事以后,杰森也消失了,于是杰森就成了嫌疑最大的人。

查理进一步了解到,杰森虽然脾气暴躁,但在同学们眼中也是一个重情义的人。由此推断,如果凶手真是杰森的话,他一定很后悔自己的冲

第八章
心理抚慰：以柔克刚的取胜之道

动。于是，查理决定利用手里的这枚戒指为诱饵，把杰森"钓"出来。

查理确信自己这招会有效，他推断出杰森虽然逃跑，但他一定会回来找这枚戒指，因为这枚戒指能勾起他与受害女学生之间爱情的回忆。为了引诱杰森上钩，查理将拾到戒指的事情公布出去，并注明了领取的时间和地点。

过了几天，一名戴白色口罩和黑色墨镜的男子出现在戒指的领取地点。他神色慌张地走近查理，表明了自己的来意。

"没错，我就是受害者的哥哥，我要拿回这枚戒指当作纪念。"这名男子假装镇定地说道。

"你叫什么名字？"查理面带微笑。

"贾斯汀，"这名男子说道，"我可以拿走那枚戒指吗？"

"哦，真遗憾，我还以为你就是杰森呢。"查理温和地看着他说，"据我们了解，杰森是一个非常注重感情的人，在同学里面人缘也不错。我还觉得他会来认领这枚戒指呢，因为这上面有他和他女朋友的美好回忆。"

这个男子听完这句话后，眼圈已经变红了，他摘下口罩和墨镜对查理说："非常感谢你的信任，我不想再瞒下去了，我就是杰森……"

最后，杰森供述了他就是害死女友的凶手，并主动交代了自己犯案的过程，表达了自己深深的忏悔。

在FBI探员与对手的心理角逐中，有一种识破谎言的方法不容错过，这种方法就是感情攻势。那么，什么才是真正的感情攻势呢？简单来说，就是"晓之以理，动之以情"，用情感叠加的方式打动对手，让对手僵硬的心被温情融化，最后心甘情愿地把实情讲出来。

在FBI探员看来，即使是那些铁石心肠的犯罪分子，其内心最深处也会有一块儿柔软的地方，与这样的犯罪分子交锋时，感情投资的方式才是笼络人心最有效的方式。

但是感情攻势运用的时候也是有条件的。运用之前，一定要努力把自己放在对方的立场上，否则，所有的感情投资都是徒劳无功的。例如你随便在大街上对一个人说："嗨，伙计，小心你的钱包啊，别让人给偷走

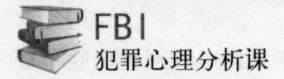

哦。"虽然这是在善意提醒别人防范小偷,但被提醒的人也许不会这么想,他的心里也许会怀疑你的动机。因为你们还不是朋友,这样的关心就显得太过突兀、太做作了些。

通过对他人实施感情攻势,有利于我们更好地瓦解对手的心理防线,达到识破谎言的目的,这在FBI探员的工作实践中非常实用。对此,FBI做出如下总结。

1. 赞美对手

每个人都希望自己能够被赞美,这也是人的一种天性。FBI探员们认为,要得到别人的信任,就要善于赞美他人,善于夸赞他人的长处,以此来瓦解对方的心理防线,达到自己的目的。

根据这个理论,如果我们能找出连对方自己都没有意识到的优点,并对其优点进行赞美,那么,我们就能发挥感情攻势的作用,这有助于融解对方的心理抵抗。FBI探员总能通过巧妙赞美对手,从而达到快速笼络人心的目的。

在一次宴会上,一个FBI探员注意到一名气质高贵的女子独自在角落里,手里托着一杯香槟,小口地抿着,看上去非常拘谨,好像不习惯这样的交际场所。

于是,这名特工就主动走上前去,很自然与这名女子搭讪,并大胆猜测说:"尊敬的女士,虽然你现在的样子有些拘谨,但我看得出,这不是你本来的样子。如果你是与朋友在一起的时候,你一定会表现得非常活泼开朗。"

这些话顿时引起了女子的兴趣,她惊讶地说:"你是怎么知道的?太神奇了!的确,我与熟悉的朋友在一起时总是会表现得非常热情,可是今天这里没有一个我熟悉的人。"

于是这位FBI探员就主动与这名女子进行交谈,这名女子也很快便被健谈的FBI探员所吸引,对他敞开心扉,大谈自己生活中的囧事糗事,角落里不时传来他们的笑声。

由这个小故事我们可以看出,恰到好处的赞美能够让我们迅速赢得一

# 第八章
心理抚慰：以柔克刚的取胜之道

个人的好感，消除他人对我们的心理防备。在如此短暂的时间内，FBI探员就通过巧妙的赞美获得了对方的好感。事实上，FBI探员在交际晚会中发现女子"自己一个人喝香槟，看上去非常拘谨"，于是下意识地判断对方的性格属于内向型，然后主动与之交谈，通过赞美该女子性格的不足之处，拉近了彼此间的距离。

另外，FBI探员认为，发挥感情攻势的有效方式就是与对方谈论其内心最期待的东西，有时候还要特意赞美对方的不足之处。这样对方内心会感觉到自己的需求被理解，就会更加容易信任你。

比如，有很多外表出众的女孩给人的感觉都是高傲的，那么我们在赞美这类女孩时就可以说："听别人说，外表出众的女孩给人的感觉是高傲的，可你却一点儿也不高傲，相反，你是个如此随和的人。"相信听到这句赞美的女孩一定会心花怒放，认为只有你最了解她，从而愿意与你交朋友。

2. 微笑的效用

微笑是一把万能钥匙，可以开启一个人的心灵之门。FBI探员也总是在适当时机露出自己极富感染力的微笑，减小与对手之间的隔阂，以求更加快捷地完成任务。

看看我们周围的人群，人们的面部表情都是丰富多彩的，而"微笑"无疑是其中最具表现力的一种表情，是直观地体现人们内心世界的最重要因素。很多时候，当一个人与陌生人交谈的时候，往往会保持一种平静的微笑，如果他们在交谈的过程中产生了共鸣，他们的言语将不断增多，笑的频率也会增加。FBI探员认为，微笑代表着人们内心世界的情感变化，微笑不仅反映了人的外在表情的变化，更反映了人内心世界的变化。

波拿多·奥巴斯朵丽在《如何消除内心的恐惧》中说："你向对方微笑，对方也报以微笑，他用微笑告诉你：你让他体验到了幸福感。"由于你向别人微笑，使对方感到自己是一个受大家欢迎的人，因此，他也会向你报以微笑。换句话说，你的微笑使你感到了自己的价值地位。由此有人把微笑这一"体语"比喻为交际中的"通用货币"，每个人都能付出，同

时每个人也能够接受。

FBI探员十分重视微笑的效用,同时,也十分擅长从一个人的笑容里解读其内心的密码,判断对手说话的真实程度。因为复杂而多样化的微笑蕴藏着许多信息,其中意味深长的众多信息,值得我们加以探索。

如何消除对方的心理戒备

FBI探员在一次任务中抓到一个企图进行破坏活动的犯罪分子,将他扭送到附近的警察局。在审问中,FBI探员想要让这个犯罪分子开口供出自己的同伙,但这名犯人怎么也不肯开口说一句话,审问工作被迫暂停。

后来FBI探员了解到,这名罪犯是一个胆子比较小的人,在平时生活中也很缺乏安全感,尤其对一些暴力行为十分畏惧。针对这种情况,FBI探员想出了一个方案。

审讯工作再次进行,一位身材瘦小的FBI探员出现在了犯人的面前,由他来进行单独审讯,这名特工的态度十分谦和。在审问中,这个犯人逐渐坐直了身子,看上去心理压力减小了很多,但仍然不肯开口说一句话。但是没关系,FBI探员已经达到了他们的第一个目标。

大约半个小时之后,小个子FBI探员起身离开。却有几名身材高大威猛的特工进去继续审问,他们不但面目凶狠,态度也十分不客气。于是,犯人又回到了当初的那种蜷缩的姿势。

半个小时后,审问人员又换了,这次是几个身形伟岸的警察,手提警棍晃来晃去,态度也更加凶恶。这一次,犯人再也受不了了,他终于开口说话,但他要求让刚才那位小个子特工进来,也就是那个在身体上对他不造成任何威胁的特工。

而这名小个子的特工早已等候多时,因为这本来就是他们的计划。最终在这名特工的引导下,犯人说出了同伙的所在地,案件也顺利告破。

这个案件的审理非常巧妙,它有效地利用了犯人的心理特征。在审理过程中FBI有意让一位比较瘦小的特工打头阵,提前压低了自己的势头,

第八章
心理抚慰：以柔克刚的取胜之道

无形中减轻了嫌疑人的心理压力；再通过后面几波彪形大汉的强势压迫，造成犯人心理上的巨大反差；最后，在心理上对其进行循循善诱，最终攻破了对方的心理防线，成功完成了任务。

动物在遇到危险的时候，总是会本能地产生自我保护意识，其实人类又何尝不是如此。每一个落入法网的犯罪分子都对面前的执法者有强烈的畏罪心理，这就会使他们本能地采取一切心理戒备进行自我保护。

大多数犯人在被审问时采取沉默的策略进行自我保护，因为他们都明白一个道理，那就是：祸从口出。所以他们从来不主动开口说话，即使勉强开了口，也都是经过严密思考的，会尽可能避免矛盾和漏洞，不让他人抓到把柄和突破口，以此来营造一个自我保护的体系。

由此可见，不论是在日常的人际交往，还是FBI探员们的审讯过程中，如何打开对方的心扉，消除对方的心理戒备，早已成为彼此交流能否成功的重要前提。如果这个前提得到了满足，那么对方的谎言将很快被识破。为此，FBI做出如下总结。

1. 主动关心，给对手安全感

安全感是一种感觉，一种心理；是来自一方的表现所带给另一方的感觉；是一种让人可以放心、可以舒心、可以依靠、可以相信的感觉；是一个人通过言谈举止等方面的表现带来的。FBI探员认为，被审问的犯人常常不肯开口说话是因为他们心里普遍缺乏安全感，他们对外界的不信任感是非常严重的。要让犯人产生安全感，首先要做的就是让犯人相信自己。

FBI探员常常采取主动关心犯人的方法来消除犯人的心理戒备，以求更好地套取情报。他们总结出，如果你想和别人合作得既顺利又成功，那就要赢得对方的信任和好感；特别是在对方是你的敌人的情况下，更应该充分了解对方在细节上的个人好恶，这样才会减弱乃至消除对方对你的心理抵触情绪和敌对意识。

FBI高级特工詹姆斯·乔伊最近接手了一个案件，听转手的同事说，这个犯罪嫌疑人满口谎话、很不老实。

在初步了解了犯罪嫌疑人的资料之后，乔伊便马上开始了对这名犯罪

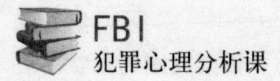

嫌疑人的审讯。

当时正值盛夏,酷热难耐,审讯室里只有一台电风扇控制室内的温度。

10分钟后,乔伊走了出来,审问工作顺利完成。

转手这起案件的同事听说乔伊只用了10分钟就让这个犯罪嫌疑人开了口,便跑去问他。

"嘿,我说伙计,这究竟是怎么回事?你是怎么办到的?我可是接连3天审讯,他却一句话没说啊!"那位同事问道。

"其实很简单!你知道的,当时审讯室那么热,高达35摄氏度,我们在谈话时,我只是走到电风扇前,掉转了一下电风扇的头,让它对着那名犯罪嫌疑人。就这样,他就告诉了我他所知道的全部信息。"乔伊回答说。

每一个坐在受审椅子上的犯人都是十分缺乏安全感的,他们这时候的心情都是非常沮丧的。这时候,也许一个微小的关心他的举动就能消除他的心理戒备,把事实真相和盘托出。

主动关心对手是一种比较温和的审问技巧,它不同于酷刑,只要你为对方做一些事情,就会使对方产生一种亲切感。在大多数情况下,对方甚至还会产生一种负罪感。当负罪感产生时,不用你说一句话,对方很有可能在负罪感的支配下,为你做一些在你看起来他不可能会做的事情。

2. 挖掘对手的优点

即使是最穷凶极恶的匪徒,也有其不为人知的优点,而每个人都希望自己的优点能够得到承认和赞美。于是,精于阅人的FBI探员经常利用挖掘对方优点、赞美对方优点的方法来消除对方的心理戒备,使对方的谎言不攻自破。

找出对手的优点,并加以赞美,无疑会给对方一丝好感,在这种情况下双方的沟通自然就会变得容易许多。如果能在无关紧要的地方表现出自己的不确定,再用一些显得有些语无伦次的表达方式,凸显了自己的真实,那么对方就会在你给他提供的舞台上充分展现才能,同时对方也会相信,并不是因为你的劝说起到了作用,对方之所以能够接受,完全是靠他

第八章
心理抚慰：以柔克刚的取胜之道

自己的本事。

FBI探员在抓获了一名罪犯之后，便对他展开了秘密的审讯，以便以最快的速度对这个团伙实施打击。刚开始的审讯并不十分顺利，因为接管此案的一位特工发现，这名罪犯性格复杂，经常做出一些让审讯人员难以理解的极端举动，即使对他采取高压措施，他也面不改色，嘴里说出的没有一句真话。这使得对他的审讯一时间陷入了僵局。

为了打破这种局面，这位特工求助于一位FBI心理专家。FBI心理专家在阅读了大量有关这名罪犯的资料后，发现他是由于一位密友的误导才加入了该团伙，他两年前曾经写过一封长达4页的信给他中学时期的老师，这位学识渊博的中学老师一直是他所崇拜的对象。在信中他这样写道："我没人可商量，没人支持我，我感到沮丧和孤独。我不知道该做什么。我认为这种孤独感会导致我出其他问题。"从资料看，这名罪犯还曾经用在执行任务的过程中得到的奖赏资助了一个孩子，因为他本身就没有完成自己的求学梦想，他希望这个梦想可以在这个孩子身上实现。

当FBI心理学专家把这些说给这位进行审讯的特工听时，这位特工大受感动，他意识到强硬的手段并不适合这次审讯，激励和引导的温情执法方式才是这次攻心战的关键。

新的审讯又开始了。这位特工放慢了说话的语速，对罪犯说道："虽然我们来自不同的国家，属于不同的种族，有各自的信仰，但是你是我见过的最有爱心的人，你资助的那个孩子一定会感激你的。如果你不再做犯法的事，世界就会因为你而多点和平，很多人就不会流离失所。我想，那些被伤害的人也会原谅你的。"

本来内心过于纠结的罪犯在听了FBI探员这一番话之后，感慨万千，他决定不再撒谎，向FBI探员供述了他所知道的团伙成员名单及相关的细节。

自己的优点得到肯定和赞美，这对于犯人来说也是非常受用的。正是FBI探员的几句具体的赞美话语，如"你是我见过的最有爱心的人""世界就会因为你而多点和平"等打开了这名罪犯坚硬的心门。但同时FBI探员也提醒大家,假如赞美得不得要领,便会引起对方的怀疑,让人觉得你很虚伪,也显得不够真诚,从而对你产生反感。

3. 友善的力量

每一个人都喜欢与善良、和蔼可亲的人交往,而且愿意接受这些人的忠告和建议。FBI专家强调,只有友善的态度才有可能消除对手的心理防备,使对手如实说出事实的真相。如果你要采用对抗的态度来换取他人的心服口服,那么等待你的,必然会是失败的结局。

前FBI特工罗伯特.K.雷斯勒曾表示:"任何人都很难拒绝温暖的话,温暖的话语具有说服人、操控人心的魔力,因此,它是操控人心最重要的心理战术之一。"

为此,罗伯特.K.雷斯勒讲述了他在FBI服役生涯中经历的一件事:一天,总部派雷斯勒到费城执行一项调解矛盾的任务,被调解的双方是当地的两家机械公司。因为产品的定价问题,两家公司吵得不可开交,其中一家公司认为,对方公司将生产出的产品以很低的价格出口到其他地区的做法违反了价格法的规定;而对方公司却认为自己生产的产品是完全按照市场竞争规则进行销售的,与联邦政府制定的价格法根本不冲突。于是,双方展开了激烈的争吵。

在雷斯勒了解到这些情况后,意识到要想化解两家公司的矛盾,必须要通过和平说服的方式。为此,雷斯勒分别会见了两家公司的负责人。雷斯勒对第一家公司的负责人这样说道:"非常高兴能够看到贵公司取得如此令人瞩目的成绩,这与您的有效经营是分不开的,如果能与其他公司进行合作的话,我想贵公司必定能迎来更大的发展空间。其实,我也听说贵公司与另外一家公司因为价格发生了争吵,但在我看来,对方并不是故意将价格压低,而只是他们的一种营销策略而已。"

当雷斯勒找到另外一家公司的负责人之后,也说了类似的话,并从中牵线搭桥,让两家公司的负责人坐在一起心平气和地解决出现的问题。

在雷斯勒的介绍下,两位负责人彼此打过招呼后,开始谈起产品价格方面的问题。在交谈过程中,两个人对各自公司的发展现状与规划都做出

第八章
心理抚慰：以柔克刚的取胜之道

了说明。他们发现自己公司的发展规划与对方公司的规划存在一定的相似性，于是越聊越投机，最后竟然握起了手，当即"化敌为友"，并展开合作，共谋公司发展大计。

那么是什么因素使他们"化敌为友"的呢？在雷斯勒看来，是友善的态度和温暖的话语。因为从他们的交谈中，雷斯勒听到这样的言语："实在不好意思，都是我们公司为了提高销量而压低产品价格，却没有顾及你们公司的感受，实在抱歉。""其实并不完全是你们的错，我们公司对价格太过于敏感了。因此，我们要改正。"可以听得出，两家公司将此前的激烈争吵改变成用温暖的言语沟通，不仅化解了矛盾，还进行了合作。可以说这是温暖的言语发挥了作用，使两家公司消除了心理戒备，由对抗走向合作。

从FBI特工的实战经验中可以看出，友善的态度和话语是消除人们心理戒备的好方法。所以，如果你想说服一个人，首先要让他认为你是他的朋友，这样他才会对你说实话。

恰到好处的示弱

FBI对不同的人有不同的审讯方式。对待欺软怕硬的犯人，他们会表现出极大的强势；对待内心脆弱的犯人，他们会循循善诱；对待有悔改之心的犯人，他们会表现出宽容和鼓励；对待扬扬自得的犯人，FBI会戳痛他们的软肋。FBI有时会在一开始便控制住整个局面，从氛围上震慑犯人，有时会先假装示弱，让犯人对他们掉以轻心，所有的方式最终的目的都只有一个，就是让犯人坦白他们的犯罪过程，低头认罪。

有时，示弱并不意味认输，恰恰相反，它能带给我们更多的收获。示弱是一项技能，懂得适当示弱的人往往更容易在某个环境中立于不败之地。生活中，一些懂得示弱的人在与其他人发生矛盾时，总会得到多一些的支持；职场上，懂得示弱的人总能出其不意地获得更多的机会和重用。

在一些犯人面前，FBI不但不会一直进攻，反而会适时向对方示弱。

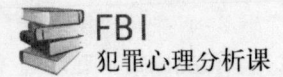

示弱并不代表畏惧,而是让对方放松的一种方式。因为对于一些犯人来说,如果警方一开始就表现出强烈的攻势,并对他们表现出强大的戒心,他们反而会加大防御,不断重复着事先设计好的谎言,并且不露破绽。反之,如果警方表现得对他们无可奈何,甚至流露出认输的表情,他们便会觉得自己已经赢了,然后在松懈中现出原形。

FBI在一起纵火案附近发现一名流浪汉模样的人。FBI认为这个人的嫌疑非常大,于是将他带回警局进行审讯。起初,流浪汉说什么都不肯开口,后来他终于开口,讲的却是流利的西班牙语。FBI找来懂西班牙语的人与他交谈,得知他说的是"我听不懂英语"和"我什么都不知道",并且除此之外什么都不肯说。虽然无论从时间、地点还是案情上看,他都极有可能与纵火案有关,可是由于没有确实的证据,无法将他逮捕。

FBI对这名流浪汉的身份进行调查,发现他不仅可能与这起纵火案有关,还可能与一起情报走私案有关,他们怀疑这名流浪汉模样的人的真正身份是一名间谍,可是如何才能让他将实情说出来呢?既然他可能是间谍,就不可能完全不懂英语,想到这一点,FBI们找到了突破口,只要证明他听得懂英语,就可以证明他之前说的都是谎言了。

FBI用了几种方法都没能成功,露出了失望的神情,这一切都被流浪汉看在眼中,他感到得意极了,心想,只要不能证明自己懂英语,FBI就没有证据。当一名FBI看着他用英语说"没办法,看来只能放你走了"时,流浪汉的眼中流露出一丝按捺不住的欣喜。流浪汉起身向门口走去,可是没走出门便站住了。他转过身,一脸失败的表情,之前伪装出的平静全然不见。他没想到FBI会用这样的方式试探出他听得懂英语的事实。

战争中有以退为进的战略,审讯中也可以采用这样的战略。怀疑和防备最容易阻碍进一步的交流和窥探,假装后退一步,适当示弱,才能降低对方的怀疑和防备。人只有在感到安全时才会放松心态,示弱能够让对方认为你对他不再有威胁,并感到他已经安全了。在上面的案例里,如果FBI没有向流浪汉"示弱",流浪汉就不会掉以轻心,也就不会中了FBI

第八章
心理抚慰：以柔克刚的取胜之道

的圈套。

俗话说，得意容易使人忘形。人在得意的时候也非常容易落入别人精心设计的圈套。生活中，许多骗子就是利用了这一点，先说许多奉承话令听者感到得意，然后再适时切入主题。在审讯过程中，FBI 也会运用人的这一心态，他们有时会假装已经被对方所骗，等对方得意忘形，失去戒心后，再出其不意地点破其中一个环节，令他们阵脚大乱。

一位富翁家里丢失了一幅名画，警方在调查后锁定了两名嫌疑人，一名是富翁家的司机，另一名是富翁家新来的厨师。警方对两人分别进行了审讯，两人都说对方才是偷画的人，并分别讲述了他们的理由。司机说，他在富翁家工作了许多年，是名有职业道德的司机，绝对不可能在主人家行窃。他听说厨师曾因为盗窃被判入狱，一定是厨师偷了画，拿出去卖了。厨师承认自己曾偷过东西，但是现在他只想用一技之长过干净的生活，他很珍惜富翁给他的机会，所以不可能偷东西。警察听过两人的回答后对司机的合作表示感谢，之后带走了厨师，然而其中两名警察在车子开出没多久后就下了车，转身折了回来。

两名警察守在富翁家门口，看到司机出门便尾随在他身后。他们看到司机在附近一间小棚子里取出了一样东西后抓住了他。他们发现司机取出的东西正是丢失的画。司机万万没想到警察没有走，他以为既然有厨师做替罪羊，警察一定会全力对厨师展开审讯，从而忽略对他的监视。可是他没想到，警察早已识破了他的谎言，他们假装相信了他的话，为的就是引蛇出洞，人赃并获。

如果从正面无法突破，就可以试着换一个方向。示弱是一种利用人的心理进行的迂回的处理方式。示弱可以分为两个方面，态度上的示弱能够让对方产生骄傲的心理，技巧上的示弱能够减弱对方的戒心。有时，示弱也伴随着一定程度上的妥协，但这种妥协并不是真的，只是为了麻痹对方而营造的假象，诱使对方因轻敌而露出马脚。一旦对方露出马脚，马上从弱势切换到强势，就能一举攻破对方的心理防线，得到真实的答案。

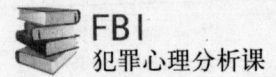

找出你与对方的共同意向

　　1997年10月12日凌晨，托马斯潜入好朋友斯利姆的家中，偷走了一枚黄金钻戒，然后清理掉所有痕迹，转身离开。

　　在案发现场，FBI探员花费了40多个小时，找到20多个不同的指纹，而托马斯的指纹只是其中一个。更令探员们气恼的是，有人证能证明托马斯不在案发现场。

　　于是，总部派办案经验丰富的哈瑞·蒂斯克负责破获这起盗窃案。经过几天详细调查之后，他确定：托马斯的嫌疑是最大的。因为他还在案发现场的草坪上发现了汽车辗轧过的痕迹，而这个痕迹和托马斯的汽车轮胎痕迹吻合。但是，这也无法直接证明托马斯就是盗贼。

　　幸运的是，蒂斯克还发现了一个关键点，那就是证明托马斯当晚不在案发现场的只有人证——一家夜总会的6名女侍和2个经理，而没有物证。这8个人证明，在案发当晚，托马斯10点钟来夜总会消费，直到第二天早上6点才离开。

　　"很肯定，这8个人都说了谎，或者他们也参与了这起盗窃案。"蒂斯克这样对自己说。但是怎么证明这些人是在说谎呢？蒂斯克觉得最好的方式就是让他们自己证明自己说了谎。那么如何解开这个难题呢？

　　蒂斯克灵机一动，想出了一个好办法。他找到那8个证人，给他们看了一样东西，奇迹出现了，这8个人全部都承认自己说了谎，推翻了之前的证词。

　　蒂斯克到底是怎样做的呢？原来，蒂斯克给这8人看的是托马斯的存款记录，他的记录单上清楚地记录着他只有26.7美元的存款，而这意味着他们做的伪证得不到任何回报……

　　看完这个案例，不得不承认，蒂斯克是一个非常老道的办案高手。他没有执拗地去寻找证明托马斯就是盗贼的物证，而是从本案最大的"铁证"，也是最大的"疑点"出发，即8名人证的身上打开缺口。

第八章
心理抚慰：以柔克刚的取胜之道

凭着多年的办案经验，他觉得那8名证人之前之所以在警方凌厉的审讯下能够保持统一的口径，都有一个共同点，那就是他们是被托马斯花重金收买来的伪证人。因而，他们有着共同意向：拿到钱，继续做伪证，将秘密隐藏下去；拿不到钱，那就立刻翻供。

结果是，蒂斯克成功了，那8个"伪证人"本身就对抠门儿的托马斯能不能支付报酬心存怀疑，所以在看到托马斯的存款记录单之后，他们立刻说出了"真相"。

在我们的日常生活中，哈瑞·蒂斯克探员的这一招——通过阅读别人内心，找到双方的共同意向非常值得推荐。

在竞争激烈的社会中，我们仅仅依靠实力上的竞争是不行的。更多的时候，我们需要与对手合作，联合壮大自己的实力。当然，每一个人都是独立特殊存在的个体，有着各自独特的性情、志趣和品质，但这也并不表示人与人之间没有共同之处。

更何况，相同则相通，共同的兴趣和爱好能将你和对方拧在一起，共同的目标和志向能使你和对方走到一块。所以，在人际交往之前，明智的你应尽量寻找双方的共同点，使彼此产生心理上的"共鸣"，从而减少影响交际的不利因素，真正达到求大同存小异的目的。

美国联邦调查局的资深警官汤姆·诺维奇说："每一次审讯都是一次和犯罪分子的谈话过程，你和他们的谈话越深入，你越能够得到更多的信息。如果你能够从一开始就找到双方之间的共同意向，那么你就能够获得更多的信息。"

可见，在某些场合中，我们应该多关注对方与自己的共同点，解读出彼此之间的共同意向。这样的话，我们才能顺利地结交朋友，完成合作，并实现双方利益的最大化。

从对方的兴趣点打开防线

20世纪90年代，美国佛罗里达州的市场还很不规范，那时候有名目

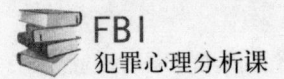

繁多的假货在城市中泛滥,其中以假烟的盛行最为引人注目。为了整顿不规范的商业市场,佛罗里达州的卫生署和烟草管理部门经常秘密前往各大超市进行突击检查。

一个周六的下午,佛罗里达州的卫生署和烟草管理部门再次秘密对各大超市进行了突击性检查。这次检查中,他们发现了一款名叫"雪兰"的香烟。

据悉,这款"雪兰"香烟是最近才在市面上流行起来的,和同一类型的香烟相比,"雪兰"有着更好的口感和更华丽的包装。最为重要的是,"雪兰"的价格要比同类型香烟的价格低廉得多。因而,"雪兰"上市没多久,就得到了大多数人的青睐和追捧。

但是,卫生署和烟草管理部门经过仔细查证之后发现,这种炙手可热的"雪兰"在投放市场之前并未经过相关部门的登记和注册,也就是说,"雪兰"属于假烟,它的质量是否过关还有待进一步考证。针对此种情况,卫生署和烟草管理部门立即命令各大超市停止了"雪兰"在市场上的销售。

当对拿回去的"雪兰"进行了进一步的化验和检测之后,卫生署和烟草管理部门吃惊地发现,"雪兰"里面的尼古丁超标,并且含有其他几种不知名的材料,这些材料对人体的危害十分巨大。

此结果一出,佛罗里达州的卫生署和烟草管理部门开始联合警方一起整顿香烟的市场,明文禁止"雪兰"在市场上出现。但是,法律并非万能的,有一些不法分子钻法律的漏洞,不惜铤而走险,在有关部门如此严格的明令禁止下,仍旧有大量的"雪兰"香烟悄悄地流入了市场。

就在佛罗里达州的烟草管理部门和警方手足无措的情况下,为了将制造和销售假烟的团伙一网打尽,他们请求FBI的协助,希望一起展开秘密调查。

负责此次秘密调查行动的是一名叫吉米的FBI特工。据悉,吉米是一个十分厉害的角色,在他任职的10年时间里,曾经破获了众多大案要案,尤其对于打假这方面,吉米有着十分丰富的经验。

第八章
心理抚慰：以柔克刚的取胜之道

了解了这起假烟事件的详情之后，吉米特工认为，想要连根拔除制假售假的窝点，必须亲自深入这个窝点里，然后再摸清具体的情况，最后见机行事，将犯罪团伙一网打尽。

做好计划之后，吉米特工先派手下的人到市场上调查"雪兰"的来源，几天过去了，外出打探的人员并未获得"雪兰"来源的具体信息。

通过整理大家提供的消息，吉米特工发现了一个惊人的相似之处，几家超市的营业员都声称"雪兰"的预订是由超市老板亲自操办的。

根据这一线索，吉米特工又派人去调查了采购"雪兰"的超市老板。最终，吉米特工发现，从事销售"雪兰"假烟的3家超市老板在私下关系非常密切，不但如此，这3个老板还和许多中小型超市的老板关系非同一般，甚至有一些超市还入了股。

通过进一步的跟踪与调查，吉米发现了一件令人大跌眼镜的事情，尽管这3家大型超市老板之间彼此互为竞争关系，可是他们3个人却经常聚在一起吃饭、聚会、玩乐，关系好得就如同亲兄弟。

吉米料定这3个老板肯定不简单，他们之间一定有外人不知道的隐情，吉米想：如果从这3个超市老板入手，相信有关"雪兰"假烟的事情会很快水落石出。为此，吉米扮作一个商业大亨，并主动接近这3个大型超市的老板。

这3个大老板之中有一个喜欢打棒球，我们暂且将他称为A老板。A老板有个固定的习惯，每周三会在一家特定的餐厅吃饭，然后再去棒球场打球。

了解他的这个习惯之后，吉米选在一个周三，刻意接近A老板，并且一开口就直接聊到了棒球上面。很显然，A老板对这个初次相遇的人很感兴趣。

吉米："嗨！老兄，最近的棒球比赛看了吗？上一期的下半场是山联对虎豹，真是场激烈的战斗啊！"

A老板："嗯，是啊，后半场简直精彩极了，你也喜欢看棒球吗？我几乎每场必看，我是虎豹队的铁杆粉丝啊！"

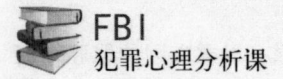

吉米："真的啊，我也是呢。不过比起看比赛，我更喜欢亲自上赛场，那真是一种享受啊！"

A老板："啊，你会打啊！我下午正要去打棒球呢，要不一起吧，我们切磋切磋。"

就这样，通过彼此间"共同的爱好"，吉米很快和A老板走到了一起，两人通过一起看棒球比赛和打比赛关系逐渐升温。一次，在看一场棒球比赛的时候，A老板无意之间突然问道："认识您这么久了，我还不知道您是干什么的呢？"

此时，早已有所准备的吉米神秘一笑，小心翼翼地说道："我是做烟草生意的，最近在帮别人运货，市面上最近盛行的'雪兰'香烟，不知道您听说过没？"吉米努力压低着声音，生怕周围的其他人听到。

此时，A老板故意装作不知情的样子，问道："什么牌子？看你的样子销售应该不错吧！"吉米故作神秘地小声说道："可不是嘛，这种货市面上供不应求呢，要不是政府最近查得紧，我肯定赚翻了。哎！要是我能知道'雪兰'的制造方法就好了。"说到最后，吉米还重重地叹了一口气。

听到吉米的感叹，A老板定了定神，拍着吉米的肩膀安慰道："别再惆怅了，好好看比赛吧！过几天我带你去见几个人，我相信见到他们，你的惆怅很快就一扫而光了。"

听到A老板的承诺，吉米知道鱼儿已经上钩了，他回来之后紧锣密鼓地布置了一番。等到A老板再次约见吉米的时候，那些早已部署好的人也开始行动了。正如吉米预测的那样，A老板带他见了另外两位大型超市的老板，并将吉米介绍给了他们。

吉米和这些老板相谈甚欢，之后，3位老板邀请吉米一起去制造"雪兰"的地方进行参观，他们要商讨随后扩大生产规模的问题。可是，令3位老板意想不到的是，就在他们刚刚踏进制造"雪兰"窝点的时候，早已埋伏好的警察和FBI特工也一拥而入，捣毁了这个制造和贩卖假烟的窝点，3位大老板也被当场逮捕。

这个时候，3位大老板才反应过来，原来一直以来和他们称兄道弟、

第八章
心理抚慰：以柔克刚的取胜之道

相谈甚欢的人竟然是FBI特工，不过不管他们如何追悔，等待他们的将是一场牢狱之灾。

随着3名大老板的被捕，制造和贩卖假烟的案件彻底破获。面对此结果，之前忧心忡忡的佛罗里达州卫生署和烟草管理部门总算可以松一口气了。

在诸多打破心理防线的技巧中，FBI总是倡导从侧面进攻，他们绝对不会从正面冲击一个人的心理防线，因为这只会让事情走向反面。寻找兴趣点等同于寻找一个人的弱点，它是心理防线上最薄弱的地方，也是我们获胜的契机。如果我们发现了足以引起一个人热情的焦点所在，恰当地运用策略，让它发挥威力，就是考验攻心技能的关键时刻。对此，FBI做出如下总结。

1. 寻找对方的兴趣点

很多人对FBI的审讯程序很好奇，不知道他们从哪儿下手开始讯问。资深FBI探员说，所有审讯都是在进入审讯室之前就展开了，他们需要仔细调查嫌疑人对什么感兴趣，比如喜欢的运动、颜色以及食物，有时候甚至连痴迷的娱乐明星都不放过。这一方面是因为很多人犯罪的缘由与其最感兴趣的事有千丝万缕的联系，另一方面是因为在面对自己痴迷的事物时，人们的防备心是最弱的。

寻找到别人的兴趣点并不是一蹴而就的事，很多人不会将自己的兴趣明白无误地告诉对方，这就需要从很多细节中进行推测。一般来说，FBI所遵循的寻找原则有两个：一个是从嫌疑人的生活环境入手，获知他的兴趣点，另一个便是观察嫌疑人的生活习惯，从而分析总结他感兴趣的事。

著名心理学家西蒙曾经说过："一个人的生活环境在他的性格形成中产生了其他因素不可比拟的影响。"这种因素包括他身边都有一些什么样的人、他本身有什么样的阅历等。一个出生在文化程度较高家庭的孩子极有可能会热爱艺术，因为他的身边会有很多类似的因素影响他。而一个出生于贫民窟的孩子不得不和一些罪犯处在同一环境中，耳濡目染之下极易走上犯罪道路，在潜意识里也会有一种暴力倾向。生活中，很多人都被自

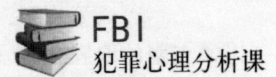

己的习惯所支配。生活习惯就像一台投影仪,将我们的个性完全投射在生活中。如果你想要了解一个人的兴趣爱好,从他的生活习惯中就可以一览无遗。

2. 痴迷心理让危机意识丧失

找出一个人的兴趣点只是 FBI 攻心策略的第一步,在获知这个人的弱点后,如何实施攻击也是极为重要的一个步骤。心理学家西蒙指出:"仅仅可以和犯罪嫌疑人热烈交谈,虽然也算是一种成功,但要想成功地让他说出你想要的信息,则要更进一步从兴趣点入手,激发他的痴迷心理,因为在痴迷心理的作用下,人的危机意识会减退,也更易被攻心。"

对 FBI 探员来说,找出一个人的兴趣点不是多难的事,但掌握人的心理却不是一件易事。因此心理学家为他们提供了很多赢得信任的技巧,他们可以引导嫌疑人将自己的注意力完全投注于感兴趣的事情上,让其精力无法顾及那些需要掩盖的信息。简而言之,这就是痴迷心理的引发。人们在高度戒备的情况下,心里会极度紧张,但通过引导痴迷心理,就可以让他们的情绪获得放松。

更重要的是,每个人的内心中都有一种自制力,不管它是否坚强,都存在于人的大脑之中。很多犯罪嫌疑人在这方面表现出色,他们有超强的自制力,在选择自己应该做和喜欢做的事时表现得非常理智,就算他们很喜欢一件事,也会选择自己应该做的那件事。这给 FBI 的侦破工作造成了很大的困难,他们不得不花费更多的力气来破除这种心理,引导嫌疑人将注意力更多地投注在其感兴趣的事情上,并引发他们对这件事的痴迷,将其内心对环境的恐惧降到最低,让危机意识被慢慢蒙蔽。当嫌疑人的情绪被那些兴趣点逐渐点燃时,就是他们最不防备的时候,也是获得答案的时刻。

贬低自己,抬高对方

美国加利福尼亚州由于经济发达,吸引了很多地下钱庄,严重扰乱了

第八章
心理抚慰：以柔克刚的取胜之道

当地正常的经济秩序。但由于地下钱庄的隐蔽性极高，且还有隐藏在背后的具有黑社会性质的大财团"撑腰"，联邦警察在查处的过程中并不顺利。

为了尽快取缔这些非法地下钱庄，维护正常的金融秩序，FBI决定派出一名经验丰富的探员化装成"生意人"潜入到地下钱庄了解具体情况。

这名FBI探员经过详细调查，发现通过常规方法是很难清理掉这些地下钱庄的，于是该FBI决定对其主要人员展开心理攻势。

首先，FBI通过中间人找到了钱庄幕后的负责人，开门见山地说："小弟没有什么出息，为了混口饭吃，特意来大哥地盘谋生，请大哥多多指教。"随后，递上了一份沉甸甸的礼包。

钱庄负责人笑纳了这个礼包，在接下来的一段时间内这名探员还经常对他说些贬低自己、捧高他身份之类的话，有时顺便还"孝敬"他一些厚礼。

随着时间的推移，钱庄负责人对这名"生意人"非常满意，对他的警惕性消失了，甚至很多时候，还会把"生意人"当成"自己人"，悄悄地向他透露钱庄的组织结构。

经过3个多月的潜伏，该探员已经将这个地下钱庄的组织结构及人员安排情况调查得一清二楚。于是，他立即秘密地与FBI总部取得了联系，告知其地下钱庄的具体位置及交易时间，最终，FBI总部在周密的安排部署下，成功地将这一隐藏在地下、扰乱金融市场秩序的黑社会财团一网打尽。

每当回忆起这场惊心动魄的斗争时，这名FBI探员都会感叹道："这些地下钱庄的头目警惕性非常高，他们不会轻易相信一个人，但他们自身也有致命的弱点——喜欢让别人抬高自己。于是我就抓住了他们这个致命的缺点，对其展开了心理攻势。把贬低自己，捧高对方作为认真执行的任务，最终赢得了他们的信任，从而打入了这个组织的内部，最终一举端掉了这个破坏当地经济秩序的组织。"

FBI探员们经常挂在嘴边的一句话就是"如果想要更加透彻地了解对方，你就必须懂得这一心理策略——贬低自己，捧高对方"。在他们看来，

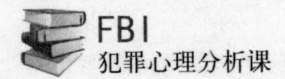

通过适当地贬低自己，捧高对方，很容易让对方的心理产生优越感，从而放松警惕性，使自己能够轻松地掌控对方的一举一动。因而，在多次的实战中，他们会十分娴熟地运用这一策略，甚至有时能达到炉火纯青的地步。

心理学家通过研究发现，每个人都有虚荣心，渴望得到别人的激励、赞美和肯定。所以，在必要的时候，我们应贬低自己，捧高对方，来满足或迎合他人的虚荣心。这样的话，一来可以拉近彼此之间的心理距离，二来还能够了解别人的心理特征。

在某些场合中，我们无法直接坦然地对别人说出激励或赞美的话。此时，如果我们通过"贬低自己，捧高对方"这个方式来表达，最终的效果必然是超值的。

很多时候，当我们听到对方说："我前天做了一件丢脸的事情。"想必我们会会心一笑，心情愉悦地听完他所说的话。适时地靠谈自己的失败经验来贬低自己而捧高对方，才会让对方解除戒备心理，进而坦然地接受你，并随心所欲地跟你交流沟通。

几乎每个人都坐过跷跷板，如果跷跷板的一头贴地时，那么另一头肯定会悬在空中。在为人处世中，这种"跷跷板效应"同样可以运用到里面。如果你将跷跷板的一头紧贴在地，那么对方可能就会被高高举起。

这样做会让对方的心理得到满足和愉悦，并从中体会到一种被尊重的感觉，继而会对你产生好感和信任，时间一长，自然会死心塌地对你好。

相反，如果你总是处于跷跷板翘起的高端，把别人压制在地上，势必会引起对方的反感、厌恶和敌意。在他们的眼中，这种做法不仅仅是轻视自己，还是在侮辱、刺伤自己的自尊心，最终会让彼此之间的人际关系陷入剑拔弩张的地步。

如果你让他人产生轻视、侮辱的感觉，是绝对不利于自己人际关系的。不论何时何地，他都会对你产生怨恨和敌意，从而让你的人际关系一落千丈，甚至对你的事业造成负面影响。

比如，当你参加某店铺的开幕式时，即使那个店铺看上去并不怎么

第八章
心理抚慰：以柔克刚的取胜之道

样，但明智的你也应根据场合的不同来给开幕式增添一些喜气。你不妨以贬低自己，捧高对方的方式说道："这店铺看起来真不错，室内的装潢设计非常考究，颜色搭配也非常大胆、前卫。不像我经营的那家，不但没有时尚感，更没有任何设计上的亮点。"

通过这样一番有技巧性的批评自己稍逊对方的言辞，对方会因得到捧高而顿时兴起，并对你由衷地产生好感。

而要是你以轻视、自大的口吻对对方说："这算什么啊！听我的，店铺的柜台再宽一点的话会更好。赶紧找个时间按照我说的好好整修整修！"

这番如此不客气的话，如同一盆冷水泼在对方的心上。尽管对方表面上仍嘻嘻哈哈地应付你，但实则对你产生了深深的敌意，这也正是不谙人情世故所要承受的恶果。

可见，日常生活中也好，人际交往中也罢，我们不妨利用"贬低自己"的诀窍，来捧高对方的地位，给足对方面子，讨得对方的欢心，从而达到感情投资的目的。

第九章
穿戴装扮：通过衣着服饰了解心理真相

一个人的穿着打扮与其心理特征和性格特征有着密切的关系。FBI在侦破种种案件的过程中，能够通过嫌疑人的外表装饰，准确地刻画出对方的心理活动，从而在与犯罪嫌疑人的较量中，突破其心理防线；或根据犯罪嫌疑人的装束，捕捉其犯罪动机，使案件柳暗花明现曙光。

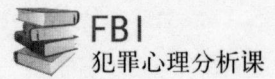

根据服装类型,透视弯刀杀手的心理

美国加利福尼亚州西北部有一片辽阔的草原,因为优越的地理环境,这里被划分为一个个大大小小的农场,辛勤的人们在这些农场里开垦属于自己的幸福生活。

可是,谁也想不到,就在这样一片安逸宁静的农场中,竟然出了一个疯狂的"弯刀杀手",这名杀手在短短 6 周的时间之内杀死了 25 头羊,使得当地人全都人心惶惶。

那是 1971 年 5 月 13 日,一个牧场主在放牧的过程中发现了一个大坑。这个大坑似乎是刚刚挖好的,长约有 7 英尺左右。

起初,发现这个大坑的牧场主并没有特别留意,第二天再去放牧的时候,他发现昨天那个大坑竟然神奇地被人填满了。出于好奇,这个牧场主悄悄将这个大坑刨开了。随后出现的一幕竟把他吓呆了。

大坑里出现了一具羊的尸体。惊吓之余,这个牧场主迅速报了警。

很快,大坑里发现羊尸体的消息在农场里传得沸沸扬扬。这时候,陆续又有其他几位农场主以及农场工人向警方报告,他们也曾发现过类似的大坑。

就这样,在农场主以及农场工人的指认下,警方开始深入调查。截止到 1971 年 6 月 4 日,警察局一共发现了 25 个类似的大坑,并且这些坑里均有一具被肢解的羊的尸体。

由于死羊众多,在农场产生了恶劣影响,警方在第一时间成立了专案组调查此案。很快,一条重大线索浮现在了警方眼前,即在一个坑的羊尸体下面发现了一只鞋子,经过鉴定,证据指向了一个农场主。这个人就是

第九章
穿戴装扮：通过衣着服饰了解心理真相

胡安·纳科罗拉。

根据这条重要的线索，警方迅速找到了胡安。当警方向胡安询问死羊的相关情况时，发现胡安总是顾左右而言他，这点不能不引起警方的怀疑。他们立即向上面申请了搜查令，对胡安的屋子进行了搜查。

这次对胡安住所的搜查让警方收获巨大。他们在胡安的家中搜出了两把血淋淋的弯刀，很显然，胡安作案之后还没来得及将这把刀扔掉，或许是他根本没有打算扔，而是时刻准备着继续作案。

同时，警方还在胡安的枕头底下发现了一个日记本，从这个日记本的破旧程度来看，胡安应该经常翻阅它。在日记本中，胡安详细记录了作案过程和日期。

显然，这两个铁证已经在无声中证明了胡安的罪行。警方立即将胡安逮捕。但是，仍然不认罪的胡安不断提出上诉，他想为自己做最后的辩解。

一开始，胡安要求律师利用他的精神分裂症为他辩护，很显然，胡安有计划、有预谋地谋杀并不是精神分裂患者的所作所为，他的阴谋没有得逞。

根据胡安在杀羊时习惯穿正式服装的特点，我们可以看出，胡安极其需要关注与成就感。正式服装会让他觉得自己是有用的人。

在日常生活中，人们对服装类型的选择一般有如下几种：

1. 套装型

这里的套装对男士来说是西装，对女性来说是套裙或者女士西装。偏爱这种服装款式的人一般做事有计划、有条不紊，事业永远排在他们心目中的第一位，他们认为正式的服饰是事业的一部分，只要一穿上正式的套装，就能让他们感觉到自己正处于工作的状态，会让他们斗志昂扬。

2. 潮流型

穿着潮流款式的人群一般站在潮流的顶端，他们从不看重自己到底适合什么，而是看重今天流行的是什么。他们要想吸引别人的注意力，只能通过穿着特别来突出自己。这类人普遍自尊心比较强，渴望赢得别人对自

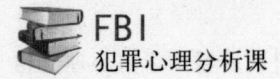

己的认同，他们的情绪波动非常大。其实和这种人相处最容易，就是不断地赞美他们，他们会在别人的赞美中满足自己的虚荣心。

3. 运动型

偏爱运动型服装的人一般精力比较充沛，办事积极主动。这种人有毅力和恒心，一旦下定决心去干什么事情，就会坚持到底。如果失败了，他们也不会气馁，而是很快振作起来，迎接新的挑战。所以，穿着运动型服装的人一般很值得信赖。

4. 舒服型

舒服款式的衣服有 T 恤衫、牛仔等，这些衣服比较休闲和随便，偏爱这种款式服饰的人不挑剔，对衣食住行一般没有什么特别的要求，他们的优点是顺从人意，绝对不会给人添麻烦，脾气比较随和，和绝大多数人都能友好相处。但是缺点是缺乏自己的主见，生活有些懒散，对自己的要求比较低。

5. 名牌型

这种人一般分为两类，第一类人家里比较富有，从小就娇生惯养；另一类人是故意装成有钱人，让别人觉得自己很富有。这两种人自尊心都比较强，非常爱面子，有很强的虚荣心，他们看起来不在乎钱，但其实骨子里最看重的就是金钱。所以这种人也特别的现实，他们多是典型的物质崇拜者。

初次和别人交往，我们不可能深入别人的内心去了解对方，但是通过观察别人的穿着类型，我们对对方有个大概的了解，这不失为一个人际交往的好方法。

性格不同，着装风格有所不同

卢瑟是一位经验丰富的 FBI 特工。有一次，他被派到金三角执行任务，金三角地区长期盛产鸦片等毒品，是世界上主要的毒品产地，而他的任务就是设法偷取当地一个贩毒组织的资料。

第九章
穿戴装扮：通过衣着服饰了解心理真相

经过两个月的行动，他吃尽了苦头，终于拿到了对方的第一手资料，然而就在他要逃离金三角的时候，却被敌人发觉了。毒枭老大放出话去，决不让卢瑟活着离开金三角。于是他整天都遇到追杀，且每次都险遭不测。

最危险的一次是在一节火车厢里，卢瑟的行迹暴露，4名杀手紧紧追随着他穿过了一节又一节车厢的走廊，最后在一节走廊的尽头，杀手们终于发现了卢瑟坐在窗边的椅子上看报纸。其中一个杀手一把扯下他的帽子，却发现这个人不是卢瑟，只是穿着卢瑟的衣服罢了。4名杀手猛然想起，刚才在跟踪路上有个跟他们擦肩而过着黑西装戴低檐帽的男人，就一下子明白过来了。

原来，卢瑟逃到这个车厢后，迅速用100美元的报酬和这个看报纸的男人交换了衣服，然后他穿着那个男子的黑色西装，把帽子压得很低，从容地从身后4名杀手的身边经过，穿过这节车厢，他又迅速地换上了其他服装和假发成功地逃离了这列火车。等杀手们醒悟过来发疯似的返回寻找时，卢瑟已经成功地逃离到附近的一艘潜艇上，并准备离开这个城市了。

一般来讲，衣服就是一个人的性格显示器。服装是装扮一个人的最好方式，一套大方得体的服装可以让一个暗淡消沉的人焕发出夺目耀眼的光芒。每个人的穿衣风格都是独特的，而习惯穿什么、不习惯穿什么，穿什么颜色的合适、穿什么款式的好看等都是根据每个人不同的性格特征来决定的。通过解读服饰，我们能够了解一个人的喜好、个性、修养等，也能够随时随地掩饰或者表达自己的内心需求。FBI的特工会根据人们在不同的场合以及不同环境下发生变化的着装特点来看穿一个人多变的性格特点和内心世界。对此，FBI做出如下总结。

1. 朴素的穿着

朴实素雅的穿着，能够显示出一个人沉稳、内敛的性格特征。FBI特工认为，凡是平常习惯穿着简单朴素的人，大多都是待人比较真诚的人，这类人在工作中能够踏踏实实地干，也能够从容理智地解决自身遇到的一些问题。但这种人大多缺乏主体性格，对自己缺乏信心，希望对别人施予威严,想要弥补自己自卑的感觉。遇到这种人,就别与他们争执不休,因为越是自卑的人,越想掩饰自己的自卑,越会与人喋喋不休地争吵,以期保留剩下的一点点面子,不利于和他们维系关系。这时候,你大可以大大方方地赞同他们的观点,他们反而会感受到你的宽容大度,你会取得意想不到的效果。

由于职业的关系,一些政府官员和银行职员等,往往都穿朴实的衣服,这种穿着方式缺乏主体意识,显得过于软弱,容易屈服于别人,所以这样的人就略显平庸。FBI特工提醒大家,如果看到一个平时喜欢朴实服装的人,突然在某个公众场合盛装登场,你就要小心这个人了——这类人可能非常有心机,做任何事情都很有计划性,属于不实现目的决不罢休的一类人。

2. 风格单一的服饰

有些人在平常总喜欢穿同一种衣服,不管是什么颜色、什么面料的,都喜欢穿同一种款式的服装。比如,有的人喜欢一身白色着装,有的人喜欢一身黑色……这种人的性格比较率真,面对什么事情都能很坦然,而且这种人十分自信,爱憎分明,行事果断、干脆。FBI特工在长期的工作积累中发现:和这种穿着单一颜色衣服的人打交道的时候,往往就比较容易办事。因为这类人非常好相处,做事情不会拖拖拉拉;但是这种人的内心却十分高傲,有些自以为是。

生活中还常常看到这样的情况,一个一直喜欢单一风格服饰的人某天突然改变了穿衣风格,对于这种突然改变自己服装嗜好的人,你若想与他保持良好的关系,应当显得不当一回事儿,或者说些赞美他穿什么都很不错之类的话,相信他的心灵大门一定会向你敞开,你的认可态度比别人的质疑态度要强,你会赢得别人的回报——赞美。

FBI特工查理一直穿戴固定式样与格调的西装。但有一天,他却改成了潇洒的夹克、鲜艳的长裤,戴着完全不同颜色的领带走进了联邦调查局办公室。他的搭档帕克推测他的内心必然受到了某种刺激,使他在想法上发生若干变化。帕克并没有对他的新面貌表现出太大的惊讶,只是淡淡地

第九章
穿戴装扮：通过衣着服饰了解心理真相

说了句"今天很精神啊"就开始做自己的事了。查理心里其实一直担心会被帕克夸张地取笑一番，看到帕克这样的反应后，长出了一口气，心情愉快地进入了工作状态。

3. 浅淡色调的衣服

FBI特工鲍比的邻居约瑟芬夫人是一个偏爱淡绿色服饰的人，她为人非常乐观，不管发生什么事情，都能够轻松坦然地面对。有一次，约瑟芬夫人的儿子乘坐的飞机发生了事故。消息传来，约瑟芬夫人十分悲伤，人们纷纷过来劝慰她。鲍比握着约瑟芬夫人颤抖的手说："请您不要过于难过，飞机上的乘客并没有全部遇难，还有十几个幸存者呢。"约瑟芬夫人听了赶紧止住眼泪，镇定地说："是啊！报道上的确说有很多幸存者，我儿子很可能还活着，我不能让他回来看到我这个样子。"于是，她努力让自己振作起来，每天在花园里面修剪花卉、练习插花，等待儿子归来。后来证实，她的儿子果然就是幸存者之一，当这位大难不死的小伙子回到家中，看见自己的母亲这样乐观自信地等着自己回来，感到非常欣慰。

生活开朗乐观、非常喜欢交际、乐意与人相处、喜欢交朋友的人都会选择穿着比较浅颜色的衣服。这种人性格非常开朗，内心也比较阳光、轻松，因而在生活中往往会有一大堆朋友围在身边。他们喜欢微笑地面对生活，就算到老，也是阳光灿烂的。

很多人喜欢穿白色的衣衫，在他们眼里，白色是圣洁的象征。FBI特工认为，爱穿白色衣衫的人在性格上往往缺乏主动性和判断力，这类人容易自以为是，对于自己喜欢从事的工作会一意孤行地追求和实现。另外，那些喜好穿白衬衫的人，很多都是工作狂，他们总是以工作为人生的支点，是不折不扣的现实主义者。为了维持自己的"白领"形象，他们无时不在为工作做出努力，他们是上司眼里的精英，下属心中的怪物。

4. 深色装扮

社会上，喜欢穿深色衣服的人比比皆是。很多领导者都喜欢穿深颜色的衣服，从而给人一种沉稳的感觉。FBI的特工们平常都是一身深颜色的着装，他们这样不但能够让别人对其产生一定的敬畏感，对自己也是一种

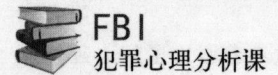

特别的保护。

平时喜欢穿深颜色衣服的人大多都是比较忠厚的人，这种人平常说话不多，经常沉默寡言，对别人的态度不温柔，很难接近。外表给人一种冷酷漠然的感觉，让人捉摸不透。但假如了解了他的心理之后，就会发现他十分有思想，而且有长远的目标和打算，总能够得到别人的尊崇。

有很多人喜欢黑色装扮，给人以酷酷的感觉。FBI特工认为，喜欢黑色装扮的人通常性格坚强、刚毅，准备为自己的原则赴汤蹈火，容易对事情产生不满情绪，并乐于直接表达。但对自己脆弱的那一面，却不愿意让别人知道，也不喜欢听别人的意见。从表面上看可能会给人留下神秘、高贵、专业的印象，其实喜欢黑色衣服的人，内心是不善交际的，只是用黑色来掩饰自己内心的不安和恐惧。

根据服装色彩，透视人的个性与心理

伊万卡原本就职于美国洛杉矶一家大型文化公司，她是一个很出色的女人，大学毕业至今，伊万卡已经在目前这家文化公司工作了十几年，通过不懈地努力，伊万卡深得领导的赏识，职位也在不断晋升。

就在伊万卡晋升为文化公司财务总监后，她和丈夫亨利迎来了他们人生中的第一个孩子。并且没过几年，他们又有了第二个孩子。很显然，在工作中争强好胜的伊万卡在照顾孩子方面有些力不从心，她经常被两个"淘气鬼"弄得筋疲力尽。

无奈之下，伊万卡和丈夫亨利彻底谈了一次，最终的结果是伊万卡放弃了蒸蒸日上的事业，全心全意在家照顾两个孩子，而亨利独自担起挣钱养家的责任。

就这样，经过几年时间的洗礼，伊万卡由从前的女强人变成了一个操持家务的家庭主妇，而一心扑在工作上的亨利已经顺利晋升到总经理的位置，本以为日子会按照他们当初约定的那样过下去。可是，伊万卡却发现了亨利的异常。

第九章
穿戴装扮：通过衣着服饰了解心理真相

一连好几个月的时间，伊万卡发现亨利总是无止境地加班，而且每当到了晚饭时间，亨利总是打电话过来说自己在外面应酬，不用等他吃饭了。刚开始，伊万卡并没有多想，可是一次偶然的相遇引起了伊万卡的怀疑。

那天，伊万卡接两个孩子回家的路上，突然看到一名西装革履的男士正站在路边等人，这名男士的背影无比熟悉。就在伊万卡正要过去看个清楚的时候，另一个穿着时髦的女士已经捷足先登了，他们有说有笑地离开了，男士还搂着女士的腰。

尽管伊万卡并不完全肯定那天看到的熟悉背影就是自己的老公，但是那天男士搂着时髦女士腰的画面在伊万卡的脑海中挥之不去。为了彻底搞清楚自己心中的疑虑，伊万卡特意找了一个私人侦探，她要秘密调查自己的老公。

没过几天，私人侦探就有了结果。原来伊万卡的怀疑并非没有道理，伊万卡当时见到的时髦女人就是亨利的秘书黛茜。紧接着，作为证据，私人侦探还将一沓亨利和黛茜约会的照片交给了伊万卡。看着老公和别的女人卿卿我我的照片，伊万卡顿时傻眼了，她无法接受这个巨大的打击。

可是，为了挽回自己的婚姻，伊万卡没有时间沉浸在痛苦中，好不容易找了一天，将亨利留在家里照顾孩子，伊万卡编了一个拙劣的借口出门了。她将自己打扮一新，朝着黛茜的住处走去，伊万卡打算先找黛茜谈谈。或许一旦黛茜知道亨利和自己患难与共十几年的感情，会主动离开他，伊万卡乐观地想。

可是，事情的发展并没有像伊万卡预期的那般顺利，黛茜竟然理直气壮地告诉伊万卡，她要和亨利结婚，亨利早已经对伊万卡这个失去魅力的女人产生了厌倦，希望伊万卡有自知之明，趁早主动提出来，或许还会得到一笔不菲的财产。

在黛茜言辞激烈的讽刺下，伊万卡压抑很久的情绪瞬间爆发了。来不及思考，趁着黛茜没有任何防备，伊万卡一步上前，掐住黛茜的脖子，挪到了窗口处，"是你抢了我的老公，婚姻是我的一切，没有婚姻，我也不

想活了，还不如临死之前拉一个陪葬的。"伊万卡大声吼叫着。

"姐姐，姐姐，我错了，我刚才和你开玩笑呢，你不要当真，我还年轻，我不想死，我不想死，你就放开我吧！"看着二十几层楼的窗外，再看着满脸杀气的伊万卡，黛茜意识到了事情的严重性，她不断求饶着。

"放开你，凭什么，你这个狐狸精，你以为你的话我还相信吗？我给过你机会，可是你没有珍惜，现在求饶晚了，彻底晚了，你知道不知道！"伊万卡的声音伴随着狰狞的表情有些恐怖。

"我真的知道错了，我以后再也不敢招惹你的老公了，姐姐，姐姐，求求你放过我吧，放过我吧！"黛茜继续求饶着。

因为听到黛茜屋子中激烈的争吵声，警觉的邻居迅速报了警，接到报警的威尔斯探长也赶到了黛茜的房间门外并立即闯了进来。此刻，伊万卡的情绪十分激动，她示意警察立马出去，否则她将和黛茜同归于尽。

就在其他人拉着威尔斯探长慢慢往门口退的时候，威尔斯探长突然停下了，他神秘地对下属说道："放心，这个女人暂时不会跳楼，当务之急就是查出她的身份，找到她的家人，我先在这里和她周旋一阵子，你们立马将她的家人带到这里来。"

尽管其他探员没有弄清楚威尔斯探长为何如此确定，但他们还是按照威尔斯探长的话去做了。

随后，威尔斯探长用舒缓的口吻对伊万卡说道："嘿，女士，能告诉我你为什么这么激动吗？你看因为你的激动，我们还专门跑了一趟，你能先放开你身边的这位女士吗？我们有事坐下来慢慢谈，你觉得怎么样？"

"慢慢谈，我无法和这个抢走我老公的狐狸精慢慢谈，你不用劝我了，你说什么都没用，今天我就得拉着这个狐狸精给我陪葬。"伊万卡的语气很坚定。

"好，我不劝你，我就想问问你身上穿的衣服是你喜欢的吗？看起来真不错呢！"威尔斯探长用十分欣赏的目光看着伊万卡身上的那件红色短裙。

"那当然，我要是不喜欢干什么穿它啊！我这件衣服和跳楼有关系

第九章
穿戴装扮：通过衣着服饰了解心理真相

吗？"伊万卡压着内心的不悦说道。

"有关系啊！这可能是你活着能穿的最后一件衣服了，当然要选择你最喜欢的来穿啊！"威尔斯探长漫不经心地说道。

就在威尔斯探长拖着伊万卡谈判的时候，下属悄悄告诉威尔斯探长，伊万卡的丈夫和孩子就在门外面，正等着威尔斯探长的命令，将他们带进来呢。

威尔斯探长又仔细叮嘱了一番，提醒亨利进来后该怎么说。亨利慢慢走上前说道："亲爱的，难道你不相信我了吗？我们只是业务上的往来，我不会离开你的，我和孩子都不能没有你，我们曾经发过誓，会永远在一起，会一起看着孩子长大，你不能就这样离开我们。你要相信，我们的未来肯定很美好！"

就在亨利发表一番抒情的表白时，伊万卡的情绪慢慢稳定了下来，她深情地看着老公，似乎很想给他一个回应。这时，威尔斯探长立即冲上前去，将伊万卡和黛茜拉离了窗边。

看着和老公紧紧相拥的伊万卡，威尔斯探长轻轻地说道："女士，穿这么漂亮就是为了约会的，而不是去赴死的，以后这么冲动的事情可不能再干了。"

在周围人的赞赏声中，威尔斯探长带着下属离开了。路上，属下不解地问道："探长，您怎么知道那位女士不会跳楼呢？万一我们没有按照她说的话做，她跳下去了，那岂不是我们的责任？"

"你猜呢？放心，她绝对不跳。"威尔斯探长故意卖了一个关子，胸有成竹地说道。

"真的猜不到，探长，赶紧说吧！"下属着急了。

"其实她身上穿的那件红色衣服已经出卖了自己，是那件衣服告诉我她真实的心思的。"威尔斯探长说道，"你见过一个求死的人穿得这么光鲜亮丽吗？并且还穿着自己最喜欢的红色短裙，很显然，她根本没有想过去死，她只想吓唬吓唬那个女人。"

"仅仅凭借身上穿的衣服颜色就可以判定一个人的心思？"属下似乎更

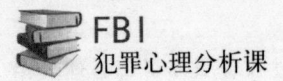

加费解了。

"是啊!从一个人穿着的衣服就可以判定他的性格。心理学家彼得·罗福教授认为,从一个人对服装颜色和服饰的偏好上,往往可以推测出一个人的心理,这种现象在女士身上更为明显。就拿要自杀的伊万卡女士来说,她喜欢穿着红色的衣服,就说明她是一个自信、不满足现状、富有冒险精神的人,这种人容易冲动,但是不容易走极端。同时,他们比较坚强,不会做出伤害自己的事情,如果有,也只是虚张声势。"威尔斯探长耐心地解释道。

"嗯,所以你最后让伊万卡的丈夫和孩子出场,就是为了让伊万卡见到亲人后放松警惕,并且通过她丈夫那段深情的告白,伊万卡的感性细胞立刻被调动起来,她更加想不起还有自杀这回事儿了。"属下补充着自己的见解。

"聪明,想要做一名合格的警察,先做一名观察力敏锐的心理学家吧!"

威尔斯探长和下属又满怀信心地奔向了下一个案发现场。

FBI认为,人们对不同的色彩有着不同的心理感受,而对色彩的喜好也能够反映出一个人的心理特征,而一个人衣服的颜色更是能够体现出其心理情绪的,因为人们在选择衣服颜色的时候,多多少少会受到自己性格和当时情绪的影响。

在人际交往中,服装色彩往往是人们在注意一个人的时候最基本的视觉要素之一。大多数的FBI特工都能够在这一理论的基础上,通过对自身的心理训练和丰富的经验积累,轻易地从服装颜色上看透一个人的内心。通过人们服装的不同颜色,FBI特工可以推测出穿不同服装的人的个性与心理。

每个人服装的色彩,总是和自己当时的心理活动状态有着一定的联系。所以,从个人服装的颜色喜好来判断他的性格特征,具有十分科学的意义。

喜欢红色服装的人,总能带给他人一种非常精神、充满活力的感觉,因而大多都热情奔放、充满自信,且心理承受能力强,人际关系也非常和谐。

第九章
穿戴装扮：通过衣着服饰了解心理真相

喜欢穿粉色衣服的人以女性居多，大多性格比较温柔可爱，内心充满温暖，在别人遇到麻烦的时候，总能给人一种温暖的感觉和力量。但同时，这类人也存在着一定的缺点，即容易陷入幻想之中，对很多事情非常敏感和脆弱，极易受到伤害，而且十分依赖别人，尤其是对待感情和生活，承受能力不够强。

喜欢紫色服装的人，喜欢保持神秘，性格谦虚温顺，有很强的冒险精神，总是努力地想要做好手中的每一件事情。在生活中渴望获得更多的知识，在信仰上有自己的追求，非常独立，追求完美，因而对自己的要求非常苛刻和严谨。

喜欢绿色服装的人，一般性格豪放，对任何事情都充满了希望，崇尚自由，没有心理偏见，有宽大的胸怀。虽然绿色也是比较显眼和艳丽的颜色，但这并不代表着喜欢穿绿色衣服的人就非常高傲，或者虚荣心极强。相反，这种人大多都内心温和，非常懂得体贴和关心他人，有着良好的人际关系。

喜欢黄色服装的人，大多都非常理性，很有智慧，有极强的上进心，并且创意丰富，喜欢研究，经常会产生奇思妙想，拥有一个成功人士所具备的条件，在心理上能够非常迅速地接受新鲜事物。FBI特工认为，若是在执行任务的过程中遇到这类人，那么对自己是非常具有挑战性的。

喜欢橙色服装的人，开朗、口才好，并喜欢幽默。

喜欢灰色服装的人并不多，但喜欢穿这种颜色的人大多都做事干练，一般都出自良好教养的家庭，才学渊博，胸怀宽广，性格稳定，不易冲动和兴奋，遇事习惯冷静处理，很受别人欢迎。

喜欢蓝色服装的人，在性格方面一般表现为缺乏决断力、实行力。这类人缺乏羞耻心和责任感，说话比较啰唆，但其自尊心却是惊人的强烈。与喜欢穿这类色彩服装的人打交道，应按部就班，并投其所好。在这种人面前，说别人的坏话是最大的忌讳。

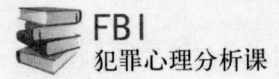

鞋子是传达对手心声的介质

鞋子作为一个人着装必不可少的一部分，在整体的造型中有着非常重要的作用。其实，人们穿鞋子不光是起到保护脚部以及美观大方的作用，还能够表现出性格特点，而 FBI 特工就能够通过鞋子察觉出对方的性格和心理。

FBI 心理学家研究发现：鞋子和穿鞋的习惯都可以表现出一个人的性格，其意义不仅仅涉及鞋子本身，还涉及选择鞋子的行为。

一双鞋子可以表达一个人在生活上和精神上的作风以及性格，但每个人又各不相同，所以必须具体问题具体分析。

男性选择鞋子，一般是源于生活上的习惯以及潜意识里的感觉，因此男性鞋子的花样并不多。男性穿皮鞋注重的是鞋料的舒适和质感，至于样式、颜色等因条件有限，当然不会太讲究。然而，对女性来说恰恰相反，女性在选购皮鞋时，就像选购耳环、手镯等饰物一样，首先考虑的是颜色、风格和款式等要素，一旦看中颜色、风格和款式，至于舒适性、实用性以及鞋质，来不及权衡，就会买下。从选择鞋子的样式上，就能看出一个人的性格。对此，FBI 做出如下总结。

1. 喜欢穿同一款鞋子的人

自己最喜爱的一款鞋一直穿到报废，如果换鞋，那是这双鞋子坏后的事情，这种人相当独立，他们非常清楚什么是自己喜欢的，什么是自己不喜欢的，他们对自己的感觉很重视，不会过多地在意别人对自己的看法。

做事方面他们一般比较小心和谨慎，在经过仔细认真地考虑以后，他们要么不做，要么就全身心地投入做得很好。他们对自己的亲人、朋友、爱人的感情都是相当忠诚的，没什么东西可以让他们做出背叛的事情来。一般想要从这样的人嘴里问出真相是比较困难的。

2. 喜欢穿时髦鞋子的人

FBI 行为学家发现，这种人普遍有这样一种观念：那就是只要是流行

第九章
穿戴装扮：通过衣着服饰了解心理真相

的，就全是好的，从不考虑自身的条件是否与流行相符合。这种人做事时常缺少周全考虑，所以会顾此失彼。他们对新鲜事物的接受能力比较强，表现欲和虚荣心也很强。

3. 喜欢穿带装饰物鞋的人

当然，这种人大多是女性，这是一种把自己看得比较重，且属于自我满足型的女性。她们特别喜欢打扮，而且有时打扮得往往过了度，虽然她们自己觉得这根本不算什么，可给周围人的感觉就总是不顺眼。

这类人在与人打交道时，较少顾及别人的存在，至于有没有男人去追求她，他人愿不愿与她交往，多半不放在心上。这类人长期生活在自己的世界里，身边的朋友较少。

4. 喜欢穿拖鞋的人

这种人被视为自由者的最佳代表。这种人对自己的感觉和感受非常注重。这种人非常随意，性格外向活泼，心态端正，乐于追求自己的感受，不在意别人的评价，懂得享受当下的生活，能够从生活中找到自己的乐趣，不会为了别人的需要或其他什么而严格苛求自己。

另外，这种人的思想比较先进，有超前的打算，大脑中不时会有新鲜奇特的想法冒出。他们为人处世非常灵活，洒脱果断，人际关系很牢固。

5. 喜欢穿没有鞋带的鞋子的人

追求比较简单大方整洁，性格比较中规中矩，几乎没有表现欲望，思绪不复杂多变，思想意识上比较传统和保守，没有太多的追求。可以说，平淡的生活是这种人最向往的。

6. 喜欢穿结实耐用的运动鞋的人

价廉物美的运动鞋是这种人的首选。他们有着自己的审美观，常常以开路先锋的身份自居，认为自己必定会飞黄腾达，目前的这种小气只不过是黎明前的黑暗，所以不会在名牌面前露出惭愧之色。

这种人对生活持有积极乐观的态度，在为人上表现出亲切和自然之感，他们没有特别的生活规律，一般容易与人相处。

7. 喜欢穿远足靴的人

FBI 特工认为，这种人会把自己充足的时间和精力投入到工作中，他们有较强的危机感，以随时应对各种各样的突发事件。他们勇于冒险，具有开拓精神，经常向自己不熟悉的领域挺进，并且对自己持有"绝对能成功"的自信。

8. 喜欢穿露脚趾鞋子的人

这种人属于性格外向型。他们的思想意识比较先进和前卫，浑身上下充满朝气。这种人在与他人交往的过程中，一般能表现出拿得起放得下的洒脱形象。

9. 喜欢穿细高跟鞋的女人

这种人的表现欲望是非常强烈的。虽然高跟尤其是细高跟的鞋子在穿着上会让人很受折磨，但是对于这类女性来说，强烈的表现欲望早已经掩盖了折磨——她们希望引起他人的注意。不过，这种女人成熟大方，比较有魅力，头脑聪明，性格独特，并且有自己明显的个性和气质，非常自信，在工作上或者在生活中都非常认真和努力。可是有时候这种人的脾气会很大，是典型的女强人特征。

在 FBI 总部很多的女性高层领导每天都踩着 8 厘米的高跟鞋，表现出十分刚强的性格，很有威慑力。

另外，这种人做事效率一般也会比较高，执行任务的时候干净利落。虽然这种人有时候外表冷酷，给人一种冷冰冰的感觉，脾气火暴，但是只要用心与其相处，就会发现其内心情感还是很丰富的。

10. 喜欢穿靴子的人

这类人一般没有安全感，往往自信心不强，甚至还有点小小的自卑感，希望脚上的靴子能增强自己的信心，让自己看起来更好。特别是女人，穿着靴跟又高又尖、靴筒又细又高的靴子，足可以和任何一个男人比高低，而男子见到她们也会投来敬畏的目光。

虽然鞋子是一种简单不起眼的装束，但由此却能够洞悉到一个人的性格特点以及内心世界的变化。这既是 FBI 特工读心的独特细心之处，同时

第九章
穿戴装扮：通过衣着服饰了解心理真相

也是 FBI 办事效率高的原因之一。

领带是暴露对手个性的媒介

西装是一个男人在正式场合下所穿的正装，一件西装穿在一个人的身上具有怎样的效果，除了穿者本身的气质特点外，还有一个很重要的因素，那就是领带的搭配。FBI 行为学家发现，一个男人的心理个性和行事原则可以完完全全地展现在领带打法及颜色的搭配上。对此，FBI 做出如下总结。

1. 领结打得又小又紧的人

这类男人，若身材瘦小，就说明他们是有意凭借小而紧的领带结，让自己在别人匆忙的一瞥中显得身材"魁梧"一些；若是并无体形之忧，则是在暗示别人最好别惹他们，这类人不会容忍他人对自己有半点的轻视和怠慢。

这类人由于在生活和工作中谨言慎行，疑心甚重，养成了孤独的性格，属于那种自私的人，无论遇到什么事情都把自己放在第一位，热衷于物质享受，对金钱十分吝啬。愿意跟这类人交朋友的人寥寥无几，他们自己也似乎习惯了孤军奋战，很乐于一个人守着自己的阵地忙里忙外。

2. 领结打得不大不小的人

这类男人，不管领带的色彩和样式如何，也不管本人长相和体形如何，一般都会给人以容光焕发、精神抖擞的印象。他们会在交往的过程中注重自己的言谈举止，不管本性如何，都会显得彬彬有礼。

由于能够认识到领带的作用，因此他们在打领带的时候常常会一丝不苟，把领带打得恰到好处。他们按部就班地工作生活，将大部分时间都投入到自己的事情中，做事积极主动，工作兢兢业业。

3. 领结打得既大又松的人

这种类型的男人，所展现的风度翩翩绝不是矫揉造作出来的，而是他们丰富的感情所展现出的风采。这类人不喜欢受到拘束，而愿意积极拓展

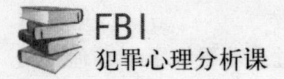

自己的生活空间，主动与他人交往，练就高超的交往艺术，因此在社交场合中游刃有余，可以轻易获得女人的好感。

同时，领带的颜色选择也是非常有讲究的。领带的颜色各式各样，不同的人有不同的偏好，所以通过领带的颜色反映出来的个人心理特点也就各不相同。

1. 喜欢绿色领带、黄色衬衫的人

绿色，是生命和活力的象征色；黄色，是收获和金钱的象征色，是代表财富与权势绝好的色调。这样搭配领带和衬衫的男人通常都富有青春活力与朝气，有了想法就会立刻着手去做，不喜欢拖泥带水，对事业充满信心。他们有时还会表现出鲁莽与冲动，且自己不能控制自己的行为。

2. 领带深蓝色、衬衫白色的人

"蓝领"是职工阶层的代表色，"白领"是管理阶层的代表色，这种人将两者融合到一起，表示对工作非常上心，对自己的事业也竭心尽力，但是由于视野宽阔，白领的诱惑又远远超过蓝领，在奋斗的过程中常常会表现出急功近利的一面。

3. 领带多色、衬衫浅蓝色的人

这类人通常热衷名利、见异思迁，追逐的目标总是换了一个又一个。五彩缤纷是人们对美好事物的一种形容，但是这种色彩充满了迷离和诱惑，所以，普通人和勤奋的人一般对此敬而远之。

4. 喜欢黑色领带、白色衬衫的人

这种类型的人一般心态成熟，因为黑白分明是对阅历丰富之人的一种形容。这种人有一定的精神追求，善于感悟和总结，为人处世比较稳定果断。但是也有很多人之所以选择这种搭配方式，是因为他们想掩盖自己的真实想法和思想。善于黑白配的人内心都比较沉稳，比较坚强，能够承担一些重要的事情，让人有安全感。

5. 喜欢领带黑色、衬衫灰色的人

这类人一般不为人所接受，尽管他们态度热情，但还是会给人一种不舒畅的感觉。这种人在穿着之时必先照镜子，若是能够接受镜中的压抑就

第九章
穿戴装扮：通过衣着服饰了解心理真相

说明他们有很深的忧郁，这份忧郁通常是因气量狭小所致，所以他们才会选择这身打扮。在实际工作中，老板一般都十分注重员工的情绪，因此这类人常常因为自身的灰色情绪而被老板辞退，所以这种人常在寻找工作中生活。

6. 喜欢领带红色、衬衫白色的人

红色一般代表个性奔放热情，更是个人积极主动的一种表现，所以如果一个男人选择红色领带，无异于想追逐太阳的光辉，使自己成为大家眼中的火热目标。他们本应该属于充满野心的类型，但白色衬衫使他们在别人的心目中留下完全相反的形象，他们如火一样的热情和纯洁的心灵让人为之精神一振。

2009年1月20日奥巴马在总统就职典礼上就是穿了一身黑色的西装，系了一条十分显眼的红色领带，而媒体则称这条领带在当时是恰到好处。当时美国正面临着新一轮的经济大萧条，人们希望新任总统能够给美国带来希望，希望在不景气的经济下有一位出众的总统来领导他们走向美好，这一条红色领带正是符合了大众这一期望，呼应了民声。最终，奥巴马不负众望，上任以后为美国的经济恢复做出了一定的贡献，而且自从上任以来，他佩戴的领带就只有红色和蓝色，充分体现了其奔放的热情和满溢的野心。

7. 喜欢领带黄色、衬衫绿色的人

这类人一般会产生诗人或艺术家的气质。他们相信付出就会有所回报，用辛勤的耕耘换取丰硕的收获，按照自己的理想来设计自己的生活和人生，并勇于付诸实践。他们大多都性情柔顺，对人和蔼可亲，心态比较豁达。

8. 不会系领带的人

这种男人的依赖心理比较强，富有同情心，人际关系非常好，和家人朋友之间的感情维系得很顺利，很受人欢迎。这种男人往往身怀绝技，或是先天具有领袖才能，他人很难发现他们的这一面。其实，FBI的特工大都属于这样的人。虽然平常经常穿西装，但绝大多数的特工却不喜欢系领

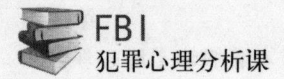

带。当然,并不是因为他们不会系,而是因为他们不想让别人看穿自己的心理和个性。

FBI特工善于通过男性对领带的选择及打法上清晰地读懂他们的内在性格。虽然在某些方面对这些人分析得还不够彻底,但是FBI并没有放下研究的步伐,而是结合自身多年的经验,不断帮助人们发现并解读人们内在的性格特征。

帽子泄露了人的内心密码

最初的帽子仅仅只有御寒的功能,但是随着社会的发展,帽子也能够为人们增加美观。FBI行为学家研究发现,从一个人对帽子的选择可以看出这个人的心理特征,也就是说帽子可以表达人的个性特点。关于帽子的选择,FBI的研究结果分为以下几个部分。

1. 喜欢戴鸭舌帽的人

鸭舌帽,一般是上了年纪的人所佩戴的,它所表现的个人特点是稳重、踏实。如果男人戴这种帽子,那么他会认为自己是个客观的人,能从大局着想,不会因为一些细枝末节而影响整个大局。

有时候这种人自以为是,故意摆弄老练的个人形象,在与别人交往时,就算对方胸无城府,他还是喜欢与别人绕着弯去说话办事。他之所以这么做,是因为他是个会自我保护的人,不愿轻易让别人了解他的内心。他不是个攻击型的人,但是个很会保护自我的防守型的人,所以他很少伤害别人,但也不容许别人伤害他。

他还是个很会聚财的人,相信艰苦创业才是人生的本色,多劳多得是他的客观信条,他从不相信不劳而获或少劳而获,他认为他所拥有的财富来之不易,因此他从不乱花一分钱。

2. 喜欢戴圆毡帽的人

总喜欢戴圆毡帽的人,纯粹是一副小市民的派头,对任何事情都感兴趣,但从不表达自己的看法,即使有看法也是附和别人的观点,好像没有

第九章
穿戴装扮：通过衣着服饰了解心理真相

任何个人独到的见解。但这并不表示他们没有主张，只不过他们都是老好人，不愿意随便得罪别人，哪怕是个最不起眼的人。

他们在骨子里是忠实肯干的人，对只有付出才有收获的道理坚定不移。他们对不劳而获的人恨之入骨，从来不让不义之财玷污自己的手指。

对于做每一件事情他都会全力以赴，投入巨大的精力和热情，对于报酬，他只拿属于自己的那一份，他以自己的美德赢得别人的尊重。

在选择朋友方面，他表面随和，其实颇为挑剔，因此除非对方和他有相同看法和观点，否则他是不会考虑与其深交的。

3. 喜欢戴旅游帽的人

旅游帽，其实就是一种装饰品，因为这种帽子既不能御寒也不能抵挡阳光。用这种帽子来装扮自己以投射某种气质或形象，或者戴上它另有企图，用来掩饰一些他认为不理想或者有缺陷的东西。

从这些所表现出来的特点来看，那些爱戴旅游帽的人，一般是内心虚伪、不踏实的人，他们善于投机取巧，因此，能真正了解这类人的人寥寥无几，大多只是了解他们的皮毛罢了。

他们过度聪明、自以为是，以为自己做得天衣无缝，其实别人早已看出他是个不可深交的人。因此，他真正的朋友并不多，而所谓身边的朋友多半是与他面和心不和的人，有时他也能看出自己的缺点，但由于本性所决定，他无法改变这些事实。

在事业上，这种人也用他那套投机之术去钻营各种空子，有时会收到不错的效果，但一旦他黔驴技穷时，就会被他的上司和同事看穿。

4. 喜欢戴礼帽的人

戴礼帽的人，大多是觉得自己稳重而具有绅士风度。这种人急切渴望给人一种沉稳而成熟的感觉，在别人面前，行为举止也会经常表现得很传统。

这类人除喜欢礼帽外，还喜欢皮鞋，不管任何时候都要把鞋擦得铮亮，就连所穿的袜子也一定会给人一种厚实的感觉，尽管是在炎热的夏季，一样会拒绝穿丝袜。由于他们看不惯很多东西，所以他们多少有点自

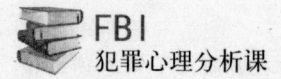

命不凡的本性，认为自己是个干大事的人，进入任何一个行业都应该是指手画脚的高人。可惜他过分保守并且缺乏冒险精神，成就并不大，所干的事业也不像想象的那么顺心。

在友情上，他的朋友会觉得他保守、呆板，不容易掏真心话，即使他在见面时斯文有礼，也不能加深他们之间的友谊，他和任何一个朋友之间的友谊都不能保持应有的深度。他有时也会想到这些，并试图努力去改变，但他天生的性格使他难以表达自己的心思，有时反而适得其反。

5. 喜欢戴彩色帽的人

这种人喜欢色彩鲜艳的东西，对时下流行元素非常敏锐。每当出现新鲜玩意儿，他总是最先尝试，希望人家说他的生活过得多姿多彩。这种人懂得享受快乐人生，并且总是以弄潮儿的身份走在时代前列。

这种类型的人也是害怕寂寞的人，因为他精力旺盛、朝气蓬勃，那颗不甘寂寞的心总是使他躁动不安，因此他会经常邀请伙伴们一起到灯红酒绿之地尽情玩耍。

如今，帽子的种类、款式越来越多，人们的选择也越来越多。FBI特工认为一个人对帽子的选择与其性格特征有着密切的内在联系。通过FBI高级特工的上述研究，我们完全可以从对方所戴的帽子入手，来判断其性格。

手表是剖析性格特征的论据

对于时间的流逝，不同的人有着不同的感受：有的人对此熟视无睹，而有的人则表示出深深的惋惜，抓紧利用每一分钟去做有意义的事情。

FBI心理特训员认为，一个人对待时间的看法，很大程度上是由其自身的性格决定的，而时间对人产生了什么样的影响，很多时候能通过人所戴的手表传达出来。对此，FBI做出如下总结。

1. 佩戴怀表的人

佩戴怀表的人，一般时间观念较强，对时间具有较好的控制能力，即

第九章
穿戴装扮：通过衣着服饰了解心理真相

使他们每天的生活都是忙忙碌碌的，也并不是时间的奴隶，但他们懂得如何驾驭时间，懂得如何自我放松，并且进行自我调节。

这类人有较强的适应能力，善于把握和控制自己，能够很好地调整自己的心态。他们乐于收集一些带有怀旧气息的东西，有一定的文化修养，因此言谈举止比较优雅。他们有比较浓厚的浪漫思想，常会制造一些惊喜。他们把人与人之间的感情看得高于一切，并以惊人的耐心来经营。

2. 佩戴液晶显示型手表的人

这种类型的人一般在生活中精打细算，是过日子的能手，他们在生活中表现出常人难有的节俭习惯。他们的思维比较单纯，对简捷方便的各种事物比较热衷，而对于太抽象的概念则难以理解。

这类人在为人处世时以认真的态度为主，不会随随便便地与他人打成一片。

3. 佩戴古典金表的人

这类人眼光一般都比较长远，能够在发展中看待一切，他们对眼前的一些既得利益不会太在意，会注重一些更有发展前途的事业。他们心思缜密、头脑灵活，往往有很好的预见力。

这类人思想境界比较高，而且非常成熟，凡事都会看得清楚透彻。他们有较大宽容力和较强忍耐力，而且很讲义气，能够与家人朋友同甘共苦、生死与共。这种人对外界的一些困难和压力从不服软认输。

4. 佩戴闹钟型手表的人

这类人一般是严于要求自己的人，他们把自己的神经绷得很紧，丝毫没有放松的时候。这一类型的人算不上传统和保守，但是他们喜欢按一定的规矩办事，在争取成功的过程中任何一件事都是以相当直接而又有计划性的方式完成。

他们很有责任心，有时候会刻意地培养和锻炼自己在这一方面的能力。不得不提的是，这种人还是组织和领导方面的天才。

5. 佩戴电子表的人

电子表比以往的机械表更便于操作和使用，当需要时只要按一下显示

时间的键，就会出现数字，如果不按，就什么也看不见。

喜欢戴这一类型手表的人多是有些与众不同的特别之处。他们独立意识非常强烈，从来不希望受到他人的约束，自由自在、无拘无束地去做自己想做并且也愿意去做的事情。他们善于掩饰自己的真实情感，所以不易被一般人走近。在别人看来，他们有一种神秘感，同时这类人也会因具有这种神秘感而沾沾自喜。

6. 不戴手表的人

这类人大多具有比较独立自主的性格，他们不会轻而易举地被他人支配，而只喜欢做自己想做并且也愿意去做的事情。他们的随机应变能力比较强，能够及时地想出应对的策略，而且非常乐于与人结识和交往。

通过手提包，也能洞察对手的心理特征

提包的样式是多种多样的，人们通常都会根据自己的喜好进行选择。一个人对手提包的选择不仅仅是出于喜欢，更是其自身性格的体现。为此，FBI 高级特训员经过长时间观察与研究，分析出选择不同手提包的人的心理特征。对此，FBI 做出如下总结。

1. 选择的手提包比较大众化的人

在 FBI 特工看来，这种人性格也比较大众化，或者说没有什么特别鲜明的属于自己的个性。他们在大多时候都是从众的，大家都这样选择，所以他们也这样选择，没有自身的主见。

2. 选择的手提包十分有特点的人

从心理学角度来看，这种人性格可能要分两种不同的情况来分析：

一种是他们的个性的确非常强，特别突出，对任何事物都能从自己独特的思维、视觉等各方面出发，从而做出选择。这一类型的人中，有很多都具有艺术细胞，喜欢我行我素，不被人限制，而且他们标新立异，敢冒风险，具有一定的胆识和魄力。假如不出现什么意外，自己又肯努力，会在某一领域做出一定的成绩。

第九章
穿戴装扮：通过衣着服饰了解心理真相

另外还有一种人，他们并不是真正的有个性，不过是为了要显示自己的与众不同，故意做出一些与其他人迥然有异的选择以吸引更多的目光罢了。这一类型的人自我表现欲望及虚荣心都比较强。

3. 选择的手提包多是休闲式的人

这种人的工作有很大的伸缩性，自由活动的空间比较大。正是由于这样的条件，再加上先天的性格，这类人大多很懂得享受生活。他们对生活的态度比较随便，不会过分苛刻地要求自己。他们比较积极和乐观，有进取心，能很好地安排工作、学习和生活，做到劳逸结合，在比较轻松惬意的氛围里把属于自己的事情做好，并取得一定的成就。

4. 选择的手提包多是公文包的人

这从一个侧面说明了提包主人工作的性质：工作比较正规。选择公文包或许是出于工作的一种需要，但在其中多少也能透出一些性格特征。这样的人大多办事较小心和谨慎，他们不一定非得要不苟言笑，即使是有说有笑对人也会相当严厉。当然，他们对自己的要求往往更高。

5. 选择方形或长方形的手提包的人

这种手提包外形和体积都相对比较小，因此使用起来并不是非常方便，在有些时候可以当成是一件配饰。喜爱这一款式手提包的人，多是没有经历过什么磨难的人。他们比较脆弱或不堪一击，遇到挫折，很容易就妥协或退让。FBI特工如果遇到这样的对手，攻克便会十分顺利。

6. 选择中型肩带式手提包的人

据联邦调查局相关资料显示，这种人在性格上相对比较独立，但在言行举止等各个方面却是相对传统和保守的。他们有一定的自由空间，但不是特别的大，交际圈子比较狭窄，朋友也不是很多。

7. 选择小巧精致、不实用、装不了什么东西的手提包的人

一般而言，选择这种包的人应该是年纪比较轻，涉世也不深，比较单纯的女孩子。如果选择这种包的人已经过了这样的年纪，还热衷于这样的选择，则说明这种人对生活的态度是十分积极而又乐观的，对未来充满了美好的期待。

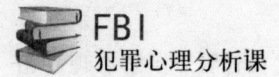

8. 喜欢具有浓郁的民族风味、地方特色的小提包的人

这种人自主意识比较强，是个人主义者。他们的个性突出，常常有着与他人截然不同的衣着打扮、思维方式等等。有些时候显得与他人格格不入，因此，营造比较好的人际关系存在着一定的困难。

9. 喜欢超大型手提包的人

这样的人自由自在、无拘无束，他们很容易与别人建立某种特别的关系，但是关系一旦建立之后也会很容易破裂，这也是由他们的性格决定的。因为他们的生活态度太散漫，缺乏必要的责任感。虽然他们自己感觉无所谓，但却并不是其他所有人都能容忍与接受的。

10. 把手提包当成购物袋的人

FBI心理研究中心发现，这种人多是希望寻找捷径，在最短的时间内以最少的精力把事情办完的人。他们很讲究做事的效率，但做起事来又比较杂乱无章，没有一定的规则，很多时候并不能如愿以偿。他们的性格多比较随和与亲切，有很好的耐性，满足于自给自足的状态。在他们的性格中感性的成分要比理性的成分多一些，做事喜欢意气用事。独立能力比较强，不太习惯依赖他人。

11. 喜欢金属制手提包的人

这类人大多比较敏感，能够很快跟上流行的脚步，他们对新鲜事物的接受能力是非常强的。但是这一类型的人，在很多时候并不肯轻易地付出，而总是希望别人能够先付出。

12. 喜欢中性色系手提包的人

其表现欲望并不是很强烈，他们不希望引起他人的注意，目的是减少压力。他们凡事多持得过且过的态度，生活比较懒散。在对待他人方面，也喜欢保持相对中立的立场。

13. 不习惯于带手提包的人

这类人其性格要分几种情况来讲，有可能是由于他们比较懒惰，觉得带一个包是一种负担，过于麻烦。另一种可能是他们的自主意识比较强，希望独立，而手提包会在无形当中造成一种障碍。两种情况都是把手提包

第九章
穿戴装扮：通过衣着服饰了解心理真相

当成是一种负担，可以显示出这种人的责任心并不是很强，他们不希望对任何人任何事负责任。

透过配饰看穿对方

佩戴首饰是一个人装扮的步骤之一，是一套整体造型必不可缺的重要部分。首饰虽然是附属品，但是它同样能够体现出一个人的性格特点。而FBI特工能够通过一个人佩戴的首饰看透他的性格，从而解读出这个人的内心密码。对此，FBI做出如下总结。

1. 喜欢戴手镯的人

此类人精力充沛，很有朝气和活力。他们聪明，充满智慧，并且有某一方面的特长。他们是有追求、有理想的一群人；他们在绝大多数时候知道自己想要些什么，并且会主动去追求自己想要的东西，甚至有时候感到很迷茫也仍旧不会放弃，而是在行动过程中进行探索。手是展示手镯的必要载体，在这个展示过程当中，人与人可以进行情感的沟通。

2. 喜欢戴耳环的人

这种人自我表现欲望一般是比较强的。他们很想向他人展示自己的价值、地位和身份，以吸引他人的目光，给他人留下深刻的印象。他们在通常情况下是很在意他人对自己持怎样的态度的。

3. 喜欢佩戴体积大、量多、灿烂醒目珠宝的人

这类人多爱招摇和卖弄。他们无论走到哪里，总会吸引许多人的目光。他们比较热情，并且这种情绪还会传染其他人。他们比较积极和乐观，喜爱幻想。

4. 喜欢佩戴体积小、不太显眼的珠宝首饰的人

这类人多是谦虚而又稳重的。他们的内心十分平静，在任何事情面前都能泰然自若。他们一般不太希望引起他人的注意，随便自然一些反倒更好。

当下，越来越多的人喜欢佩戴戒指，戒指也属于造型的一个重要部

分。戒指在现代已经不只是结婚时双方承诺一生的信物了，它更多的是人们体现自己个性和风格的一种首饰。FBI特工认为，一个人手指上的戒指很容易泄露一个人的内心密码。

1. 常戴结婚戒指的人

戴着结婚戒指证明某人是已婚人士，这表示他对自己的婚姻有一定的投入感及承诺感。

朋友们会觉得这种人婚后一切以家庭为重，将友谊放在较次要的位置。老板觉得这种人没婚前那股干劲，似乎不肯为公司卖力。

婚姻之所以对这种人如此重要，是因为他们有很重的家庭观念，他们认为家庭是一个人扎根的地方，没有家庭的人心灵比较漂泊，容易失去个人的方向感。更重要的是，这种人信守承诺。

此外，这种人对身边的人也有某种程度的依赖，结婚令他可以名正言顺地依赖配偶。

除了对婚姻制度甚为尊重及支持之外，这种人对社会认可的所有制度都抱着类似的态度。可以说，这种人绝对是个奉公守法的人。

2. 常戴大学纪念戒指的人

有些人大学毕业后，会订购刻上他们姓名和毕业年份的镶宝石戒指，纪念他们数载的寒窗苦读。

有些人从未跨进大学的门槛，但千方百计去买名校（如耶鲁、剑桥、牛津、哈佛等）的纪念戒指。他们自欺欺人，一方面想塑造温文尔雅的学者形象，另一方面想让人家给予他们对读书人的尊重。

一般来说，戴纪念戒指的人缺乏归属感，他们渴望通过戴纪念戒指在心灵上与学校保持一点联系。这类人特别喜欢成为各种学会的会员，仿佛多重会籍能够帮助他们确定自己真正的身份和地位。

3. 常戴钻戒的人

常戴钻戒的人很想让人知道他是有钱人，同时他也希望他的财富会给他带来尊重及特殊的待遇。

既然这种人赋予金钱如此重要的功能，那么他就难免势利。不过，大体来说，这种人并不吝啬，遇见需要经济援助的人，他会慷慨解囊，但给予别人适当的援助后，他会将此事告诉大家。

4. 常戴生肖宝石戒指的人

对星相学有研究的朋友，知道不同星座的人适宜佩戴不同类型的宝石。如果星座与所戴的宝石戒指对应的话，不但会为一个人带来好运，而且还会填补他性格的不足。

这说明常戴生肖宝石戒指的人是个相信命运的人，他觉得许多事情都是冥冥之中安排好的。这种信念直接影响他处事的积极性，因为他认为事情的成败并不由自己去操纵。

在人际关系方面，这种人把自己放在被动的位置，就算遇见喜欢的异性，也只是向对方表示好感，却不敢主动追求。

这种人缺乏创业的勇气，他们的野心不大，对生活的要求也并不高，所以也能够知足常乐。

5. 常戴尾指戒指的人

尾指戒指多数镶以名贵的宝石。常戴尾指戒指的人绝对不想有人误会他是装富贵，但又觉得把巨型钻戒戴在中指或无名指上实在没有品位，因此便选择了中庸之道。

这种人经常在低调中显露自己的品位，他们喝的美酒不一定是数千美元一瓶的名牌，但肯定属于上好产地的优质货色。一般有钱人身上所穿的名牌货他们根本不会瞄一下，因为他们的衣服是由巴黎和罗马的裁缝为他们量身定做的。

一般人觉得这种人为人爽直、不拘小节，但实际上他们对心仪的异性是非常细心体贴的。

对于事业，这种人的野心并不是很大，但求赚来的钱足够平日开支便可。他们不肯做金钱的奴隶，更认为工作与享乐同样重要。

6. 戴多只（多于3只）戒指的人

喜欢戴多只戒指的人有强烈的表现欲，经常在有意无意之间让人家知道他的专长。在聚会中，他也喜欢抢着发表意见，希望众人把注意力集中

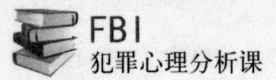

在自己身上。

这种人亦有太多方面的兴趣，因此他虽然知识广博但欠缺深度。至于人生目标，他似乎很难决断，时常转换，所以至今一事无成。

这种人很容易对人产生好感，甚至爱上对方，但只有3分钟的热度，这或许可以解释这种人每隔一段时间便会出现喜新厌旧闹剧的原因。

总之，FBI特工能够通过一个人佩戴的首饰观察出这个人的性格特点以及其内心的情绪，而这使得FBI特工在执行任务时更加得心应手。

揭开妆容下掩盖的真相

卡拉季奇曾经是波黑塞族的领导人，也是一位充满传奇色彩的人物。在长达3年半的内战期间，卡拉季奇成为波黑塞族的灵魂和象征。在1996年初举行的波黑塞族总统选举中，卡拉季奇败给他的副手普拉夫希奇。从此，这位在战争期间威震一方的人物从公众视线中消失，过着隐姓埋名的生活。他凭借着出色的化装技巧逍遥自在地活了13年，曾多次逃脱北约部队的搜捕，直到2008年7月21日。他的被捕让所有人都大呼惊奇，同时也不得不赞叹其高超绝伦的化装技术。

卡拉季奇在逃期间学会了化装，他蓄起了大胡子，把头发进行了造型处理，架起了一副古老的眼镜，说话声音被压抑得很低沉，走起路来也与以往大不一样，他还给自己起了一个新的名字达比奇，一直在波黑的一个镇上度过了13年的时光。

在北约驻波黑多国部队的眼中，卡拉季奇是难抓的"隐身专家"。自从他变成达比奇之后，各国的特工就再也无法找到他。虽然这期间特工们动用了电话监视以及提高悬赏奖金等各种措施，却一直徒劳无获。这时候的达比奇却公然地成为一名不孕不育医疗诊所的医生。虽然他给很多病人治过病，但却从来没有人把他认出来。与此同时，卡拉季奇还是一位高产作家。在8年多的逃亡生涯中，他还创作了一个剧本和5本诗集，其中有一本诗集是专门写给小朋友看的。就连他在波黑租住房子的房东都没有认

第九章
穿戴装扮：通过衣着服饰了解心理真相

出这个一脸白胡子的老头就是昔日的一代枭雄卡拉季奇。

受其化装技术的荫蔽，卡拉季奇在塞尔维亚警察的眼皮底下逍遥了13年后才被抓获，而被捕的原因只是因为一个匿名电话导致身份泄露，并非是他的化装技术出现了问题。

FBI特工虽然目光敏锐，但有时候也会因为对手高超的化装手段让其在自己的眼皮底下溜走。对于这一点，FBI特工们特地请来专业的心理学家和化装大师向特工们讲授重要的化装心理学，以使FBI特工在执行任务的时候能够看穿妆容之下的真相。

泰勒是一名身手矫捷的FBI特工，一次，他奉命去以色列执行一项非常重要的任务——刺杀一个叫雷欧克的犯罪分子头目。据情报称，雷欧克将会在以色列策划一场袭击美国大使馆的事件。这是一个难度系数极高的任务，雷欧克入住的酒店24小时都有人监管，况且对方的保镖遍布整个楼层，要想进入着实困难。

雷欧克本人也是一个非常谨慎的人，他的防范措施滴水不漏，泰勒根本找不到下手的机会。泰勒曾经深夜暗访过好几次这座大酒店，但是由于酒店严密的部署，他还是无法靠近雷欧克的房间。

后来泰勒得知，雷欧克是个非常好色的男人，他的生活中离不开女人。于是泰勒决定从这方面入手，把自己打扮成女子混入大楼，以达到接近并刺杀雷欧克的目的。接着，泰勒开始对自己进行全面的易容化装。

要将泰勒这样一个中年男子化装成一个妙龄女郎无疑是非常困难的，在经过了长时间地倒模、翻模、塑形等多步骤的塑造之后，终于大功告成。一位拥有浓密黑色卷发、长长的睫毛、靓丽的眼影、暗红色的嘴唇、性感长裙的美丽以色列女郎横空出世了。

第二天，"美女"泰勒步入雷欧克的酒店，成功地通过了一道道保镖的关卡，进入了雷欧克的房间。当雷欧克想要上前拥抱泰勒的时候，泰勒掏出包里的无声手枪击毙了他，最后泰勒又成功地走出了这座大楼。等保镖们发现雷欧克死了时，泰勒已经成功逃离了以色列。

对于化装而言，不同的妆容会映射出人们不同的心理特征，尤其是对

女性而言。FBI 有很多的女特工经常会利用化装来掩饰自己的真实身份，打入对手内部，破坏对方的行动进展，或者窃取其有价值的情报。

玛莎是一名非常擅长化装的 FBI 女特工，她的机警和果断一直受到同僚们的敬佩。有一次，FBI 收到情报，称犯罪分子将会在一次选美大赛上搞破坏。为了制止这次破坏活动，FBI 经过商议后决定由容貌艳丽的玛莎进入选美大赛中当卧底，以便近距离接触选美大赛内部流程。

为了完成这次任务，玛莎尝试了多种大胆而前卫的造型，并一路杀进了总决赛。在总决赛的舞台上，玛莎展现出了她平日根本没有的模样：优雅的举止，纯熟的步法，尤其是那脸上的妆容，简直与以前的自己判若两人，也正是因为如此，她才没有被潜藏在观众席上的犯罪分子看出破绽。虽然最后在决赛现场犯罪分子制造了危险，但在紧要关头玛莎和搭档们立刻展现了应有的特工形象，通过勇敢和智慧最终制止了这场危机，成功地完成了任务。

对于 FBI 特工来讲，化装是执行任务时常用的一种手段。当然 FBI 特工不光经常使用化装术来完成各种任务，他们更善于利用丰富的经验，还能够对对手的易容术进行破解，看清对手的真面目，揭露对手的阴谋和诡计。

第十章
剖析动机：了解根本才能遏制犯罪

犯罪是一种严重违反社会规范的行为，是危害社会安定的"不定时炸弹"。每个犯罪行为人的犯罪心理都是独特而又复杂的，但每种犯罪心理的形成都必然有社会因素的影响。本章从犯罪心理的角度出发，揭示了犯罪行为人的犯罪心理形成和成熟过程及形成的原因和变化。

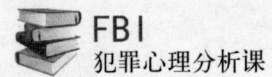

犯罪动机决定犯罪的方向

犯罪动机是一种内心需要，它能够促使人们为了满足这种需要而实施犯罪行为，是激发犯罪的内部动力。FBI 眼中的犯罪动机有三种，分别是财欲、性欲和攻击欲。因财欲而犯罪的人对钱财有着极强的渴望，并因此对各种财物进行抢夺和占有；因性欲而犯罪的人对性有着极强的渴望，并为了满足这种渴望而对其他的人做出性侵犯；因攻击欲而犯罪的人将攻击他人视为一种乐趣，并享受这一过程。犯罪动机来自于犯人的内心，如果细致地去分析，每一个人都有犯罪动机，或强烈或微弱，但并不是所有犯罪动机都能够促成犯罪，真正的犯罪需要外界的刺激，一旦这种刺激将心中的动机激发出来，变得强烈，犯罪就开始产生了。

犯罪动机决定犯罪的性质，也决定了犯罪的方向。大多数情况下，犯人都不会轻易承认自己内心的想法，但是他们的一举一动却能够从另一个方面暴露他们的喜好、习惯、性格等内在特征，只要掌握这些表现与内心活动的联系，就可以推理出他们的犯罪动机。知道了一个人的犯罪动机，就能够对他所犯下的罪进行解释。

逆向推理法可以帮助 FBI 识别出犯人的犯罪动机，因为从心理学的角度来看，犯罪动机与犯罪行为有着密切联系，而犯罪行为与犯罪结果之间又有着密切的因果关系，所以，通过逆向推理法，就可以由犯罪结果推理出犯罪的行为，进而研究出犯罪动机。

在一起凶杀案的现场，警察发现现场丝毫没有被破坏，门锁是完好的，门口有一双脚尖向外随意放置的男式拖鞋，屋子里所有摆设都没有被移动过，也没有任何物品或钱财丢失，桌子上放着两杯已经变冷的咖啡，

第十章
剖析动机：了解根本才能遏制犯罪

死者身上穿着睡衣，脖子有被绳子勒过的痕迹。按照一般逻辑，人们不会穿着睡衣接见陌生人或关系一般的人，更不可能穿着睡衣请对方进屋喝咖啡。警察根据死者的衣着断定凶手是与死者关系亲密的人，并根据门口脚尖向外的男式拖鞋判断这双拖鞋就是来访者曾穿过的拖鞋。按照逆向推理的逻辑，凶手应该是一名与死者关系亲密的男性，所以警察认为这起案件是情杀的可能性居多，并将死者的男友列为第一嫌疑人。

警察在死者电脑中发现了死者与两名不同男性的亲密照片，从拍摄日期上可以推断出，死者生前同时在与这两名男性交往。警察对这两名男性分别进行了调查，这两名男性都表示不知道死者除了自己之外还有其他的男朋友，并且案发当天都有不在场证明，警察由此推断死者可能还有另一名男朋友，于是请技术人员对死者的电脑进行了数据修复，果然发现了一些案发当天被删除的男性的照片。警察推断这名男子就是凶手，他应该是发现了女友对他不忠，所以杀害了她，并为了消除警方对他的怀疑而删除了电脑中的照片。经过审讯，这名男子承认了自己的罪行和犯罪动机，正如警方所推理出的一样，他得知女友的不忠后心生怨恨，一时冲动杀害了她。

没有犯罪动机的存在，就没有犯罪行为的产生，所有的犯罪动机都可以被解释，并且只有唯一的解释，无论案情发生多么复杂的变化，犯人的犯罪动机都不会变。

在一起连环抢劫案中，劫匪一共抢劫了 5 人，他对其中 4 名受害者都只进行了威胁，并没有伤害他们，却唯独刺伤了其中一人。警察根据所有受害者的口供和现场证据推断，这名劫匪的犯罪动机是为了满足自己的财欲，而不是为了满足自己的攻击欲，因为他每次都是抢到钱后就立刻离开。至于为什么会刺伤其中一人，据那名受害者讲，他当时与劫匪发生了争执，在抢夺钱包的时候被劫匪刺伤，而其他的受害者都表示，他们并没有与劫匪发生争执，都是直接将钱包交给了劫匪。

由此可见，虽然在一些突发性的犯罪行为以及复杂性的犯罪行为中，犯罪的行为会发生变化，但动机是不会发生变化的。

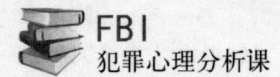

犯罪动机是否也存在综合性？FBI的回答是肯定的。虽然大多数复杂案件都是由某一种犯罪动机引起的不同表现，但还是有一些案件是由一种以上的犯罪动机所引起的。比如一名犯人曾对多名女性先施以暴力然后对她们进行侵犯，并且没有抢走她们身上的任何财物，所有被害者口述，这名犯人对她们施以暴力并不是因为她们反抗，而是纯粹地为了施暴而施暴，根据这名犯人的作案手法以及结果，警方推理出两种可能，一种是犯人为了使受害人对他产生恐惧，不敢报案，所以对她们施以暴力；另一种是犯人本身具有暴力倾向，同时具有强烈的攻击欲和性欲。通过进一步的调查取证，警方确定犯人属于第二种，并针对其表现出的一些外在特点进行搜索，最后抓获了犯人。

犯罪动机支配着犯人的犯罪行为，有效利用逆向推理，就能够从犯罪行为中发现蛛丝马迹，从而推断出犯人的犯罪动机，对确定犯人的身份以及抓获犯人有重大的作用。

欲望不满引发的过激行为

FBI常年与犯罪分子打交道，他们对形形色色的案件进行总结和分析后，得出了因冲动引发的过激行为最后导致犯罪的事件比比皆是，在犯罪的原因中，存在很大一部分的冲动因素。也就是说，情感与理性的分裂对抗，是真实存在的尖锐现实，是个体心理的压抑与冲突。

FBI心理专家研究表明，人们的心理活动，总是先存在于意识的情感状态，再逐渐转变为意识的理性状态。然而，需要指出的是，并不是所有的意识的情感状态，都可以完全顺利地转变为意识的理性状态。

在FBI所经手的种种案例中，几乎每一起案例都可以总结为欲望所驱。曾有一名入室抢劫的犯人承认，因为需要钱，他起初只是想入室行窃，却没想到他正在卧室翻找值钱的东西时，房子的女主人回来了。女主人看到犯人后大声尖叫，犯人情急之下拿起桌上的刀子威胁女主人，将她绑在椅子上并塞住她的嘴，最后夺门而出。由于犯人曾手持凶器威胁受害

第十章
剖析动机：了解根本才能遏制犯罪

者，所以警方在受理这起案件时，将他的罪名定为持凶抢劫而不是入室行窃，他所受到的惩罚也比行窃重了许多。

在另一起案件中，犯人杀害受害人的最初原因竟然是因为太喜欢她。警察在调查中得知，受害人是一所大学的女学生，空余时间兼职做平面模特，犯人与她是在一次拍摄中相识的。犯人第一次见到受害人时便开始喜欢她，可是受害人却对犯人一点兴趣都没有，无论犯人给她送多少礼物，她都不肯接受他，连约会都不可以。每次看到受害人坐上其他男人的汽车，犯人的心里都觉得特别嫉妒，特别不公平。终于有一次，犯人在拍摄结束后跟踪受害人回学校，当他们走到一条河边时，犯人见周围没有人便冲上前拦住了受害人，要求受害人和他在一起。两人起了争执，在推搡中，受害人跌进了河里。犯人跟着跳了下去，但是没有找到受害人，他担心报警会给自己带来麻烦就逃走了。警方认为，虽然他并非有意谋杀，但受害人是因为他而溺水身亡，并且他在案发后逃逸，所以他同样有罪。

欲望属于一种心理因素，控制不好自己欲望的人也许患有精神方面的疾病，也许仅仅因为缺少抑制力。无论哪一种情况，一个无法控制自己欲望的人都极有可能成为某一起案件的当事人。换个角度来看，如果一个人的欲望长年得不到满足，永远停留在悬空状态，那这个人也极可能因为这个欲望而做出一些匪夷所思的事情。

欲望不满作为一种冲动的代表，无论情感受到多大的阻碍，总是会以永恒的冲动力和渗透力伺机寻找出路，竭力施加压力从而影响人的理性和行为。否则，个体就不能经常达到某种心理状态的暂时平衡。也正是因为有这种力量，人们才在心理上产生了抗拒，从而发生各种过激行为。

当然，在本质上，这与性格的内向还是外向没有太大的关系。问题的关键在于当人遇到挫折时是否能够正确地面对。

有的人从表面上看不出问题，实际上他的感受都积压在心里，一旦压力超过他的承受范围，就必然导致心理失衡，从而在绝望之下进行爆发性泄愤；如果一个人不能自我排解压力，当压力积累到一定程度，就容易引发心理失衡，从而走向报复社会的极端。

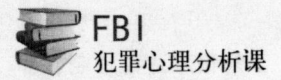

走极端的方式多种多样,有的人压抑过度会导致人格障碍,不认识自己是谁;有的则会严重抑郁、自残甚至自杀;还有的人会莫名其妙地去伤害他人。

2010年7月,亚历山大在某高档餐厅邀请他的朋友大卫共进晚餐,为这位多年未见的老朋友接风洗尘。两人甚是开心,聊天的同时喝了很多酒,不胜酒力的亚历山大有点喝醉了。

两人正吃得开心,邻桌的一位女孩去洗手间时,无意间碰到了亚历山大,致使他手中的满杯啤酒全部洒在了身上,女孩发现后连忙向亚历山大道歉,而后便回到座位与其男友继续用餐。

此时,亚历山大觉得在大卫面前很没有面子,与好朋友喝酒聊天的心情也被破坏掉了,越想越觉得不平衡。于是,愤恨不平的亚历山大来到那位女孩的面前索要赔偿,想要在朋友面前重树威风,然而却遭到了其男友的拒绝,双方越吵越凶。

借着酒劲,亚历山大在情急之下失去了理智,随手抄起桌子上的水果刀便向女孩的男友扎去,其男友的头部、胸部、腰部等均受了重伤,后因失血性休克死亡。

生活中,因行为过激引发的案件无时无刻不在发生,这主要是因为当事人没有妥当地处理好自己的情绪,没有找到合适的处理方法。类似于以上案例情节的犯罪事实很多,法院在审理的刑事犯罪案件中,因一时欲望不满酿成恶果的也不在少数。他们大多数都是无任何前科劣迹的普通人,最终身陷囹圄,因在面对突发事件时没有保持冷静,没能三思而后行,最终为自己的过激行为付出了惨痛的代价。

事实上,每个人都会产生各种不满的情绪,大到事业的跌宕起伏,小到清晨出门被人撞到而对方没有道歉。这些问题无论大小都会影响人的心情,甚至影响人的判断。

从根本上说,一个心理健康、心态积极的人在遭遇挫折时,尽管也会消沉低落,但他懂得用多种方式排解,懂得通过正常的渠道发泄自己的不满,不会任由负面情绪累积在心里,也不会产生强烈的报复心。

第十章
剖析动机：了解根本才能遏制犯罪

惯犯通常经不起诱惑

FBI 把"惯犯"定义为以某种犯罪为常业，或者以犯罪所得为其生活和挥霍主要来源，或者犯罪已成习性，在较长时间内，反复多次地实施某种危害社会行为的罪犯。例如"以赌博为业"的常业犯和"惯窃""惯骗"的常习犯。常业犯，又称常业惯犯，即以某种犯罪为职业，经常进行某种犯罪活动。常习犯，又称常习惯犯，即已形成某种犯罪习性，并可能以犯罪所得为主要生活来源或挥霍来源，经常犯罪而屡教不改的罪犯。

从 18 岁开始，梅兰娜就成为一个抢劫团伙的主要成员。两年时间里，她一共抢劫了 10 多次，涉案金额 7000 多元。

然而，梅兰娜是个看起来十分可爱的女孩子。同其他的孩子一样，童年的梅兰娜生活得无忧无虑且学习成绩优异，这一点从梅兰娜的成绩单中可以看得出来。然而，梅兰娜的成绩单以 15 岁之后就再也没有过了。

正当梅兰娜步入人生花季的时候，她的父母因性格不合导致离婚，这一年也是她第一次离家出走。没有了父母的关爱和监管，不到 16 岁的梅兰娜开始独自踏入社会。每天的生活就是白天睡觉，下午有时候在网吧上网，而大部分时间都是晚上在迪厅里度过。

梅兰娜在网吧和迪厅里认识了一些与自己有着相似身世的孩子，他们一起吃喝，一起上网，一起跳舞，共同消磨过剩的精力、虚度光阴。然而，这样的生活需要大量的金钱来支撑，于是他们开始抢劫。没钱的时候，她就和同伙去抢那些比他们小的在校学生。当然，这些抢来的钱都被挥霍一空，刺激着当事人再次以身试法。

就这样，梅兰娜的青春就在抢劫与盗窃中度过了，过着醉生梦死的生活。对她来说，犯罪生活已经像吸毒一样，难以戒除了，于是在不断的诱惑中逐渐跌入了深渊。

由于年龄小，法律意识不强以及对于某些新鲜事物的不良好奇心导致了梅兰娜的悲剧，从中更能清晰地分析出"惯犯"一词的严重性。以梅兰娜为例，当她抢劫成性，习惯了这样不劳而获和肆意挥霍之后，便会更加不拘束自己的行为，慢慢地滑向犯罪的深渊，最终酿成严重的后果。

由梅兰娜的事例我们也不难看出，惯犯之所以抵挡不住诱惑，其中一个原因就是其从前犯罪的过程让他得到了太多不该得到的利益。然而，惯犯的危害是可怕的，从情节角度来讲，虽同样是犯罪，其罪行却远远重于初犯。

诱惑，遍及人们生活中的各处，学会抵制诱惑，才能拥有健康的生活。有些人之所以违法犯罪，就是没能控制好自我。然而，抵制诱惑对于那些像梅兰娜这样的惯犯而言更是难上加难。

那么，在判断一个罪犯到底是不是惯犯时，FBI做出如下总结。

1. 必须坚决地反对以下两种倾向

一是历史说，主张看档案；二是现实说，主张只能以未处理过现实行为作为定案根据。通常认为，上述两种倾向都具有一定的片面性。在做出判断时，应主张历史与现实相结合的方式，既立足于现实，又联系历史，既看到犯罪分子的人身危险性，又看到现行罪犯的社会危害性，把两者有机地统一起来考察。

2. 要看是否具备和符合以下的条件

第一，客观上具有犯罪行为的惯常性，它是惯犯构成的客观条件，即是否以实施某种犯罪行为为常业？是否以非法所得为生活或挥霍主要来源？是否在较长时间内反复实施同种犯罪行为？第二，主观上具有犯罪心理的习癖性，即是否存在继续犯罪的倾向性？是否以违法犯罪作为其长期经营的行业？其表现是否故意致力于某种犯罪？是否由犯罪之习惯进而发展为心理上乃至性格上的畸形或者是变态，形成某种犯罪习癖等？这种所谓的犯罪心理的习癖性，是惯犯构成的主观条件。

犯某种特定罪行的习性，在相当长的一段时间内反复实施特定的犯罪行为，以及以犯罪为主要生活来源或腐化挥霍生活的来源等，这些可作为惯犯的特点，通常能为人们更准确地判断一个罪犯是否为惯犯提供了更多可靠的依据。

第十章
剖析动机：了解根本才能遏制犯罪

由此看来，惯犯的心理特征也会与一般的罪犯不同。通常来说，惯犯大都是意志薄弱的，且容易自暴自弃。

在初犯中，犯罪分子大致可以分为两种类型：一种是意志坚强，虽偶有失足，但经过教育挽救后，则决心改正，浪子回头；另一种则是意志薄弱，初犯后虽有悔改的愿望，但却经不住外界的诱惑，最终再次走上犯罪道路，这种人就是"惯犯"。他们内心往往极其脆弱，对他人的冷眼反应敏感，缺乏改过自新的勇气，最终选择自暴自弃，在叛逆中亲手毁灭了自己的人生。

惯犯大多数都是经不起诱惑的，他们在个人私欲的驱使下，面对物质、金钱等多方面的刺激，极容易萌生犯罪意图。有时惯犯为了将自己觊觎已久的东西占为己有，也会想到偷窃，或者更容易受人教唆——即便知道这种行为是在犯罪，也会不顾一切、一意孤行，表现出一定的盲从性。久而久之，也容易生出一些恶习，慢慢地具有犯罪习癖，也变得更加容易被诱惑所吸引。

刺激是犯罪的导火索

导火索是指使爆炸物爆炸的引线，也称为导火线。生活中，常用导火索来比喻那些直接引起事件爆发的事件。一般情况下，所有事件发生都会有一个最直接的触发点，犯罪也不例外。因此 FBI 认为，犯罪的导火索是因刺激所为。

通常来说，犯罪产生的导火索是客观的、复杂的、多元化的，主要是因为犯罪的存在是客观的、复杂的、长期的。可以确定的是，犯罪的导火索是各种致罪因素相互作用，有机结合而形成的多角度多变量的罪因系统。

由此说来，预防犯罪和打击犯罪将是一项长期而艰巨的任务。那么，针对犯罪原因的复杂性、客观性和多元性特点，制定犯罪对策的时候也要采用综合和多视角的方法，不能只强调了预防而忽略了治理，也不能只顾治理而忽视了预防，只有做到两脚并行，才能在稳健的人生中成就卓越。

正所谓"防患于未然"，做好犯罪预防才能减少不必要的损失和伤害。具体来说，犯罪预防主要达到使人不想犯罪、使人不敢犯罪和使人不能犯罪，这样无论对个体还是对社会，都是有益的帮助。当然，做好犯罪预防工作，还要从犯罪发生的导火索——刺激入手，因为它是犯罪发生过程中的触发机制和直接原因。

卡特出生于美国旧金山，12岁那年，爸爸沉迷赌博最终导致家庭破裂。卡特虽然跟着妈妈一起生活，但懂事的他学习成绩不错。然而命运却是那样的不公平，初二时，卡特迷上了网络游戏，进入高中后每天都去网吧，每月的100余元零用钱都被他花在了游戏上。学习成绩也是一落千丈。

一天下午，他走出网吧，突然被两个高他一个头的男孩拖到墙角，"把钱拿出来！"卡特明白被抢劫了，只得把妈妈给的零用钱掏了出来。几天后，卡特又被这两个男孩逮住了。"今天有钱了吗？"男孩挥挥拳头。卡特慌乱中答应第二天交200元钱。卡特向妈妈要钱。妈妈拒绝了他的要求。走投无路的卡特只好"另想办法"。

交钱的时间迫在眉睫，卡特急得团团转。就在此时，12岁的女孩爱玛走进了他居住的社区。"哥哥，请问37号楼在哪里？"爱玛问。原来，她要去同学家玩，但找不到门牌号。"我要回家拿个东西，拿好后我带你去。"卡特骗她说，随后领着爱玛来到二楼自家门口。"妹妹，有没有钱？借我好吗？"卡特请求。然而爱玛断然拒绝，转身准备下楼。眼看到手的机会即将飞走，卡特急了，上前就要抢她的背包。

一时间，爱玛惊呼起来："救命啊！"当时社区里很多人还在家里午休，卡特怕叫声引来邻居，情急之中用手紧紧捂住爱玛的口鼻。爱玛挣扎了一会儿昏了过去，卡特赶紧将爱玛拖进家里，从她的背包里翻出百余元。见爱玛还没醒过来，卡特心里有点慌。索性一不做二不休，他找出家里的一根皮带，将已经昏迷的爱玛勒死。随后，他用一个装米的蛇皮袋装了爱玛的尸体，抛在小区的花园一角。

第十章
剖析动机：了解根本才能遏制犯罪

后来，卡特赶紧跑到约定地点，将 200 元钱交给那两个男孩。一星期后，警察出现在卡特家门口，他交代了事情全过程。

年幼的卡特因为受到他人索要钱财的刺激，将黑手伸向了其他无辜的人。很明显，这起犯罪事件的导火线就是他人的刺激，使得走投无路的卡特无奈地选择犯罪，最终将自己推进了罪恶的深渊。

这个真实的事例让人不寒而栗，究竟是犯罪事件发生概率太高还是人的神经太脆弱？大千世界，无奇不有，有时候无关痛痒的一件事，很可能会成为一个人违法犯罪的导火索，这也让人感慨犯罪的"不可预知"和"千变万化"。

犯罪之所以恐怖，就是因为它的不可预知性和突然性，引发犯罪的导火索有很多，有些是显性的，显而易见的，而有些则是隐性的，深藏于人的心中的。这些隐性的犯罪动机提醒我们，一个人只有学会调控自己的情绪，真正做自己的主人，才能降低犯罪概率。

个人经历对犯罪有影响吗

FBI 认为，一个人的人生经历是决定其性格和思想的前提条件。每个人人生经历的完整制约着其性格和思想是否健康、是否阳光。同样地，一个人的人生经历对于犯罪也有着直接的影响。

假如一个人生长在一个单亲家庭，那么在其内心深处就可能会产生孤僻、偏激等倾向，日后对其婚姻、处事都会产生相应的影响。而一个人从小饱受贫困的煎熬，一旦有了获取财富的机会，也可能生出意外的贪念，甚至做出触犯法律的事情。这都是个人经历对犯罪的不良影响。

有人说，好的人生经历催人上进，是人进步和成长的源泉；也有的人说，不好的人生经历也很有可能将一个心怀希望的人的梦打碎，让人变得消极和颓废。其实，一个人的人生经历影响着其在社会中的具体人性标志，也影响着一个人的人生观和价值观。

不可否认的是，许多人经历了生活的"肆虐"和"凌辱"之后，往

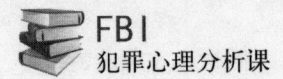

往在内心深处会留下创伤。在我们身边,很多犯罪案件的发生,都是因为罪犯有过特殊或者非健全的人生经历,从而改变了对这个世界的正确认知,产生了自暴自弃乃至跨越法律红线的想法。

对年轻人来说,心智往往还不太成熟,并且容易冲动。假如以前有过不寻常的经历,尤其是在心灵上遭受了创伤,那么一旦受到外界刺激就容易铤而走险,做出触犯法律的事情。从犯罪心理学的角度来看,不健全、不健康的心理是犯罪的重要诱因,而独特、不良的个人经历是造成不良心理的根本原因。

FBI 根据相关调查,发现大多数青少年犯罪是由于有过畸形的人生经历或者不健全的家庭环境。有些青少年长时间受到压抑导致了行事偏激,内心空虚,其实他们更需要来自家庭和社会上的心理支撑,更渴望得到父母的爱。然而在这个阶段,父母亲却忙于自己的生活和感受,把一切推给孩子自己承担。由此看来,人生经历对个人的影响是多么深远!

其实,同青少年犯罪一样,成年人的犯罪也会受到人生经历的影响,有的人犯罪只是一念之差,受到了他人莫名的侮辱或歧视,心生愤恨,因嫉妒他人比自己过得好而痛下杀手,因为想要报复而不择手段等,这些犯罪案例的类型无一不证明了人生经历对个人的重要影响。

所以说,人生经历对犯罪有着很大的影响。我们在重视人生经历的同时,还要正确地处理人生经历带给我们的影响,取其精华,去其糟粕,用有意义的人生经历丰富自己,树立正确的人生观!

芝麻小事也能引发血案

人非草木,孰能无情?即便是罪犯也不例外。只不过,相对于一般人来说,不少罪犯缺乏正义感、同情心、怜悯心、良心与道义等。由此,一件芝麻大的小事也能引发血案,往往让人大跌眼镜。

2010年10月25日凌晨,肖恩下了夜班,到家附近的餐馆买夜宵。一进店里,他就碰到了喝醉酒的丹尼在店铺里大吵大闹,于是上前劝说,让

第十章
剖析动机：了解根本才能遏制犯罪

对方离开。肖恩在打包完夜宵后，也随即离开了该店铺。

途经巷子时，肖恩使用手电照亮，而手电筒的光亮刺到了喝醉酒的丹尼的眼睛，丹尼与肖恩发生争吵。两人争执不下，喝醉酒的丹尼便对肖恩大打出手，致使肖恩购买的夜宵散落在地。

之后，不甘心被打的肖恩立即打电话，召集一帮自己的好友，并将自己晚上被打的遭遇告知了各位朋友。大家纷纷表示咽不下这口气，要替肖恩出头。随后，一行人驱车到了丹尼家门外。几个人商量，由肖恩敲门引出丹尼，其余人手拿棍棒埋伏在门口两侧。

接着，经肖恩确认是丹尼后，手持棍棒的人扑上去击打丹尼的头、肩背部，致使丹尼当场倒地。案发当日，被害人丹尼被送往当地医院抢救，结果因救治无效死亡。

因芝麻小事就大打出手，最终导致严重伤害事件，这也是激情罪犯错误认知的情绪特点。激情犯罪往往没有预谋，因受外界事物刺激产生强烈情绪冲动，在失去理智的情况下伤人，狂怒平息后往往又追悔莫及。但大错已成，"一失足而成千古恨"。

日常生活中，FBI提醒我们务必要重视错误认知的危害性，运用科学有效的方法帮助自己走出误区，树立正确的认知观念。

当你消极地看待这个世界，认为一切都没有希望时，不妨试试自我鼓励的方法，用一些名人名言或者哲理安慰自己，鼓励自己，同苦难和逆境做斗争，学会自娱自乐和适度消遣，降低心理压力。当然，语言也是帮助你摆脱压抑的好办法，如你悲伤时，可以多读一些滑稽、幽默的诗句，调节情绪。

当你的错误认知积压许久，产生不良情绪的时候，你也可以找几个适当的途径排遣和发泄，要知道，错误的认知和消极的情绪不能适时地疏泄时，会严重影响身心健康，所以，该哭时应该大哭一场，心烦时要找知心的朋友多倾诉。

如此一来，错误的认知也会很快得到消解，也能获得更好的人生体悟，避免了错误认知导致的消极悲观以至于走上了违法犯罪的不归路。

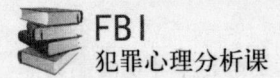

据调查统计，不少犯罪分子情绪不稳定，具有冲动性。特别是犯罪人心理承受能力脆弱，往往遭到他人言语或者行为上的刺激，便会表现出情绪的不稳定，做出过火的举动。因为一点小事引发更大的情绪反应，而且情绪变化快、起伏大，超出了自己的控制。有时甚至表现为喜怒无常、失去自我控制力等。

情绪情感冲动型的最典型表现就是激情的爆发，激情犯罪在违法犯罪中占到一定的比例，这类犯罪人在激情冲击下会干出既危害社会，也令自身懊悔不已的蠢事。由此看来，因芝麻小事引发的案件也不在少数。该类犯罪事件的犯罪人的情绪情感大多较为激动，且容易受到外界环境的刺激而产生变化，其突出的表现为：一是低级的错误认知，醉心于各种感官刺激所带来的不一样的体验；二是追求哥们儿义气，通常"为朋友两肋插刀"，但不讲道德，不讲正义。

对错往往只在一念间

对与错，往往真的只在一念之间。选择的正确与否，很可能在于那一闪念的想法。

美国人本主义心理学家马斯洛认为，人活着必然有5种需要，从低到高分别为：生理的需要、安全的需要、归属与爱的需要、尊重的需要和自我实现的需要。每个人都有这些需求，并为满足需求不懈努力。在这个过程中，有的人对某种需求产生极度强烈且扭曲变异的欲望，这种欲望强烈到驱使其敢于挑战社会规范和法律规定。

尽管人人都有犯罪动机，但没有人是天生的罪犯。探究囚犯的犯罪动机，FBI发现他们被各种极度强烈的内心需求驱使着，并为满足这种需求不择手段。如果一个人拥有和睦的家庭、友好的朋友，拥有一份能够保证衣食需求的工作，拥有一种以上有趣的休闲娱乐，以及拥有一个以上带来乐趣的爱好，那么他成为罪犯的可能性就会大大降低。

2005年6月18日中午，忙着筹备婚礼的唐纳德刚刚买完一大包东西，

第十章
剖析动机：了解根本才能遏制犯罪

兴奋地准备着4天后与新娘朱迪的婚礼。这时，他接到了朱迪母亲的电话，询问女儿朱迪是否在其家中。至此，唐纳德才知道未婚妻朱迪一夜未归。

唐纳德感觉事情不妙，立即出门四处寻找。然而，一直找到天黑都不见人，给她的朋友们打了电话，也不知道人去哪了。唐纳德觉得自己的未婚妻应该是出事了，于是果断地报了警。最后，被害人家属在附近的山中寻找时发现了朱迪的尸体。

警方进行了尸检，确定朱迪死于2005年6月17日下午5时许，死前曾遭到强奸，身上的现金和手机被抢走。

嫌疑人泰勒在归案后告诉警方，案发前几天他从家乡到洛杉矶找工作，可一直没找到，身上的钱花光了。在回家途中，他遇到了孤身一人的朱迪，看到其身上的挎包，便突然想抢劫。他当即捡起一块石头向朱迪砸过去。抢劫了朱迪钱包里的财物之后，泰勒顿起邪念，遂将其强奸，然后将其害死。

通过这个案例不难看出，犯罪人的动机很明显，强烈的欲望也让犯罪人对他追求的事物产生了高度的兴趣。正如一个篮球爱好者会关注所有与篮球有关的事物一样，罪犯往往会专注那些能够让他得到乐趣和满足感的领域，就像贪污犯会兴致勃勃地研究用哪些方法可以获得更多金钱一样。当他对获得金钱的方式了解得越多，他就越想获得更多的金钱。欲望和需要是罪犯实施犯罪行为的巨大动力。

当然，罪犯的内心变化也是错综复杂的。人本能地希望得到更好更丰富的生存资料，但这种欲望时时受到社会规则的制约。普通人能够合理地调节自我需要，让自我需要与社会规则保持平衡。然而，罪犯对本能过于放纵，对规则又过于蔑视，两者始终处于失衡状态。

那么，一个人走向犯罪，必然有其犯罪动机。罪犯总是为达到某种目的不择手段，铤而走险。到底是什么驱使普通人堕落成为罪犯的呢？为此，FBI做出以下两点总结。

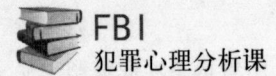

1. 犯罪人的认知浅薄或者错误

整个社会的运作都有其固定的规范，它约束人们的行为，也保障人们的利益。这些规范对个人而言就是个人的世界观、人生观和道德观。

世界观反映了人对社会的认识。罪犯眼中的社会多半是灰暗绝望的，他们看到的都是社会的阴暗面，阳光从来没有照到他们身上。他们对社会产生敌视和恨意，几乎全盘否定社会的价值和意义。

人生观表现人对追求和价值的看法。极端唯心、唯我的人将个人利益放在首位，认为地球没有我就不会旋转，太阳只为我一个人照明，我才是世界的主宰。这就是罪犯的人生观。道德观是人对是非善恶的评价。我们会听到罪犯宣扬杀人无罪、报复有理，他们认为"马才是鹿""只有我制定的规则才叫规则""法律？没听说过"等。

2. 犯罪人的个性特征

个性由个人气质、性格、品德以及行为习惯组成，是个人独有的心理思维系统。气质是天然生成的，不同的气质在襁褓期就有不同的表现，有的婴儿活泼好动，有的娇气爱哭，有的则安静温顺。

性格也受到后天环境的影响。罪犯的性格普遍消极低沉，带有严重的负面情绪，他们用逞强掩饰自卑，用暴力发泄不满。消极懦弱的人在遭遇不幸的时候，更容易将责任推给他人和社会，既没有责任心，更缺乏义务感。习惯也是环境培养出来的。当我们反复进行某种行为时，就会养成一种条件反射似的习惯。罪犯往往习惯好逸恶劳、不劳而获、投机冒险等，毫无自制力地放纵自我，最终只能越陷越深。

犯罪分子如何获得可乘之机

必须承认，犯罪分子之所以能够作案犯罪成功，虽然得益于精心设计与安排，但是也与受害人员疏于防范有关，从而让犯罪分子有可乘之机。面对一桩桩犯罪案件，FBI 在破解犯罪分子的动机时，也提醒受害人要进行反思。

第十章
剖析动机：了解根本才能遏制犯罪

FBI 研究表明，入室盗窃案多发生在那些无物业管理、人防技防比较落后，并且易于攀爬的居民小区，小区内保安和安全保障系数较低，没有完备的应对措施；而抢劫事件则多发在银行提款人员、单身女性和老年人等人群，抢劫物品主要是现金、手机、项链等。此外，单独的个人或者是大量钱物的外露，给了犯罪分子以可乘之机，导致了最后悲剧的发生。

FBI 告诉我们，在犯罪过程中，犯罪分子会通过不同方式、想尽各种办法得到作案的可乘之机，实施作案。实际上，这些"可乘之机"大多可以避免。例如，夜晚尽量避免一个人在人烟稀少的地方逗留，取数量较多的现金时保管好，等等。设想一下，如果人人都能够做到提高警惕，防患于未然的话，那么犯罪案件一定会大大减少。

现代社会，信息技术迅速发展，在互联网走入千家万户，给寻常百姓家带来迅捷便利服务的同时，也给犯罪分子带来了可乘之机。

2010 年，旧金山硅谷某犯罪分子通过电子银行洗黑钱，获得了大量不义之财，使得广大网络用户利益受损。由于是网络作案，追踪黑钱的来源以及惩治洗钱犯罪分子的任务也就变得复杂和困难。

今天，越来越多的犯罪分子正在利用网上赌场进行洗钱活动。一般来说，网上赌博者的记录通常是以软件形式保存在赌博网络中的，或根本不存在任何记录，而这些赌博网站散居在世界各地，这样就使得跟踪有嫌疑的交易和收集有关证据变得更加不易。

显然，互联网的世界性增加了清查诈骗行为的难度。首先，金融机构难以了解客户从哪个国家进入其账户，而有关的管理人员则可能无法监控个人账户持有者的所有行动。在互联网上进行的赌博交易也可以为犯罪分子进行非法活动提供天然屏障，这都让犯罪分子有了可乘之机。其次，犯罪分子洗钱的过程包括隐瞒非法钱财的来源，并把它们变为看似合法的投资。网上银行的特点恰好为犯罪分子提供了这方面的便利，因为网上的信息交流有时可以在几乎匿名的方式下进行，金融机构不需要跟客户见面就可以为其开立账户，这样就方便洗黑钱的行为发生了。

现在，洗钱已经成为国际犯罪行为，几乎与互联网一同成长和壮大。

显然,我们在享受高科技的便利时,也在接受更多意外的挑战。难怪有人发出这样的感叹:互联网的发展实在是让人欢喜让人忧。

科技的进步大大提高了人们的生活质量,互联网的使用便是最突出的表现,但是网络在给人们带来巨大便利的同时,也使人们对其产生了过度的依赖,在网上几乎有人们所需要的所有信息,一些电脑黑客通过病毒程序盗取个人信息,包括身份证号、银行卡号、密码等,对人们的人身和财产安全造成了极大的威胁。

犯罪事件和种类的大量增多,也让我们渐渐发现,犯罪分子真的是无孔不入,很多案件竟在我们意想不到的情况下发生了。因此,为了减少不必要的损失,FBI告诉我们,务必提高警惕,从内心深处做好防范工作。

犯罪分子之所以气焰嚣张,是因为社会上为他们提供了太多的可乘之机,大多数时候犯罪事件的发生,主要原因是受害者的疏于防范或者自我保护意识太差。人们作为受害者能为自己做的便是提高警惕性。

为了有效预防入室盗窃的发生,应尽量做到在视线不可及的地方和时段内确保门窗紧锁,尽可能不将大量现金和贵重物品放置家中,存折、身份证、户口本等分开放。建议将安全性能较低的一字锁、十字锁等更换成窃贼不易打开的月牙锁、指纹锁等。

此外,为了不给抢劫犯以可乘之机,尽量做到出门在外不露财,减少金银首饰的佩戴,不随身携带贵重物品。如确实要携带大量现金,如到银行提款等,应约好两人以上同行,清点钱款要在银行柜台前,不要到门口再清点,走出银行前要把现金放在包内。选择人多的路线行走,与陌生人、机动车道保持一定的安全距离,避免走路时长时间打电话,回家时留意尾随的陌生人。显然,积极预防是减少犯罪伤害的根本之道。

社会生活时刻都在发生着变化,而社会规范却是相对不变的,两者之间很可能会出现矛盾,从而给一些不法分子以可乘之机。当社会规范比较完整和谐时,那些具有犯罪倾向的人会受到各种规范的影响,尽力地约束自己的行为;而一旦社会规范比较松散或与实际情况不符,这些犯罪分子就可能将犯罪倾向转化为实际的犯罪行为了,比如贪污受贿,网络犯罪

第十章
剖析动机：了解根本才能遏制犯罪

等，便是这一现象的犯罪衍生物。

人总是抱有一种侥幸心理，犯罪分子之所以屡屡以身试法，也与这种心理倾向密不可分。当一种犯罪行为得不到及时遏制时，犯罪分子就会在获得额外利益的同时，减轻受到处罚的心理压力，从而获得进一步行动的动力。而且，当各种可乘之机摆在他们面前时，想不犯罪都难。

嘲笑他人生理缺陷引发的犯罪

"杰克，我们还是换大路绕行吧！听说最近这里发生了几起命案，我可不想成为下一个冤死鬼。"玛丽劝说着自己的男友。

"怕什么，有我保护你，像我这么身强体健的人在你身边，你根本不用害怕，绕大路得多花一个小时，我们就沿这条小路走吧！"没有听从女友的劝阻，杰克固执地打着方向盘，朝着树林深处开去。

杰克和玛丽是刚刚相识3个月的恋人，两人都热衷冒险，他们经常开着车子到一些人迹罕至的地方。他们往往早晨出发，晚上才能回来。这次他们来到了弗吉尼亚州偏南的一片森林里探险，因为耽误的时间比较久，等他们开车返回的时候，夜幕已经悄悄地落下了。

车开到半路时，杰克突然发现油箱的指示渐渐偏向零了。对身处森林深处的他们来说，车子没油是一件特别可怕的事情，杰克在心里祈祷着加油站的出现，并开车在树林里四处寻找。

果然，功夫不负有心人，杰克还真找到了一家加油站。到了加油站之后，杰克发现加油站里只有一个身材矮小的服务人员，他干起活来没有那么麻利。这让性格急躁的杰克几乎无法忍耐，他连续催促了这个服务人员好几遍，让他快一点，可是对方像没听见一样，继续缓慢地干着自己的事情。

最后，杰克实在忍不住了，他直接跳下车，冲着正在加油的服务人员嚷道："喂，老兄，我说你呢，你难道没听见吗？天马上要黑了，我得快点走，你能不能动作快一点，你是哑巴吗？"

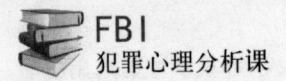

"对,你是哑巴吗?我们可不想大晚上在这黑漆漆的森林里度过,多恐怖啊!"玛丽也附和着自己的男朋友,大声嚷嚷道。

"你,你……你们……你们说……说谁呢?我……我不是……不是个哑巴!"沉默了很久的加油站服务员突然生气地说道。

"哈哈哈……"这位服务人员的话还没有说完,杰克和玛丽同时爆发出了一连串响亮的笑声,"是,是,你,你不是……不是个哑巴,原来,原来你……你有口吃啊!"杰克故意模仿服务人员的声音,对他进行了一番嘲讽。

面对这般嘲讽,对方似乎气急了,他什么话也没有说,径直走进了加油站的里屋。就在杰克和玛丽还在外面不明情况地嚷嚷时,加油站的服务人员出来了,这时,他的手里已经多了一样东西——手枪。

面对这把随时可以让他们丧命的手枪,杰克和玛丽惊呆了,看着四周荒无人烟的环境,杰克和玛丽识趣地跪下来开始求饶。但是很显然,这个加油站的服务人员并没有原谅杰克和玛丽的意思,他对着前一秒还飞扬跋扈的这对男女轻巧地打了一个向后转的手势。

杰克和玛丽不敢违背,只能默默转过身去。"往,往前……前走,不要,不要……停下。"后面传出一句不连续但严厉的呵斥,杰克和玛丽只能照着吩咐一直往前走去。

结果可想而知,等杰克和玛丽走进森林深处的时候,不容得他们做任何解释,后面就响起了凌厉的枪声,杰克和玛丽双双倒在了血泊中。

FBI成立了专案组来调查此案。专案组的负责人是一个叫作罗恩·恩格拉斯的犯罪心理师,查看了后背中枪的被害者之后,罗恩就一直在猜测凶手的作案动机。现场没有留下任何的作案痕迹,也无法找到任何相关目击证人,罗恩找来了案发森林的守林人,他咨询守林人最近有没有发现残疾人或者是令人印象深刻的人从这片森林经过,守林人摇头表示否认。

对于这起毫无头绪的案件,专案组的其他人都以为调查会就此陷入僵局。但是罗恩惊喜地发现,凶手是一个患有口吃的人,并且命令自己的下属在森林周围寻找有口吃的人,不久之后,那位加油站工作人员被抓捕归

第十章
剖析动机：了解根本才能遏制犯罪

案了。

原来，加油站的这个服务人员名叫汤姆，据汤姆交代，因为小时候的一场意外，他患上了严重的口吃，害怕别人的讥讽和嘲笑，长大成人后有了自理能力的汤姆带着自小一起长大的女朋友悄悄在远离市区以及亲人的这片森林里开了一个加油站，以此度日。可是因为前段时间刚刚和青梅竹马的女朋友分手了，汤姆心灰意冷，再加上路过加油者的嘲笑和讽刺，汤姆的愤怒彻底被激发了。

汤姆被抓捕归案，专案组的其他人追问罗恩到底是怎么判断出凶手是一个口吃患者，罗恩向大家卖了一个关子，他想让大家自己动脑思考一下。就在大家抓耳挠腮的时候，罗恩给出了如下解释：

"首先，我提出了一种可能，即凶手可能精神方面有问题，他杀人没有任何目的性，纯粹是精神错乱的结果。是这样吗？我说完又即刻否认了自己的这一结论，因为现场没有留下任何证据，可见，凶手是一个很细心的人。再者，守林人并没有发现什么特别的人出入森林，说明凶手很善于伪装，他不可能是个精神病人。

"其次，为什么被害者都是背后中枪，按理来说，凶手是持枪的，而被害人手无寸铁，他可以轻而易举地杀害被害人，为什么要选择从后面偷袭被害人呢？我分析，凶手应该有不同于其他正常人的地方，而这个问题使他非常自卑，他不太愿意暴露在别人的面前，即凶手很可能有某方面的生理缺陷。

"再次，我根据守林人的证词，排除了有明显生理缺陷的人，因为在案发的时间，守林者明确表示没有见到残疾人或者是相貌让人印象深刻的人出入森林。由此可见，凶手的外表很普通，并没有明显的引人注意的地方，也就是说凶手的生理缺陷并不明显。

"最后，我列举了几种可能引起凶手自卑的生理缺陷，如果是眼睛有问题，那么凶手不可能一枪就击中被害者并致命；如果是耳朵听不见或者是嘴巴不能说，那么凶手根本就听不见别人的嘲笑或者别人无法了解他的缺陷，他也就不会有强烈的自卑心理；所以，最后只有一种可能，那就是凶手患有口吃,并且因为这个缺陷,他被人嘲笑过,因而才选择了报复。"

罗恩的分析让专案组的其他成员心服口服,的确,对于一个FBI特工来说,善于观察和逻辑推理是一种必备的素质。与此同时,了解各种人群的心理,抓住他们的心理特点,进而做出准确的判断,也是至关重要的。

FBI调查发现,生理有缺陷的犯罪人有如下心理特征:自认为自己是弱者,受到社会的不公正对待,自卑心理严重,一旦遭到别人对自身存在的缺陷,进行嘲笑或攻击,就会被激怒,继而产生强烈的报复心理。因此,切不要冲这类人的生理缺陷说事,否则,后果会相当严重。